中国旅游地理
（第3版）

曹培培　主　编

清华大学出版社
北京

内 容 简 介

本书是"十三五"江苏省高等学校重点教材、江苏省在线开放立项课程配套教材。

本书由上、下两篇组成。上篇为总论部分,包括绪论、中国自然旅游资源、中国人文旅游资源和中国旅游交通;下篇为分区部分,包括中国旅游地理区划,以及京津冀旅游区、东北旅游区、黄河中下游旅游区、西北旅游区、长江中下游旅游区、东南旅游区、西南旅游区、青藏旅游区和港澳台旅游区,主要介绍我国一级旅游区的地理环境、代表性旅游资源及风物特产等。

本书既可作为高校旅游管理专业教材,也可作为旅游从业人员的培训用书或广大旅游爱好者的参考书。

本书还提供配套的精美课件,可以从清华大学出版社官网(www.tup.com.cn)搜索本书,免费下载使用。

本书封面贴有清华大学出版社防伪标签,无标签者不得销售。
版权所有,侵权必究。举报:010-62782989, beiqinquan@tup.tsinghua.edu.cn。

图书在版编目(CIP)数据

中国旅游地理/曹培培主编. —3版. —北京:清华大学出版社,2021.4(2024.7重印)
ISBN 978-7-302-57706-5

Ⅰ. ①中… Ⅱ. ①曹… Ⅲ. ①旅游地理学—中国 Ⅳ. ①F592.99

中国版本图书馆CIP数据核字(2021)第050091号

责任编辑:孟 攀
封面设计:杨玉兰
责任校对:周剑云
责任印制:宋 林

出版发行:清华大学出版社
网　　址:https://www.tup.com.cn, https://www.wqxuetang.com
地　　址:北京清华大学学研大厦A座　　邮　编:100084
社 总 机:010-83470000　　邮　购:010-62786544
投稿与读者服务:010-62776969, c-service@tup.tsinghua.edu.cn
质量反馈:010-62772015, zhiliang@tup.tsinghua.edu.cn
课件下载:https://www.tup.com.cn, 010-62791865

印 装 者:三河市君旺印务有限公司
经　　销:全国新华书店
开　　本:185mm×260mm　　印　张:17.25　　字　数:415千字
版　　次:2014年2月第1版　2021年5月第3版　　印　次:2024年7月第8次印刷
定　　价:69.80元

产品编号:087290-02

前言

本教材是江苏省高等学校重点教材、"十四五"江苏省职业教育首批在线精品课程配套教材。

本书分上、下两篇,共14章。上篇是总论部分,包括第一章到第四章,分别为绪论、中国自然旅游资源、中国人文旅游资源和中国旅游交通;下篇为分区部分,包括第五章到第十四章,分别为中国旅游地理区划及我国九大一级旅游区,主要介绍了我国各一级旅游区的地理环境、代表性旅游资源及风物特产等。

本书自2014年第1版出版以来,受到读者的广泛欢迎,订阅单位超过200家,两版共印刷了15次之多。本次修订的第3版,在保留前版教材优点的基础上,融入了旅游业最新的实践经验和理论成果,强化了教材立德树人的功能,通过案例分析、知识拓展等,将社会主义核心价值观、理想信念、文化自信"三位一体"地融入教材,真正兼顾了知识传输、能力培养及价值传递。

本书编写中,依循信息社会发展,尊重读者体验,开发大量数字资源。依托中国大学MOOC配套的在线开放课程"旅游资源地理"构建"纸质教材、在线课程、混合式学习"三位一体的新形态教学体系,同时可以在纸质教材总体形态不变的情况下,通过对课程平台上数字化资源的不断更新,实现教材的"迭代式"修订,达到动态更新的效果,以增强教材的现实性、时代性和信息化教学服务能力。

本教材由曹培培主编,负责总体设计及统稿定稿。所有修订人员均为一线的优秀教师,有着多年的教学经验,具体包括:曹培培(第一、二、三、四、十、十二章及附录),孙丰念(第五、六章),张红英(第七、八章),吴兰桂(第九、十一章)、申倩(第十三、十四章)。教材的数字资源开发由韩小燕总体负责。修订过程中得到了无锡中国国际旅行社赖霖、江苏康辉国际旅行社王明朗的大力支持,在此深表感谢。

为方便广大教师教学和学生学习,本书还提供了配套的精美课件,读者可以从清华大学出版社官网(https://www.tup.com.cn)搜索本书,免费下载使用。

书中引用了诸多文献资料和网站上的精美图片,未能详细地全部列出出处,在此一并表示感谢。由于水平有限,错误与不当之处在所难免,欢迎广大读者批评指正。

编 者

目录

上 篇

第一章 绪论 ……………………… 3
   第一节 旅游地理概述 ……………… 4
   第二节 旅游资源开发与保护 ……… 6
   本章小结 …………………………… 11
   习题 ………………………………… 11

第二章 中国自然旅游资源 ……… 13
   第一节 中国自然地理环境特征 …… 15
   第二节 山地旅游资源 ……………… 21
   第三节 水体旅游资源 ……………… 28
   第四节 气象旅游资源 ……………… 36
   第五节 生物旅游资源 ……………… 40
   本章小结 …………………………… 47
   习题 ………………………………… 47

第三章 中国人文旅游资源 ……… 49
   第一节 万里长城 …………………… 50
   第二节 古代建筑 …………………… 55
   第三节 古代水利工程 ……………… 64
   第四节 古代帝王陵墓 ……………… 72
   第五节 宗教旅游资源 ……………… 79
   第六节 中国古典园林 ……………… 87
   第七节 我国的民俗旅游资源 ……… 94
   本章小结 ………………………… 103
   习题 ……………………………… 103

第四章 中国旅游交通 …………… 106
   第一节 中国旅游交通概述 ……… 108
   第二节 旅游线路设计 …………… 111
   本章小结 ………………………… 112
   习题 ……………………………… 113

下 篇

第五章 中国旅游地理区划 ……… 117
   第一节 旅游地理区划 …………… 119
   第二节 中国旅游地理区划 ……… 120
   本章小结 ………………………… 121
   习题 ……………………………… 121

第六章 京津冀旅游区 …………… 122
   第一节 地理环境概况及旅游资源
          特征 ……………………… 123
   第二节 北京市 …………………… 126
   第三节 天津市 …………………… 129
   第四节 河北省 …………………… 131
   本章小结 ………………………… 134
   习题 ……………………………… 134

第七章 东北旅游区 ……………… 136
   第一节 地理环境概况及旅游资源
          特征 ……………………… 137
   第二节 黑龙江省 ………………… 140
   第三节 吉林省 …………………… 142
   第四节 辽宁省 …………………… 145
   本章小结 ………………………… 147
   习题 ……………………………… 148

第八章 黄河中下游旅游区 149

第一节 地理环境概况及旅游资源特征 150
第二节 陕西省 153
第三节 山西省 156
第四节 河南省 159
第五节 山东省 162
本章小结 165
习题 165

第九章 西北旅游区 167

第一节 地理环境概况及旅游资源特征 168
第二节 新疆维吾尔自治区 172
第三节 甘肃省 175
第四节 宁夏回族自治区 177
第五节 内蒙古自治区 180
本章小结 183
习题 183

第十章 长江中下游旅游区 185

第一节 地理环境概况及旅游资源特征 188
第二节 上海市 191
第三节 江苏省 194
第四节 浙江省 198
第五节 安徽省 201
第六节 江西省 204
第七节 湖南省 207
第八节 湖北省 209
本章小结 211
习题 212

第十一章 东南旅游区 213

第一节 地理环境概况及旅游资源特征 214
第二节 福建省 217
第三节 广东省 219
第四节 海南省 223
本章小结 225
习题 226

第十二章 西南旅游区 227

第一节 地理环境概况及旅游资源特征 228
第二节 广西壮族自治区 230
第三节 云南省 233
第四节 贵州省 236
第五节 四川省 238
第六节 重庆市 240
本章小结 243
习题 243

第十三章 青藏旅游区 245

第一节 地理环境概况及旅游资源特征 247
第二节 西藏自治区 249
第三节 青海省 252
本章小结 255
习题 255

第十四章 港澳台旅游区 257

第一节 地理环境概况及旅游资源特征 258
第二节 香港特别行政区 260
第三节 澳门特别行政区 263
第四节 台湾省 265
本章小结 266
习题 267

参考文献 268

微课二维码目录

微课 2-1　中国省级行政区划 .mp4 ······ 20

微课 2-2　山岳美 .mp4 ······ 22

微课 2-3　三叠泉瀑布 .mp4 ······ 34

微课 3-1　故宫 .mp4 ······ 56

微课 3-2　坎儿井 .mp4 ······ 71

微课 3-3　佛塔 .mp4 ······ 81

微课 3-4　中国古典园林构景手法 .mp4 ······ 89

微课 6-1　盘山风景区 .mp4 ······ 129

微课 7-1　海八珍 .mp4 ······ 147

微课 8-1　曲阜三孔 .mp4 ······ 163

微课 9-1　吐鲁番葡萄 .mp4 ······ 175

微课 9-2　内蒙古马头琴 .mp4 ······ 181

微课 10-1　武陵源 .mp4 ······ 207

微课 11-1　南山文化旅游区 .mp4 ······ 224

微课 12-1　峨眉山 .mp4 ······ 238

上　篇

第一章

绪 论

学习目标

通过学习，了解旅游地理学的发展过程、学科性质和研究内容；理解中国旅游地理与旅游地理学的关系及其研究内容；掌握旅游资源的分类、特点、开发原则、受破坏的原因及其保护措施。

关键词

旅游地理学　中国旅游地理　旅游资源　开发　保护

> **案例导入**

2023年全国人文地理学大会在兰州举办

7月28至30日，2023年全国人文地理学大会在西北师范大学成功召开。大会主题为"服务国家战略需求的人文地理学使命与创新中国式现代化建设与人文地理学转型发展"，吸引了来自全国主要地理科研教学单位的专家、学者、学生代表共1200余人出席会议。

会上，中国科学院院士、中国科学院西北生态环境资源研究院研究员秦大河，中国科学院院士、中国科学院生态环境研究中心研究员傅伯杰，中国工程院院士、中国科学院西北生态环境资源研究院研究员冯起等18位著名专家学者发表了一系列高水平的学术报告和研究成果，深刻激发了与会学者的科研使命和荣誉。同时，大会还围绕城乡融合发展与城市群建设、地理学赋能国家治理现代化、经济地理与区域高质量发展、全球化变局下的区域发展新格局等设立了25个分会场，为全国地理科研工作者、研究生提供了交流学术思想、分享科研成果、探讨发展问题的平台。学者们积极参与讨论，分享研究经验，互相启发，不仅推动了人文地理学领域的学术交流和合作，还为人文地理学的可持续发展提供了新的思路和方向。

（资料来源：新甘肃，2023-07-31）

全国人文地理学大会是我国人文地理学界多年一次的综合性学术会议，也是全国地理学界具有里程碑意义的重大学术活动。2023年正值中国地理学会人文地理专业委员会成立40周年，本次会议办会规格高、论文水平高，必将对中国人文地理学的创新发展产生深远影响。

第一节 旅游地理概述

一、旅游地理学的发展

地理学是研究地球表面一切自然现象和人文现象的分布规律与空间关系的科学，其研究对象是人类生存的地理环境。地理学是一门古老的学科，曾被称为科学之母。古代地理学逐步产生于远古——18世纪末，主要以描述性记载地理知识为主。在早期，以中国和古希腊的成果最为显著。中国的《尚书·禹贡》《管子·地员》《山海经》《水经注》等著作都是世界上比较早的地理学史料。到了后期，欧洲地理大发现涌现出了哥伦布、达·伽马、麦哲伦等探险家，他们的发现极大地推动了地理学的发展。

旅游与地理关系十分密切。人类的旅游活动都是在一定的地理环境空间中进行的。我国历史悠久，旅游活动很早就开始出现。治水的大禹、骑牛传道的老子、周游列国的孔子、出使西域的张骞、去天竺（今印度）取经的玄奘、七下西洋的郑和、志在四方的徐霞客等都是我国历史上有名的旅行家。通过这些人物的活动可以看出，旅游和地理是紧密联系在一起的，旅游取决于一系列的地理、气候、地形和旅游地居民等因素，"旅游几乎没有哪个方面与地理无关，地理也几乎没有哪个部门无助于研究旅游现象"。古代人们的地理知识即来源于旅游，而地理知识的丰富又有指导旅游的意义。旅游与地理密不可分，相互影响，由此产生了新的学科——旅游地理学。

旅游地理学是地理学的分支学科。旅游地理学是研究人类旅行游览与地理环境关系的学科，是随着现代旅游业的发展而兴起的一门学科。现代旅游地理学研究始于20世纪二三十年代。美国地理学家麦克默里发表的《娱乐活动与土地利用关系》，被世界地理学界公认为第一篇关于旅游地理研究的论文。早在1935年，英国地理学家布朗就倡议地理学家应把更多的精力放在研究旅游业上。他和詹姆斯、卡尔森等先后论述了局部地区的自然资源、发展基础、聚落构成的差异对旅游业发展的影响，测定了旅游形态及其经济价值，并阐述了旅游形态和旅游设施的意义。20世纪40年代，艾塞林、迪赛对游客客流进行了分析。20世纪50年代，联邦德国地理学家哈恩从游客的性质、逗留时间、季节性变化等方面对联邦德国旅游地类型进行了划分。可是，这段时间内的绝大多数旅游地理著作，主要是描述某些旅游胜地或限于一般论述旅游的经济意义，对旅游地理学的基本理论探讨极少。20世纪60年代以来，旅游地理学的学科属性和理论问题逐渐为人们所重视。1964年，加拿大地理学家沃尔夫指出，旅游地理学是从经济地理学中分离出来的，可以从不同的角度进行研究。英国地理学家罗宾逊则把旅游地理学当作一门应用地理学。20世纪70年代，鲁彼特等结合联邦德国实例，对旅游市场和旅游区位做了分析研究。1976年在莫斯科召开的第23届国际地理学大会上，第一次把旅游地理列为一个专业组，从此旅游地理学作为地理学的一个分支被确立下来。

我国旅游地理学的研究起步于改革开放以后。30多年来，旅游地理学研究和教学队伍不断壮大，先后发表了一批关于旅游地理学、中国旅游地理及旅游开发等方面的专著和文章，并出版了一些普及性读物。20世纪80年代，中国地理学会在人文地理专业委员会下设旅游地理组，说明旅游地理学研究已在我国地理科学领域中占有一定的位置。

旅游地理学不但同地理学的许多分支关系密切，而且与社会学、民俗学、考古学、历史学、建筑学、园林学、经济学等彼此渗透。因此，它不仅是一门实践性很强的应用学科，还是一门综合性很强的边缘学科。

二、旅游地理学的研究内容

旅游地理学研究的主要对象是旅游地理环境，属于人文地理学的范畴，与经济地理、历史地理、政治地理等同为人文地理学的分支学科。旅游地理学的研究内容主要包括以下几个方面：旅游的起因及其地理背景；旅游者的地域分布和移动规律；旅游资源的分类、评价、保护和开发利用论证；旅游区(点)布局和建设规划；旅游区划和旅游线路设计；旅游业发展对地域经济综合体形成的影响；旅游业对区内环境的影响等。

三、中国旅游地理的研究内容

随着旅游地理学研究的深入，旅游地理学内部形成了三个分支领域，即普通旅游地理学、区域旅游地理学和应用旅游地理学，使得旅游地理学的学科结构日益完善，知识内容日趋完整。中国旅游地理是旅游地理学的分支学科，属于区域旅游地理学范畴，它是运用旅游地理学的基本理论，研究在中国范围内人们的旅游与地理环境及社会经济相互关系的学科，侧重于研究中国旅游地理环境特征、中国各类旅游资源类型及分布状况、中国各旅游区布局等问题。

旅游地理学是一门新兴的学科，在其指导下的中国旅游地理的基本知识体系，目前并无严格统一的规范。根据中国旅游地理研究的实际需要，中国旅游地理的研究内容大致可以归纳如下，中国旅游地理环境研究，中国旅游资源研究，中国旅游交通研究，中国旅游区划研究，中国各旅游区旅游特色及其代表性旅游资源研究，中国区域旅游发展战略与规划的制定研究等。对中国旅游地理的学习和研究，不但有利于旅游地理知识的普及与旅游者欣赏水平的提高，而且对旅游从业人员专业知识水平与文化素养的提高也有很大帮助，同时还可以促进旅游业的可持续发展。

第二节　旅游资源开发与保护

旅游资源是指自然界和人类社会凡能对游客产生吸引力，为旅游业所开发利用，并可产生经济效益、社会效益和环境效益的各种事物和现象。旅游资源是旅游活动三要素之一，是旅游活动的客体，是旅游业发展所必需的前提和物质基础，因而也是旅游地理学研究的主要内容。

一、旅游资源的分类与特点

(一)旅游资源的分类

对旅游资源进行科学合理的分类，是认识、开发、利用和保护旅游资源的客观需要。根据不同的标准，旅游资源可以划分为不同的类型。

旅游资源按照其形成的基本原因，可以分为两大类别，即自然旅游资源和人文旅游资源。自然旅游资源指能使人们产生美感或兴趣的、由各种地理环境或生物构成的自然景观。根据2017年修订的国家标准《旅游资源分类、调查与评价》(GB/T 18972—2017)，自然旅游资源分为四大类，即地文景观、水域景观、生物景观、天象和气候景观。人文旅游资源是人类创造的反映各时代、各民族政治、经济、文化和社会风俗民情状况，具有旅游功能的事物和因素，也分为四大类，即建筑与设施、历史遗迹、旅游购品和人文活动。

此外，旅游资源如果按照其级别及管理来分类，可以分为世界级旅游资源、国家级旅游资源、省级旅游资源、市(县)级旅游资源；按照旅游活动的内容，可以分为游览鉴赏类旅游资源、知识类旅游资源、体验类旅游资源、康乐类旅游资源；按照其利用现状，可以分为已开发利用的旅游资源、正在开发利用的旅游资源、未开发利用的旅游资源(亦称潜在的旅游资源)。

(二)旅游资源的特点

旅游资源是旅游目的地重要的吸引要素。作为一种特殊的资源，旅游资源不仅具有一般资源的共同属性，还具有其独有的特点。

1. 价值上的观赏性

旅游资源具有美学特征，具有观赏性，能从生理上、心理上满足人们对美的追求，这是旅游资源同一般资源最主要的区别。尽管旅游动机因人而异，游览内容多种多样，但观赏活动几乎是所有旅游过程中最基本的内容，有时更是全部旅游活动的核心内容。毫无疑问，旅游资源的美学价值越高，观赏性越强，知名度越高，吸引力就越强。但由于旅游者的性格、气质、审美能力的不同及文化素质的高低，使得不同的旅游者对同一旅游资源会产生不同的评判，从而使旅游欣赏呈现多样性。

2. 构景上的综合性

旅游资源往往是由多种要素综合在一起组成，孤立的景物很难形成具有吸引力的旅游资源。一个地区的旅游资源要素种类越多、联系越紧密、综合性越强，地区整体景观效果就越好，综合开发利用的潜力也就越大。旅游地的形成是多种旅游吸引物聚集的结果，这些旅游吸引物既有自然的，又有人文的；既有景观性的，又有文化性的；既有古代遗存的，又有现代兴建的；既有实物性的，又有体验性的。不同类型的旅游吸引物可以满足有不同需求的旅游者。

3. 空间上的地域性

旅游资源作为地域要素的重要组成部分，必然受地理环境的影响和制约。这种地域差异性使得各个地区的自然和人文景观具有不同的特色和旅游魅力。只有那些"人无我有，人有我优"的高质量的旅游资源，才会对游客产生强烈的诱惑力，它在很大程度上决定了一个国家和地区的旅游业能否有发展。

4. 时间上的季节性

旅游资源的季节变化非常突出，它会随着季节、气候的变化而显示出不同的景观特征，或随季节的不同而产生或消失这些特征，从而形成最佳观赏季节。旅游资源季节的变化性特征影响着旅游活动和旅游流的季节变化，从而形成了旅游业的淡季、旺季和平季的差异。

5. 使用上的永续性

旅游资源在旅游活动中不会造成其本身的耗费，旅游者只能从中获得审美感受，带走对旅游资源的认识、印象和感受，而旅游资源的所有权不会改变。从这一层面来讲，旅游资源可以重复出售，可以永续利用。但旅游资源的永续利用必须以资源的合理开发、利用和保护为前提，一旦遭受破坏，就不复存在，即使被仿造出来，其旅游价值也会大打折扣，因此，要持续发展旅游，必须做好旅游资源的保护工作。

二、旅游资源的开发原则

旅游资源开发是旅游开发的重要组成部分，成功的旅游开发首先必须要有成功的旅游资源开发，旅游资源开发的成败决定了整个旅游开发的质量。旅游资源开发作为一项经济文化活动，必须遵循经济活动的运行规律，同时要符合文化事业的开发规律，才能获得成功并取得良好的社会经济效益。旅游资源开发的原则就是指旅游资源开发活动中必须遵循的指导思想，主要有以下几个方面。

1. 效益性原则

经济利益是旅游资源开发的主要目的之一。旅游资源的开发要注重以市场为导向，在进行旅游规划时，要充分研究经济上的可行性，研究投资的风险及预期的效益；要遵循市场发展的供求规律，确定开发的层次、规模和方向，力求投入最少、产出最多，以获得最高的经济效益。此外，开发的目的还包括促进当地经济和社会的发展，提高当地人民的生活质量。因此，在规划和建设中要特别强调经济效益、社会效益和生态环境效益的协调发展。

2. 独特性原则

独特性原则是旅游资源开发的中心原则。求异是旅游者产生旅游动机的主要原因之一，富有个性的旅游景点能够对人们产生更大的旅游吸引力，能够在同等的条件下取得更好的经济效益和社会效益，因此，开发中要尽最大可能地突出旅游资源的特色，包括民族特色、地方特色，努力反映当地文化，"只有民族的旅游资源，才是世界的旅游吸引物"。只有具有独特性，才能确保旅游资源的吸引力和竞争力。

3. 保护性原则

保护性原则，就是要求旅游资源的开发建设和当地自然环境相适应，不能以牺牲生态环境为代价，而应充分考虑资源的承载能力，避免建设性破坏和破坏性建设，注重环境保护和生态平衡。任何形式的开发都是对旅游资源一定程度上的破坏，而旅游资源一经破坏则难以在短期内恢复，有的甚至是无法恢复的。因此，想要对旅游资源进行可持续的开发利用，就必须以保护为前提。

三、旅游资源的保护

(一)旅游资源受破坏的原因

1. 旅游资源的自然衰败

旅游资源的自然衰败主要为突发性灾害和自然风化。突发性灾害是指自然界中突然发生的灾害，如地震、洪水、火灾、泥石流、海啸、飓风、火山喷发等，会直接改变一个地区的面貌，毁掉部分或者全部的旅游资源。例如，七大奇迹之一的罗德岛太阳神巨像就是毁于地震。自然风化是指在自然状况下，由于氧化、风蚀、侵蚀、流水切割等，导致旅游资源的形态和性质缓慢地改变。例如，秦始皇陵所在的骊山经过2000多年的风雨侵蚀，由最初的120米高降为现在的大约60米高。突发性灾害和自然风化对旅游资源的破坏虽然很严重，但是偶尔也会创造一些新的旅游资源。例如，长白山天池和五大连池景区就是由于火山爆发而形成的，而江南园林中最具代表性的太湖石，就是由于湖水长期的侵蚀、切割才形成了"瘦、皱、漏、透、清、丑、顽、拙"等特点。

此外，部分动物也能带来巨大的破坏。例如，温驯的鸽子是和平的象征，欧洲很多城市广场都放养了大量的鸽子，但鸽子除为城市带来了生气之外，也带来了很多问题，因为鸽粪的酸性腐蚀作用特别强，对城市建筑，特别是古建筑造成了巨大的破坏，并且落在屋顶、屋檐、雕像上的鸽粪很难清理。此外，白蚁的破坏力也极强，自古就有"千里之堤，溃于蚁穴"之说，并且白蚁对我国很多的木质古建筑都有致命的破坏力。

2. 旅游资源的人为破坏

旅游资源的人为破坏是多方面的、严重的，有的甚至将旅游资源完全毁灭，主要可分为建设性破坏和游客的破坏。建设性破坏是指工农业生产、市镇建设和旅游资源开发建设中规划不当导致旅游资源的破坏。其破坏方式主要有：第一，直接拆毁、占有文物古迹；第二，工程建设对风景区自然美的破坏。在风景区，如果工程建设不当，极有可能破坏景区周围景观的和谐及古建筑的风格意境；第三，旅游区发展工业带来污染破坏。若在旅游区附近发展污染性工业，将对旅游区的空气和水体造成污染；第四，风景区内采石、开垦耕地引起的破坏；第五，旅游资源开发中规划不当造成的破坏。很多景区为了修建道路、索道、宾馆等，使景区的完整性遭到了破坏。

旅游资源是为游客服务的，但如果管理不善、规划不当，游客也会对旅游资源造成破坏。其具体表现为：第一，客流对旅游资源的无意破坏。例如，大量游客的踩踏、摩擦，会逐渐改变旅游资源的周边环境，加速自然风化，或导致地面板结，古树枯死；第二，部分游客对旅游资源的故意损坏。例如，部分游客素质低下，对景物乱涂滥画。

案例1-1

此外，还有一些特殊的人为因素对旅游资源也会产生巨大的破坏。例如，影视剧的拍摄，虽然会对景区起到巨大的宣传作用，但如果不注意保护环境，也会对旅游资源带来破坏。再如，战争对旅游资源的破坏也是非常严重的，著名的明孝陵是古代帝陵的一个代表，但其多数精美的建筑毁于太平天国战争期间。

(二)旅游资源保护的对策

造成旅游资源的衰败和破坏的原因是多方面的，我们应当采取相应的以防为主、以治为辅，防治结合的保护措施。虽然灾难性的自然变化不可避免，但可以采取措施，减弱其自然风化的程度，延缓其过程；而对人为破坏则可以通过法律、政策、宣传和管理途径加以遏制；至于已遭破坏的旅游资源，可视其破坏轻重程度和恢复的难易程度，采取一定的维修和重建措施。

1. 减缓旅游资源自然风化的对策

旅游资源自然风化是自然界由于大气中光、热、水环境的变化引起的，存在这一问题的旅游资源主要是历史文物古迹。暴露于地表的旅游资源要完全杜绝自然风化是不可能的，但在一定范围内改变环境条件，使风化过程减缓则是完全可能的。例如，给风吹日晒下的旅游资源加罩，或为其盖可以遮挡的建筑，以起到保护作用。

2. 杜绝人为破坏旅游资源的对策

透过旅游资源人为破坏原因的表面看本质，旅游资源人为破坏的根源，主要是广大民众保护旅游资源的意识不强，不少人不知道旅游资源的价值；法制不够健全；旅游资源保护理论研究不成熟；旅游资源开发和旅游管理不完善等。只有解决根源上的问题，才能真正杜绝旅游资源的人为破坏。具体来说可采取以下措施：第一，健全旅游资源法制管理体系。将保护旅游资源提到法律的高度，并有相应的奖惩条文来保障条例的实施，在防止景区的建设性破坏或加强对游客的管理等方面都会起到极为重要的作用，使旅游资源的保护工作有法可依；第二，加强对旅游资源保护的宣传教育。首先要改变旅游从业者"旅游业是无烟工业"的错误思想，认识到无合理规划的旅游业对生态环境、社会环境的破坏相当严重。其次要加强宣传，以增强游客的保护意识，逐步形成文明旅游、科学旅游、健康旅游的社会氛围。再次，完善风景名胜区保护系统。我国建立的各级风景名胜区、各类自然保护区等，都可以从政策、理论、技术、管理等方面加强对旅游资源的保护。最后，大力开展对旅游资源保护的研究和人才培养。大力开展对旅游资源保护的研究可以完善旅游资源保护的理论体系，对保护工作具有巨大的指导作用。加强专业人才培养可以通过对在职人员的保护意识的培训和在专业院校中加强对保护人才的培养等方式进行。

案例1-2

3. 已破坏的旅游资源的恢复对策

部分已被破坏的旅游资源，可以通过修复来恢复对游客的吸引力。在修复的过程中，要注意以下几个方面：第一，整旧如故。可以采取复原培修的办法，采取原材料、原构件等进行恢复。例如，明孝陵的棂星门毁于太平天国战火之中，2007年在原址使用原材料恢复其600多年前旧貌，其中所用材料为原明孝陵所用材料——青龙山青白石料。修复中即使必须用现代构件进行加固，也要以保持原貌为准则；第二，仿古重建。因为各种原因已经消失的著名古建筑，由于具有很高的文化和旅游价值，可以依据相应史料进行仿古重建，重现古建筑的风貌；第三，生态建设。许多景区由于工业交通的发展，建设性破坏，或者游客的过量进入，对景区的生态环境造成了破坏，在恢复的过程中就要加强生态建设，注重植树造林、治理水污染等。

本章小结

(1) 旅游地理学是地理学的分支学科，属于人文地理学的范畴，主要研究人类旅行游览与地理环境的关系。它不仅是一门实践性很强的应用学科，还是一门综合性很强的边缘学科。

(2) 中国旅游地理是旅游地理学的分支学科，属区域旅游地理学范畴，它是运用旅游地理学的基本理论研究在中国范围内人们的旅游与地理环境及社会经济相互关系的学科。

(3) 旅游资源是旅游活动三要素之一，是旅游地理学研究的主要内容。旅游资源的特征为价值上的观赏性、构景上的综合性、空间上的地域性、时间上的季节性、使用上的永续性。旅游资源的开发原则为效益性原则、独特性原则、保护性原则。

(4) 旅游资源受破坏的原因主要分为自然衰败和人为破坏，旅游资源的保护应该以防为主、以治为辅，防治结合。

习 题

一、填空题

1. 1976年在莫斯科召开的第_____届国际地理学大会上，第一次把旅游地理列为一个专业组，从此旅游地理学作为地理学的一个分支被确立下来。

2. 旅游地理学研究的主要对象是旅游地理环境，与经济地理、历史地理、政治地理等同为_____的分支学科。

3. 游资源的开发原则主要包括_____原则、_____原则和_____原则。

二、选择题

1. 美国地理学家麦克默里发表的(　　)被世界地理学界公认为第一篇关于旅游地理研究的论文。

  A.《娱乐活动与土地利用关系》 B.《安大略的旅游地》
  C.《美国海滨避暑胜地》 D.《西印度群岛》

2. 被称为我国最早的地理学著作的是(　　)。

  A.《山海经》 B.《水经注》
  C.《徐霞客游记》 D.《尚书·禹贡》

3. 突发性灾害是指自然界中突然发生的灾害，下列(　　)不属于突发性灾害。

  A. 风蚀 B. 泥石流 C. 海啸 D. 地震

三、简答题

1. 简述中国旅游地理的研究内容。
2. 简述旅游资源的特点。
3. 简述旅游资源受破坏的原因和保护措施。

参考答案

第二章

中国自然旅游资源

📖 学习目标

本章主要介绍中国自然旅游资源的基本知识。通过学习,掌握中国自然地理环境的特征,了解山地旅游资源、水体旅游资源、气象旅游资源和生物旅游资源的总体特点及分类,掌握各类自然旅游资源代表性景区的基本特征及旅游价值。

💡 关键词

自然旅游资源　自然地理环境　山地　水体　气象　生物

案例导入

中国首个"全国生态日"到来

2023年8月15日是中国首个全国生态日。

作为中国在生态文明领域的综合性活动日，全国生态日于2023年6月28日由十四届全国人大常委会第三次会议决定设立。

设立全国生态日，是中国立法保障生态文明的一个典型缩影。中共十八大以来，全国人大及其常委会不断健全生态文明制度体系，用最严格的制度、最严密的法治划定生态红线。

2018年宪法修正案将生态文明写入宪法，确立了生态文明的宪法地位，形成了序言中根本任务、"总纲"中生态环境保护制度、"国家机构"法定职责等共同构成宪法生态文明制度的体系化格局。

同时，中国还通过立法加大对破坏生态环境行为的处罚。

2014年修改的环境保护法被称为"史上最严"，引入按日计罚、环保部门可以对造成严重污染的设备查封扣押、对通过逃避监管的方式排污的违法行为人采取拘留、双罚制等严厉手段。刑法从重设置环境犯罪的法律责任，民法典增加生态环境损害惩罚性赔偿责任……生态环境领域"违法成本低、守法成本高"的突出问题逐步得到解决。

据知，中国目前已有生态环境保护法律30余部、行政法规100多件、地方性法规1000余件，还有其他大量涉及生态环境保护的法律法规规定。

这一法律体系以环境保护法为统领，包括针对大气、水、土壤、固体废物、噪声、放射性等污染防治的专门法律，涉及防沙治沙、水土保持、野生动物保护等环境和生物多样性保护的法律，森林、草原、湿地等资源保护利用的法律，长江保护法、黄河保护法、青藏高原生态保护法等流域性保护法律，黑土地保护法、青藏高原生态保护法等特殊地理地域类法律等。

此外，国务院及其有关部门还制定修改大量生态环境保护的法规、规章、标准和规范性文件；最高人民法院、最高人民检察院制定办理环境污染犯罪、公益诉讼和生态环境侵权责任纠纷等案件的司法解释20余件。

"它们共同为形成并完善生态文明制度体系打下了坚实基础。"许安标说。

(资料来源：中国新闻网，2023-08-15)

近年来，我国持续加大生态保护力度，生态环境和质量持续改善，生物多样性日益丰富。这个首创性、标志性的纪念日，体现了新时代生态文明建设的重要地位，体现了全面推进美丽中国建设的坚定决心。今日中国，"绿水青山就是金山银山"的重要理念深入人心，人与自然和谐共生的现代化进程，深刻改变中华大地。

第一节　中国自然地理环境特征

自然景观是地质、地貌、气候、水文、土壤、生物六大要素相互依存、相互制约，共同构成的自然综合体，基本上是天然赋予的。自然景观是激发人类旅游动机的最早的也是最持久的因素。中国的自然旅游资源主要包括山地旅游资源、水体旅游资源、气象旅游资源和生物旅游资源。其特点为类型齐全、数量丰富、北雄南秀、特色鲜明。

一、自然地理概况

(一)位置和疆域

中国位于亚洲东部、太平洋西岸(见图2-1)，陆地面积约为960万平方公里，在世界各国中，仅次于俄罗斯和加拿大，居第三位，略小于整个欧洲面积。中国领土东西跨经度有60多度，东西距离约5200公里；南北跨越的纬度近50度，南北距离约为5500公里。

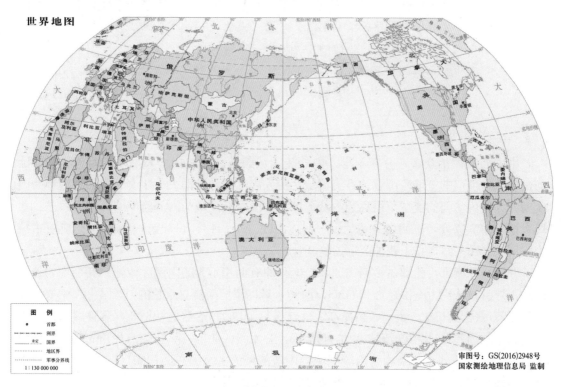

图2-1　世界地图

环绕大陆东岸的海，从北向南依次为渤海、黄海、东海、南海和台湾海峡以东太平洋海区，总面积470多万平方公里；海岸线总长3.2万公里，其中大陆海岸线北起鸭绿江口，南至北仑河口，长达1.84万公里。沿海有许多优良港湾，便于船舶避风和停靠。中国南海有四个群岛，即东沙群岛、西沙群岛、中沙群岛、南沙群岛。中国最大的岛屿是台湾岛，第二大岛是海南岛。中国最大的群岛是舟山群岛，它位于浙江省东面的海域。山东半岛是中国最大的半岛，辽东半岛是中国第二大半岛。

与中国陆地相邻的国家有14个，即朝鲜、俄罗斯、蒙古国、哈萨克斯坦、吉尔吉斯斯坦、塔吉克斯坦、阿富汗、巴基斯坦、印度、尼泊尔、不丹、缅甸、老挝、越南。

同中国隔海相望的国家有6个，即东面同中国隔海相望的韩国、日本，东南面同中国隔海相望的菲律宾，南面同中国隔海相望的马来西亚、文莱、印度尼西亚。

专栏2-1　三沙市

三沙市，海南省辖地级市，地处中国南海中南部，海南省南部，辖西沙群岛、中沙群岛、南沙群岛的岛礁及其海域，陆地面积20多平方千米，陆海面积约200万平方千米。三沙市设有西沙区、南沙区，管辖10个社区。市人民政府驻地西沙区永兴岛。

三沙市于2012年7月24日正式揭牌成立，是中国位置最南、面积最大、陆地面积最小及人口最少的地级市，由280多个岛、沙洲、暗礁、暗沙和暗礁滩及其海域组成。三沙市属热带海洋性季风气候，全年高温、高湿、高盐、高辐射。海岛植物资源繁多，海洋生物资源丰富，有独特的热带海洋海岛自然景观。三沙市战略位置重要，地处太平洋与印度洋之间的咽喉，素有"世界第三黄金水道"之誉，是古代"海上丝绸之路"的必经之地，历来是中国人民开展贸易和生产活动的重要场所。

三沙市是"全国双拥模范城"。三沙市入围2016世界特色魅力城市200强。

(资料来源：百度百科—三沙市，2023-09-22)

(二)水系流域

中国河流湖泊众多，分布不均，内外流区域兼备。通常把流入海洋的河流称为外流河，补给外流河的流域范围称为外流流域；流入内陆湖泊或消失于沙漠之中的河流称为内流河，补给内流河的流域范围称为内流流域。中国外流流域与内流流域的界线大致是：北段大体沿着大兴安岭—阴山—贺兰山—祁连山(东部)—日月山—巴颜喀拉山—念青唐古拉山—冈底斯山一线，止于我国西端国境。

分水线东南部，除鄂尔多斯高原和松嫩平原有面积不大的内流区域外，其余均为外流区域，外流流域约占全国总面积的2/3，河流水量占全国河流总水量的95%以上，主要分为太平洋流域(包括长江、黄河、黑龙江、珠江等)、印度洋流域(包括怒江、雅鲁藏布江、狮泉河、象泉河等)和北冰洋流域(额尔齐斯河)。分水线西北部，除新疆西北角的额尔齐斯河流域为外流流域外，其余均为内流流域，内流流域约占全国总面积的1/3，但是河流总水量还不到全国河流总水量的5%。我国最大的内流河是塔里木河。

外流流域的湖泊都与外流河相通，湖水能流进也能排出，含盐分少，称为淡水湖，亦称排水湖。我国著名的淡水湖有鄱阳湖、洞庭湖、太湖、洪泽湖、巢湖等。内流流域的湖泊大都为内流河的归宿，湖水只能流进，不能流出，又因蒸发旺盛，盐分较多而形成咸水湖，亦称非排水湖，如我国最大的湖泊青海湖及海拔较高的纳木错等。

(三)气象水文

中国年降水量空间分布的规律是：从东南沿海向西北内陆递减。各地区差别很大，而且越向内陆，减少越为迅速，大致是沿海多于内陆，南方多于北方，山区多于平原，山地中暖湿空气的迎风坡多于背风坡。在淮河—秦岭—青藏高原东南边缘一线东南降水量大于800毫米；在大兴安岭—张家口—兰州—拉萨—喜马拉雅山东南端一线西北降水量小于400毫米。塔里木盆地年降水量少于50毫米，是中国的"旱极"；中国东南部有些地区降水量在1600毫米以上，台湾东部山地降水量可达3000毫米以上，是中国的"雨极"。

中国各地干湿状况差异很大，共划分为4个干湿地区：湿润区、半湿润区、半干旱区和干旱区。西部和西北部为干旱区，东南部为湿润区，并且同一个温度带内，可含有不同的干湿区；同一个干湿地区中又含有不同的温度带。因此，在相同的气候类型中，也会有热量与干湿程度的差异。地形的复杂多样，也使气候更具复杂多样性。中国自南向北，从温度带划分来看，分为热带、亚热带、暖温带、中温带、寒温带和青藏高原垂直温度带。不同的温度带内热量不同，生长期长短不一，耕作制度和作物种类也有明显差别。在大兴安岭—阴山—贺兰山—巴颜喀拉山—冈底斯山连线以西以北的地区，夏季风很难到达，降水量很少。习惯上我们把夏季风可以控制的地区称为季风区，夏季风势力难以到达的地区称为非季风区。

二、地貌轮廓的基本特征

地貌也叫地形，即地表各种形态的总称，是在内外力共同作用下形成的千姿百态的地表形态，是构成自然景观的基础。各种地貌类型以其独特的形态和魅力构成丰富多彩的旅游资源。图2-2为中国地势图。

(一)地势西高东低，呈三级阶梯状下降

第一阶梯是青藏高原，平均海拔在4000米以上，被称为"世界屋脊"，由极高山、高山和大高原组成。其北部与东部边缘分布有昆仑山脉、祁连山脉、横断山脉，是地势一、二阶梯的分界线。

第二阶梯上分布着大型的盆地和高原，包括塔里木盆地、准噶尔盆地、四川盆地、内蒙古高原、黄土高原和云贵高原等，平均海拔在1000～2000米，其东面的大兴安岭、太行山脉、巫山、雪峰山是地势二、三阶梯的分界线。

第三阶梯上分布着广阔的平原，间有丘陵和低山，包括我国三大平原(东北平原、华北平原、长江中下游平原)和四大丘陵(长白山丘陵、山东丘陵、东南丘陵和岭南丘陵)，海拔多在500米以下。

(二)地形多种多样，山区面积广大

我国幅员辽阔，地质条件复杂多样，地貌具有形态各异、成因不同、类型齐全的特点。形态地貌类型主要有山地、高原、丘陵、盆地和平原；成因地貌类型主要有花岗岩地貌、岩溶地貌、丹霞地貌、风沙地貌、火山地貌、黄土地貌和各类海岸地貌等。

中国地势图

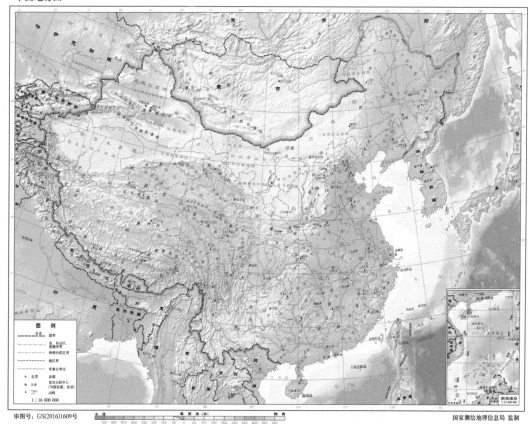

图2-2　中国地势图

通常所讲的山区包括山地、丘陵和高原。我国是一个多山的国家。全国的山区(包括各级山地和多山的高原、丘陵)面积，超过全国总面积的2/3。我国的高原、盆地甚至平原等地貌类型中，有的为山脉所环抱，有的为山丘所穿插。例如，青藏高原基本上是由雄伟高峻的大山脉所组成；四川盆地是一个丘陵性的盆地；云贵高原则更是峰峦重叠、万水千山的山地性高原。这样虽然会给交通运输带来不便，但也因此使得我国的山地旅游资源十分丰富，各种类型的山地地貌景观千差万别。

(三)山脉纵横，呈定向排列并交织成网格状

遍布全国的大小山脉，其分布并不是杂乱无章的，而是按一定方向有规律地排列，构成我国地形的骨架。我国山脉从排列和走向上可归纳为五个大的体系。

1. 东西走向的山脉

东西走向的山脉主要有三列。

北部的一列是天山—阴山。天山山脉是位于亚洲中部的巨大山脉，全长2500公里，西段在境外，东段横亘在我国新疆的中部，长约1500公里，南北宽250～300公里。天山向东延续，与河西走廊北侧的北山(合黎山、龙首山)相连，再向东延至内蒙古中部，即为阴山

山脉。

中间的一列是昆仑山—秦岭。昆仑山西起帕米尔，东止于四川盆地的西北边缘，由西而东横贯青藏高原，长约2500公里。昆仑山东段的一条支脉积石山继续东延与秦岭山脉相接，经陕西南部，东止于淮阳山。

南部的一列是南岭山系。南岭又叫五岭，包括越城岭、都庞岭、萌渚岭、骑田岭和大庾岭，东西绵延600多公里。

2. 东北—西南走向的山脉

东北—西南走向的山脉主要分布在我国东部，由西向东大致分为三列。

西部的一列是大兴安岭、太行山、巫山、武陵山、雪峰山等；太行山是黄土高原和华北平原的天然分界线，它由多种岩石结构组成，呈现不同的地貌，这里储藏着丰富的煤炭资源。

中间的一列包括长白山，经辽东的千山、山东丘陵到东南的武夷山。长白山在中国境内的最高峰是白云峰，海拔2691米，为中国东北第一高峰。千山为长白山支脉，山峰总数近千，故名"千山"。武夷山位于福建与江西的交界处，称福建第一名山，属典型的丹霞地貌。

东部的一列是台湾山脉。台湾山脉位于中国台湾省中部偏东，是中央山脉、玉山、阿里山及台东山的总称。

3. 西北—东南走向的山脉

西北—东南走向的山脉主要分布在我国的西部，分为两列。

北部的一列是阿尔泰山脉。阿尔泰山横亘在中国北部边境，位于我国新疆境内的是整个山系的东南段南坡，海拔3000米左右。

南部的一列是祁连山脉。祁连山绵亘于青藏高原东北边缘，山地东西长达1000公里，南北宽200~500公里，由几条平行山岭和谷地组成，山岭高度一般在海拔4000米以上。

4. 南北走向的山脉

南北走向的山脉位于我国中部地区，自北而南有贺兰山脉、六盘山、横断山脉等。

贺兰山脉位于宁夏回族自治区与内蒙古自治区交界处，山势雄伟，若群马奔腾。

六盘山在宁夏回族自治区西南部、甘肃省东部，山路曲折险狭，须经六重盘道才能到达顶峰，因而得名。六盘山山地东坡陡峭，西坡和缓。

横断山脉位于四川盆地、藏南山地与云贵高原之间，由许多岭谷相间的高山深谷组成，包括邛崃山、大雪山、怒山、高黎贡山等山脉及大渡河、雅砻江、金沙江、澜沧江、怒江等谷地。

5. 弧形山脉

弧形山脉主要为喜马拉雅山脉。喜马拉雅山脉位于青藏高原南巅边缘，是世界海拔最高的山脉，其中有110多座山峰海拔达到或超过7350米。喜马拉雅山脉是东亚与南亚的天然界山，也是中国与印度、尼泊尔、不丹、巴基斯坦等国的天然国界。

三、行政区划

行政区划是国家为便于行政管理而分级划分的区域，因此，行政区划亦称行政区域。目前，全国共有34个省级行政区(见图2-3)，包括23个省、5个自治区、4个直辖市、2个特别行政区，具体如下(括号内为各省市简称及省会、首府)。

图2-3　中国地图

23个省包括黑龙江(黑、哈尔滨)、吉林(吉、长春)、辽宁(辽、沈阳)、河北(冀、石家庄)、陕西(秦/陕、西安)、山西(晋、太原)、河南(豫、郑州)、山东(鲁、济南)、甘肃(甘/陇、兰州)、湖北(鄂、武汉)、湖南(湘、长沙)、安徽(皖、合肥)、江西(赣、南昌)、江苏(苏、南京)、浙江(浙、杭州)、福建(闽、福州)、广东(粤、广州)、海南(琼、海口)、台湾(台、台北)、云南(云/滇、昆明)、贵州(贵/黔、贵阳)、四川(川/蜀、成都)、青海(青、西宁)。

微课2-1　中国省级行政区划

5个自治区包括内蒙古自治区(内蒙古、呼和浩特)、宁夏回族自治区(宁、银川)、新疆维吾尔自治区(新、乌鲁木齐)、广西壮族自治区(桂、南宁)、西藏自治区(藏、拉萨)。

4个直辖市包括北京(京)、天津(津)、上海(沪/申)、重庆(渝)。

2个特别行政区包括香港(港)、澳门(澳)。

第二节　山地旅游资源

　　山地，是山岭、山间谷地和山间盆地的总称，是地壳上升背景下由外营力切割形成的地貌类型，海拔在500米以上。山地起伏很大，坡度陡峻，沟谷幽深，一般多呈脉状分布。山地是一个众多山所在的地域，有别于单一的山或山脉，山地与丘陵的差别是山地的高度差异比丘陵要大；高原的总高度一般比较大，但高原上的高度差异较小，山地的平均高度可能并不高，但其高度差异却非常大，这是山地和高原的区别，而且一般高原上也可能会有山地，如青藏高原。

　　山地不适宜人类居住，也不适宜传统农业的发展，受人类活动的影响较少，因此自然景观保存较为完整，且具有雄奇险峻的特点，是野外旅游的重要场所，是最具有旅游价值的地貌形态。人们常把旅游活动称为"游山玩水"，可见山地在旅游资源中的重要地位。中国是个多山的国家，广义的山地占国土面积的2/3以上，而且类型齐全，分布在不同的纬度地带，对气候和生物都产生了深刻的影响，因此，使我国的山地旅游资源丰富多彩。

一、山地旅游资源的类型

(一)按高度划分

　　我国山地形态万千，依照海拔高度可分为极高山、高山、中山、低山和丘陵五个类型。

　　极高山：绝对高度大于5000米、相对高度大于1000米的山地称为极高山。5000米以上的极高山(以我国所处的纬度来讲)终年积雪不化，冰川分布广泛，如我国的喜马拉雅山、天山、昆仑山、喀喇昆仑山、唐古拉山、冈底斯山等。

　　高山：绝对高度在3500～5000米的山地称为高山，如阿尔泰山、阿尔金山、祁连山等。

　　中山：绝对高度在1000～3500米的山地称为中山，如秦岭、长白山、太行山、庐山、黄山及五岳等。

　　低山：绝对高度在500～1000米的山地称为低山，低山主要分布在我国的东部，如辽东半岛、胶东半岛、鲁中南地区、苏浙皖交界、川东平行岭谷、桂西等。

　　丘陵：丘陵地区一般不按绝对高度划分，它的相对高度小于200米，一般没有明显的山地形态要素，也没有明显的山顶，与平原之间逐渐过渡，山麓不明显。

(二)按山地旅游地类型划分

　　按照山地旅游地不同的类型，我国山地可分为风景观赏型山地和体育探险型山地。在我国众多山地资源中，大致以南北走向的贺兰山—六盘山—横断山脉为分界线，此线以东的大部分山地适合开展风景观赏旅游，此线以西部分的山地则更适合开展体育探险旅游。

1. 风景观赏型山地

风景观赏山岳即所谓的风景名山，是指具有自然美的典型山地景观和渗透着人文景观美的山地空间综合体。它给人一种综合美感，包括形象美、色彩美、动态美、听觉美、嗅觉美及人为因素美等。

在贺兰山—六盘山—横断山脉一线以东部分，人口密集，山脉以东北—西南走向为主，地貌组合以平原、海拔不高的高原、丘陵和中低山为主，山体绝对高度不大，景色优美，形象丰富，百态千姿，风景观赏旅游活动开发得较好。比较有代表性的有风景名山五岳(泰山、华山、衡山、恒山、嵩山)、四大佛教名山(五台山、峨眉山、普陀山、九华山)、四大道教名山(武当山、青城山、龙虎山、齐云山)，以及黄山、庐山、雁荡山、阿里山等。

2. 体育探险型山地

随着登山装备的进步，目前体育探险登山运动已成为一项很重要的旅游活动。开展体育探险登山运动要在五六公里以上的高山、极高山山地，山峰在登山活动中具有特殊意义。这些山峰高而小，险峻峭拔，风速极大，气候恶劣多变，因此登山可以磨炼人的意志和锻炼人的体魄；而且高山地带还有丰富多彩的冰川地貌，景色壮观，因人迹罕至，保存了大量的、原始的自然景观。

微课2-2 山岳美

我国能为体育和探险爱好者提供的登山场所很多。在贺兰山—六盘山—横断山脉一线以西，人口稀少，山脉以西北—东南走向为主，地貌组合以大型盆地、海拔很高的大高原和极高山为主，山体绝对高度很大，绝大部分为高山和极高山，特别是青藏高原周边的山地，珠穆朗玛峰、乔戈里峰等都是超过8000米的高峰，是各类探险旅游爱好者的向往之地。

案例2-1

(三) 按地貌成因划分

1. 花岗岩名山

花岗岩是由岩浆侵入地壳逐渐冷凝而成，常常形成高大山体的核心，经风化后露出，成为山体突出的主峰。其景观特点为主峰明显、怪石众多、奇峰峭拔、雄伟险峻，时有洞穴及一线天景观。中国花岗岩山地分布广泛，如泰山、黄山、华山、衡山、九华山、三清山、崂山、天柱山等，几乎全部或大部分为花岗岩组成的山地。

花岗岩名山中怪石众多，其形成的原因主要是球状风化，如黄山的"猴子观海"与"飞来石"、三清山的"司春女神"等。花岗岩名山之所以奇峰峭拔、雄伟险峻，是因为山体有很多巨大的垂直节理，在外力侵蚀下，山坡常沿节理面剥蚀崩塌后退，形成悬崖峭壁、奇峰插云的景观，如黄山石笋峰、华山西峰、三清山"巨蟒出山"(见图2-4)等。崩落下来的花岗岩块又常常架空形成洞穴，如黄山"天都石屋"和天柱山"秘密谷"。花岗岩名山常有"一线天"景观，这是指沿着巨大垂直节理侵蚀而形成的狭窄通道。

2. 丹霞山地

丹霞山地主要是指红色砂岩经长期风化和流水侵蚀，形成孤立的山峰和陡峭的奇岩怪石，是巨厚红色沙砾岩层中沿垂直节理发育的各种丹霞奇峰的总称，这种地貌最早发现于广东仁化丹霞山，故而得名。丹霞山地通常表现为群峰成林、赤壁丹崖、色彩斑斓、洞穴累累、高峡幽谷等特点，它一般有两个主要组成部分，即陡峻的红色砂岩峰群与碧水，所以其景观特点也可简单地概括为"丹山碧水"。世界上的丹霞山地主要分布在中国、美国西部、中欧和澳大利亚等地。我国是丹霞山地分布最广的国家，在热带、亚热带、温带湿润区、半湿润区、半干旱区、干旱区和青藏高原高寒区都有分布。我国典型的丹霞山地风景区包括广东丹霞山、福建武夷山、安徽齐云山、江西龙虎山、四川青城山等。

图2-4　三清山"巨蟒出山"

专栏2-2　中国丹霞

中国丹霞是世界自然遗产，是中国第四十项世界遗产，符合(vii)-(x)遴选标准，由广东丹霞山、浙江江郎山、江西龙虎山、福建泰宁、湖南崀山、贵州赤水六处系列提名地组成。

1993—2006年，彭华提出丹霞山申报世界遗产并进行大量前期工作；2006年，建设部确定进行中国丹霞地貌的世界遗产申报工作；2007年，申报文本材料编制完成；2009年，确定六处系列提名地并正式将申报材料送至联合国教科文组织；2010年8月1日，以"中国丹霞"为名成功列入《世界遗产名录》。

中国丹霞是一个由陡峭的悬崖、红色的山块、密集深切的峡谷、壮观的瀑布及碧绿的河溪构成的景观系统，是中国和世界上丹霞景观的例证。申报世界遗产成功，不但表明中国丹霞六个提名地的遗产价值的独特性、完整性得到了国际社会的高度认可，同时为中国赢得了又一个国际品牌。

（资料来源：百度百科—中国丹霞，2023-09-22）

3. 岩溶山水

岩溶山水又称"喀斯特地貌景观"，是由碳酸盐类岩石在特定的地质、气候、水文条件下，受地表水和地下水的溶蚀作用而形成的山、水、洞相结合的造型奇特的地貌景观。风景特点是山地相对高度不大，石峰造型丰富，多大型溶洞，时有地下暗河流过。

岩溶山水景观常见的造景地貌：峰丛、峰林及孤峰；石芽与石林；天生桥、地下河、溶洞等类型，溶洞中又有千奇百怪的钟乳石、石笋、石柱、石幔等堆积地貌景观。中国喀斯特地貌分布之广泛、类型之多为世界所罕见，主要集中在云贵高原和四川西南部，以及湘西、鄂西、川东、鲁、晋等地。桂林山水、云南石林、贵州织金洞、广东肇庆七里岩、江苏宜兴的善卷洞和张公洞等都已成为闻名于世的游览胜地。

4. 其他自然因素形成的山地景观

以其他自然因素构成的名山有庐山、雁荡山、武陵山等。庐山为砂页岩山体，孤峰雄峙于长江南岸、鄱阳湖滨，是历史上著名的避暑旅游胜地。天下奇秀的雁荡山属坚硬致密的流纹岩山体，以无数变幻的造型地貌使游人为之叹绝。以石英砂岩为主构成的湖南武陵源景区，造型别致，具有立体山水之美。由多种岩层构成的峨眉山，山体雄伟高大，以雄秀闻名遐迩。

二、我国的名山代表

"三山五岳"泛指名山。蓬莱、方丈、瀛洲为传说中的三仙山，现实中并不存在，后人为了延续三山五岳的美丽神话，就从五岳之外的名山中选择新的三山，广为流传的三山是安徽黄山、江西庐山、浙江雁荡山。五岳是指泰山、华山、衡山、恒山、嵩山。

(一)三山

1. 黄山

黄山位于安徽南部黄山市，原名黟山，因峰岩青黑，遥望苍黛而得名，后因传轩辕黄帝曾在此炼丹成仙而改名为"黄山"。黄山被世人誉为"天下第一奇山"，向来有"五岳归来不看山，黄山归来不看岳"之说，是我国十大名山之一、国家5A级旅游景区。黄山先后入选世界文化与自然遗产、世界地质公园。

黄山山高谷深，云雾多、湿度大、降水多。黄山素有"三十六大峰，三十六小峰"之称，主峰莲花峰海拔高达1864.8米，与平旷的光明顶、险峻的天都峰一起，雄踞在景区中心，周围还有77座海拔千米以上的山峰，群峰叠翠、气势磅礴。黄山集中国各大名山的美景于一身，尤其以奇松、怪石、云海、温泉"四绝"著称，现已将冬雪作为第五绝。山中的温泉、云谷、松谷、北海、玉屏、钓桥六大景区，风光旖旎，美不胜收，并且资源丰富、生态完整，是具有重要科学和生态环境价值的国家级风景名胜区和疗养避暑胜地，自然景观与人文景观俱佳。

案例2-2

2. 庐山

庐山地处江西九江市境内，濒临鄱阳湖畔。传说周代有匡氏兄弟七人上山修道，结庐为舍，因名庐山。庐山又称匡山、匡庐，山体呈椭圆形，主峰为大汉阳峰，海拔1473.4

米。庐山以雄、奇、险、秀闻名于世，素有"匡庐奇秀甲天下"之美誉，历代题诗极多，李白的《望庐山瀑布》尤为著名。

庐山是一座地垒式断块山，外险内秀，具有河流、湖泊、坡地、山峰等多种地貌。青峰秀峦、银泉飞瀑、云海奇观、园林建筑，无不展示着庐山的无穷魅力。庐山胜迹有白鹿洞、仙人洞、龙首崖、植物园、观音桥、爱莲池、三叠泉、含鄱口等。庐山生物资源丰富，森林覆盖率达76.6%。盛夏如春的凉爽气候和优美的自然环境，使庐山成为世界著名的避暑胜地。源远流长的历史和数千年博大精深的文化孕育了庐山无比丰富的内涵，使它不仅风光秀丽，更集教育名山、文化名山、宗教名山、政治名山于一身。庐山荣誉众多，先后被评为中国首批5A级旅游区、中华十大名山之一、我国第一个世界文化景观等。

专栏2-3　中华十大名山

"中华十大名山"推选活动是由中国国土经济研究会主办，《今日国土》杂志社承办，并联合中国科技界、学术界、政界、新闻界人士共同组织的。评审委员会按照社会知名度、传统文化、生态环境、景观特色、科学价值与管理建设6条标准，以群众投票推选的前15座名山为基础进行了认真的评议，用无记名投票方式最终确定的。

当选的十座名山依次为：山东泰山、安徽黄山、四川峨眉山、江西庐山、西藏珠穆朗玛峰、吉林长白山、陕西华山、福建武夷山、台湾玉山、山西五台山。

(资料来源：360百科—中华十大名山，2023-09-07)

3. 雁荡山

雁荡山位于浙江省温州市东北部海滨，因山顶有湖，芦苇茂密，结草为荡，南归秋雁多宿于此，故名雁荡。火山爆发造就了雁荡山雄奇壮丽的景观，素有"寰中绝胜""海上名山"之誉，史称"东南第一山"。雁荡山在2005年被列为世界地质公园，2007年被评为国家5A级旅游景区。

雁荡山系绵延数百公里，按地理位置不同可分为北、中、南、西、东雁荡山，通常所说的雁荡山风景区主要是指乐清市境内的北雁荡山。雁荡山山体呈现出独具特色的峰、柱、墩、洞、壁等奇岩怪石，称得上是一个造型地貌博物馆。雁荡山景区分为灵峰、灵岩、大龙湫、三折瀑、雁湖、显胜门、羊角洞、仙桥八大景区，有500多处景点，景区内峡深谷幽，峰奇崖险，秀中有险峻，奇中有幽奥。雁荡山以独特的奇峰怪石、飞瀑流泉、古洞畸穴、雄嶂胜门和凝翠碧潭扬名，其中，灵峰、灵岩、大龙湫三个景区被称为"雁荡三绝"。

(二)五岳

1. 泰山

泰山是五岳之东岳，位于山东省中部的泰安市之北，古名岱山，又称岱宗，春秋时改称泰山，被尊为我国五岳之首、天下第一山、中华十大名山之首。泰山主峰玉皇顶海拔1532.7米，呈现出"一览众山小"的高旷气势。

泰山山势险峻，峰峦层叠，气势磅礴。景区植被覆盖率为79.9%，拥有自古命名的众多山峰、崖岭、岩洞、奇石、溪谷、潭池、瀑布、山泉。泰山风景区拥有延续数千年的历史文化遗产，现有古建筑群22处、古遗址97处，还有众多历代碑碣及刻石，为研究中国古代历史、书法等提供了重要而丰富的实物资料。泰山主要景点包括岱宗坊、关帝庙、一天门、孔子登临处、红门宫、万仙楼、斗母宫、经石峪、壶天阁、中天门、云步桥、五松亭、望人松、对松山、梦仙龛、升仙坊、十八盘等。旭日东升、云海玉盘、晚霞夕照、黄河金带被称为泰山四大奇观。

泰山景区于1987年被列入《世界自然文化遗产名录》，是中国首例自然、文化双重遗产项目，2006年入选世界地质公园，2007年被评为国家5A级旅游景区。

2. 华山

华山是五岳之西岳，位于陕西省华阴市，是秦岭支脉分水脊北侧的一座花岗岩山体。华山山峰像一朵莲花，古时候"华"与"花"通用，故名华山。据考证，"华夏""中华"皆借华山而得名。华山先后被评为四十佳旅游胜地之一、中华十大名山、国家5A级旅游景区等。

华山由中(玉女)、东(朝阳)、西(莲花)、南(落雁)、北(云台)五个山峰组成。东峰是凌晨观日出的佳处，西峰的东西两侧状如莲花，是华山最秀奇的山峰，南峰落雁是华山最高峰，海拔2154.9米。玉女峰相传曾有玉女乘白马入山间。云台峰顶平坦如云中之台，著名的"智取华山"的故事就发生在这里。华山著名景点有长空栈道、鹞子翻身、千尺幢、百尺峡、老君犁沟等，素有"奇险天下第一山"之誉。华山的名胜古迹也很多，庙宇道观、亭台楼阁、雕像石刻随处可见。华山上比较著名的古迹有玉泉院、真武宫、金天宫(白帝祠)等景点。华山以北7公里处的西岳庙是古时祭祀西岳华山神的庙宇。

3. 衡山

衡山是五岳之南岳，位于湖南省衡阳市。衡山层峦叠嶂，气势磅礴，素以"五岳独秀""宗教圣地""文明奥区"著称于世。衡山主峰为祝融峰，海拔1300米。清人魏源在《衡岳吟》中赞美衡山为："恒山如行，岱山如坐，华山如立，嵩山如卧，惟有南岳独如飞。"

由于气候条件较其他四岳好，衡山处处是茂林修竹，奇花异草，自然景色十分秀丽，因而又有"南岳独秀"的美称。祝融峰之高、藏经殿之秀、水帘洞之奇、方广寺之深堪称"衡山四绝"；春观花、夏看云、秋望日、冬赏雪为"衡山四季佳景"。衡山不仅自然景观秀美，而且文明历史悠久长远，文明内容博大精深，早在轩辕黄帝时代，南岳衡山就已被列为华夏四岳之一(当时尚无"五岳"之称)而受到人们的崇拜。目前，衡山不但是著名的佛教圣地和道教名山，而且被称为"中华寿岳"，因为"寿比南山"中的南山通常指的就是衡山。2007年衡山被评为国家5A级旅游景区。

4. 恒山

恒山是五岳之北岳，位于山西省浑源县。秦时"奉天下名山十二"，泰山之次便是恒山,故恒山有"天下第二山"之称。恒山主峰天峰岭,海拔2016米。恒山因其险峻的自然山势和地理位置的特点,成为兵家必争之地,其中,倒马关、紫荆关、平型关、雁门关、宁武关虎踞为险,是塞外高原通向冀中平原之咽喉要冲。

恒山有108座山峰,从东北向西南延伸,很像一队正在行进的队列。恒山自然景观很美,苍松翠柏、庙观楼阁、奇花异草、怪石幽洞等构成了著名的恒山十八景,主要景点有果老岭、飞石窟、大字湾、虎风口等,再加上世界一绝的天下奇观悬空寺(见图2-5),整个恒山风景如诗如画,令游客如置身于世外桃源,流连驻足。恒山为道教三十六小洞天中的第五洞天,茅山道的祖师大茅真君茅盈曾于汉时入山隐居修炼数载。北岳庙建于明代,背倚恒山主峰天峰岭,是山上最宏伟的一座庙观。

图2-5 恒山悬空寺

5. 嵩山

嵩山为五岳之中岳,位于河南省登封市,属伏牛山系。公元前770年周平王迁都洛阳后,以"嵩为中央,左岱、右华",为"天地之中",称中岳嵩山。嵩山又分为少室山和太室山两部分,共72峰,古人以太室山为嵩山主山,太室山少有奇峰,东西起伏如眠龙。

嵩山群峰挺拔,气势磅礴,景象万千,由峰、谷、洞、瀑、泉、林等自然景色构成中岳十二景,嵩山道、佛、儒三教荟萃。太室山下的中岳庙始建于秦朝,是嵩山道家的象征。太室山南麓的嵩阳书院,是中国古代四大书院之一,是嵩山儒家的象征。少室山中以少林武术闻名于天下的少林寺,是嵩山释家的象征。2007年,嵩山少林寺景区被国家旅游局正式批准为首批国家5A级旅游景区。2010年,联合国教科文组织第34届世界遗产大会将包括少林寺在内的登封"天地之中"历史建筑群列入《世界遗产》。

第三节 水体旅游资源

水是地球上最常见的物质之一，是所有生命存在的重要资源，也是生物体最重要的组成部分。地球上超过71%的面积为水域，它们并非全都是旅游资源。所谓水体旅游资源，是指那些能吸引旅游者进行观光游览、体验、参与，并由此而产生经济和社会效益的水体及水文现象。

一、水体资源与旅游

地球上的水是美化环境、调节气候的基础，以其分布的广泛性、循环性成为自然界最活跃的因素。地球因为有了水才显得生机勃勃。水体资源与旅游的关系十分密切，具体表现在以下几个方面。

1. 水体是最宝贵的旅游资源之一

水体以海洋、湖泊、河流、瀑布、涌泉等不同形式存在于大自然之中，具有不同的美学特征，是最有生命力的塑景、构景因素之一，故有"风景的血脉"之美誉。水体所具有的形态、声音、倒影、色彩、味觉等美学特征无不形成了巨大的旅游吸引力，可满足不同类型、不同层次人们的审美需求。

2. 水体是景区的重要构景要素

水体旅游资源若和其他旅游资源交融渗透和有机组合，则可产生更大的旅游吸引力，形成高质量的风景。有水体的景区才更有生气，更有活力。有山而无水，这山就没有了灵气。古人云，"山得水而活，水依山而幽""因山而峻，因水而秀"，我国许多风景名胜都是水景与山景浑然一体的典范。水体还可以使生物栖息繁衍，为生物提供各种活动场所，为水景赋予生命活力。

3. 水体可以满足游客参与的要求

自古人类就本能地喜爱水、接近水，而且玩水绝对要比观水更有情趣。游客喜爱的水上赛艇、游泳、划船、冲浪、漂流、潜水、垂钓等都是充分利用广阔水面或急流险滩而开展的多种体育专项旅游活动，这些参与性的活动可以给予游客一种充满刺激和愉悦的享受。此外，人们还可以利用水面农业、水产养殖开展水上农业观光、捕鱼尝鲜、采摘莲藕等农作参与性旅游活动。

二、江河旅游资源

河川即河流，乃沿地表浅形低凹部分集中的经常性或周期性水流。河流的补给来源主要是雨水，也有冰雪融水和地下水。河流通常分为河源区、上游区、中游区、下游区和河口区五段。江河是地球的血脉，是交通大动脉，也是人类文明的摇篮。江河常为山水相融，自然景色与人文景观交相辉映，秀丽多姿、景象万千。河流两岸有许多文物古迹，还分布着众多的历史名城和现代城市；在江河上可以开展多种旅游活动，如漂流、游泳、泛舟、垂钓、源头探奇、地下河探险等，部分地区在冬季河流结冰后，还可以开展滑冰、冰橇等冰雪活动。因此，江河具有极高的旅游价值。

中国是一个山高水长、河流众多、径流资源十分丰富的国家，长江、黄河、珠江、淮河、海河、松花江和辽河并称"中国七大江河"。其中，自然景观和人文景观皆丰的大型河流又以长江、黄河、珠江为代表。

1. 长江

长江发源于青藏高原的唐古拉山北麓各拉丹冬雪山附近的沱沱河，流经青、藏、川、滇、渝、鄂、湘、赣、皖、苏、沪11个省级行政区，最后注入东海，全长6300多公里，是我国第一长河，世界第三长河，长度仅次于非洲的尼罗河与南美洲的亚马孙河。长江水量充沛、航运发达，有"黄金水道"之称。

长江除了正源沱沱河之外，还有南源当曲和北源楚玛尔河。长江上游段是指源头至湖北宜昌这一江段，占总长度的2/3以上，景观雄险多峡谷，其中沱沱河至青海玉树市巴塘河口称为通天河，巴塘河口至四川宜宾岷江口称为金沙江，宜宾至湖北宜昌间称为川江。长江中游段是指宜昌至江西湖口的江段，中游地区沃野千里，古遗迹、古战场等文化景观丰富。下游段是指江西湖口至入海口，下游地区湖荡密布，是著名的水乡泽国、鱼米之乡。

长江沿江自然风光秀美，人文景观荟萃。金沙江、澜沧江和怒江在崇山峻岭之间并行奔流170多公里而不交汇，形成举世闻名的"三江并流"。虎跳峡长16公里，最窄处仅30米，是世界上最雄奇幽深的峡谷之一。由瞿塘峡、巫峡和西陵峡组成的"长江三峡"更是以其雄伟壮观的景色和丰富的文化遗迹成为我国十大名胜古迹之一。湖南的岳阳楼、湖北的黄鹤楼与江西的滕王阁以雄伟的气势和深厚的文化底蕴并称"长江三大名楼"。以绝壁临江、水湍石奇闻名的"长江三矶"是指马鞍山采石矶、岳阳城陵矶和南京燕子矶。此外，长江流域在历史上还孕育了著名的巴蜀文化、楚文化和吴文化，现在仍是我国文化发达、经济上最为富庶的地区之一。

> **专栏2-4** 中国十大名胜古迹
>
> 中国十大名胜古迹是指1985年由《中国旅游报》发起并组织全国人民经过半年多的评比，于当年9月9日评选出的万里长城、桂林山水、北京故宫、杭州西湖、苏州园林、安徽黄山、长江三峡、台湾日月潭、承德避暑山庄、西安秦兵马俑十个风景名胜区。这十个景区分布于祖国的东西南北各个区域，包括自然景观、历史建筑、人文景观和文物古迹等。
>
> （资料来源：百度百科—中国十大名胜古迹，2023-09-22）

2. 黄河

黄河发源于青海巴颜喀拉山，自西向东分别流经青海、四川、甘肃、宁夏、内蒙古、陕西、山西、河南及山东9个省区，最后流入渤海。黄河呈"几"字形，流经地形主要包括青藏高原、内蒙古高原、黄土高原和华北平原。黄河全长约5464公里，流域面积70多万平方公里，是中国第二长河。

从黄河源头至内蒙古河口镇为黄河上游，上游段的长度接近全长的2/3，河流从龙羊峡至青铜峡形成19个相间分布的峡谷盆地。从河口镇至河南桃花峪为黄河中游，黄河把黄土高原一分为二，来自黄土高原的直流带来大量的泥沙，水流湍急，且多暗礁。著名景观有天桥石峡、壶口瀑布、龙门、三门峡水库、小浪底水库等，自然景观惊险动人。桃花峪以下为黄河下游段，由于大量泥沙堆积，河水被约束在人工堤内，河床一般高出堤外平地4～5米，形成举世闻名的"地上河"（又叫悬河）景观。

黄河是中华文明的摇篮，是中华民族最主要的发源地，中国人称其为"母亲河"。自远古到北宋，黄河流域一直是我国政治、经济、文化的中心地带，因而保留了众多的古代文化遗存，包括古人类遗址、古都城遗迹、帝都园林、帝王陵墓、宗教胜迹等，是发展历史文化旅游的首选之地。

案例2-3

3. 珠江

珠江，旧称粤江，是西江、北江、东江的总称，流经中国南部的滇、黔、桂、粤、湘、赣6省（及港澳）和越南的东北部，从珠江三角洲地区的8个入海口流入南海，形成"三江汇流，八口出海"的水系特点。珠江干流西江以南盘江为河源，发源于云南省东北部沾益区的马雄山，流经云南、贵州、广西、广东4省（自治区），由广东的磨刀门注入南海。珠江全长2320公里，流域总面积45.37万平方公里，其中我国境内面积44.21万平方公里，流量居全国江河水系的第二位，仅次于长江。珠江是中国南方（主要在广东省）最大的河系，也是中国汛期最长的一条河流。

珠江大部分流经石灰岩山地丘陵区，形成了不少峡谷、急流、瀑布、暗河。珠江流域热带亚热带植被茂密，南国风光迷人。闻名中外的贵州黄果树瀑布、云南大叠水瀑布、广西漓江岩溶山水风光，均在珠江流域。

三、湖泊旅游资源

湖泊是指陆地上洼地积水形成的、水域比较宽广、换流缓慢的水体，是自然风光的一个重要组成部分。与动态的河流不同，湖泊作为旅游资源，它的美在于静态的湖光山色，由此形成的极具特色的旅游景观，素有"大地明珠"之称。我国面积在1平方公里以上的天然湖泊有2000多个，主要分布在长江中下游平原、青藏高原和云贵高原，其中可作观光游览开发的湖泊数量丰富、类型多样、各具特色，如我国的鄱阳湖、洞庭湖、太湖、洪泽湖、巢湖、青海湖，以及昆明滇池、大理洱海、贵州草海、杭州西湖、吉林长白山天池、黑龙江五大连池等，均以其独特的自然或人文景观成为旅游胜地。

1. 青海湖

青海湖位于青海省东北部的青海湖盆地内，既是中国最大的内陆湖泊，也是中国最大的咸水湖，2007年入选首批国家旅游名片，2011年成为国家5A级旅游景区，在中国国家地理杂志社与全国34家媒体联合举办的"中国最美的地方"评选活动中，青海湖被评为

"中国最美五大湖"之首。青海湖以盛产湟鱼而闻名,鱼类资源十分丰富。湖中的海心山和鸟岛都是游览胜地。湖中有5个小岛,以海心山最大,海心山岩石嶙峋,风光旖旎。鸟岛位于青海湖西部,春夏季节岛上栖息着10万多只候鸟,现已建立鸟岛自然保护区。游客到此不仅可以观赏高原牧区风光,还可以乘马、骑牦牛,漫游草原,攀登沙丘,或到牧民家里做客,品尝奶茶、酥油、炒面和青稞美酒,领略藏族的民俗风情。

专栏2-5 世界水资源大会

世界水资源大会是国际水资源学会组织的世界性学术会议,是世界水议程、水政策和水科学知识分享的重要国际交流平台。自1973年开始,世界水资源大会一般每3年召开一次,每次规模1000人左右。

2023年9月11日到15日,第18届世界水资源大会在北京召开。这是世界水资源大会第一次在中国举办。

第18届世界水资源大会的主题是"水与万物:人与自然和谐共生"。下设六个分主题,分别是:变化环境下的"水资源—人口—经济—生态"纽带关系、提高用水效率效益和完善水公共服务、建设防灾减灾体系、提升水生态系统质量和稳定性、推进可持续的水利基础设施建设、水治理与管理创新。大会发表重要成果《第18届世界水资源大会北京宣言》,指出,水是万物之源,是人类社会诞生、发展乃至未来永续发展的唯一不可替代的自然资源和共同利益。每个人、每个组织、每个企业、每个国家都应在其能力范围内努力做到节约用水、合理开发和高效利用水资源。

(资料来源:百度百科—世界水资源大会,2023-09-16)

2. 长白山天池

长白山天池是中国最深的湖泊,同时也是中国最大的火山口湖,荣获海拔最高的火山湖吉尼斯世界纪录,是中华十大名山之一。以长白山天池为代表的长白山景区在2007年成为国家首批5A级风景区。天池呈椭圆形,坐落在吉林省东南部,是中国和朝鲜的界湖,湖的北部在吉林省境内,是松花江之源。天池四周奇峰林立,池水碧绿清澈,气候多变,常有蒸汽弥漫,瞬间风雨雾霭,宛若缥缈仙境。晴朗时,峰影云朵倒映碧池之中,色彩缤纷,景色诱人。长白山天池"怪兽"的传说,更为其增添了神秘色彩。周围有小天池镜湖、长白温泉带等诸多胜景。

3. 太湖

太湖是中国五大淡水湖之一,位于江苏省南部,全部水域在江苏省境内,湖水南部与浙江省相连,是华东最大的湖泊,也是中国第三大淡水湖。纵横交织的江、河、溪、渎,把太湖与周围的大小湖泊串联起来,形成了极富特色的江南水乡。太湖流域气候温和,自古以来就是闻名遐迩的鱼米之乡,盛产鱼虾,其中银鱼、白鱼、白虾被誉为"太湖三白"。太湖的景色秀丽,沿线比较著名的景点有苏州东山、西山、苏州太湖国家旅游度假区;无锡太湖国家旅游度假区、灵山大佛、鼋头渚风景区、蠡园;常州武进太湖湾旅游度假区、嬉戏谷、太湖国际颐养森林公园,以及中国春秋淹城旅游区等。

4. 杭州西湖

杭州西湖位于浙江省杭州市区西面，是国家5A级景点、中国十大风景名胜之一，并在2011年入选世界文化遗产。西湖被孤山、白堤、苏堤、杨公堤分隔，分为外西湖、西里湖、北里湖、南湖及岳湖五片水面，孤山是西湖中最大的天然岛屿，小瀛洲、湖心亭、阮公墩三个人工小岛鼎立于外西湖湖心，雷峰塔与保俶塔隔湖相映，由此形成了"一山、二塔、三岛、三堤、五湖"的基本格局。秀丽的湖光山色和众多名胜古迹的完美融合使西湖成为闻名中外的旅游胜地。苏东坡"欲把西湖比西子，淡妆浓抹总相宜"的诗句及许仙与白娘子的传奇故事更使得西湖声名大振。

5. 千岛湖

千岛湖主要位于浙江省淳安县境内，是1959年我国为建造新安江水力发电站而拦坝蓄水形成的人工湖，主要水源为安徽境内的新安江及其支流，因此又叫新安江水库。千岛湖景区因湖内拥有星罗棋布的1078个岛屿而得名，2010年成为国家5A级旅游景区。千岛湖碧波浩瀚，湖水清澈；地貌景观丰富，大小岛屿形态各异；林木茂盛，生态环境绝佳，动植物资源丰富。杭州千岛湖与湖北黄石阳新仙岛湖、加拿大渥太华金斯顿千岛湖并称为"世界三大千岛湖"。

四、泉水旅游资源

泉是地下水的天然露头。泉为人类提供了理想的水源，可供人们直接饮用，又可作为河流和湖泊的补给者，同时旅游功能也十分显著。泉的功能主要体现在以下四个方面。第一，医疗保健功能。泉在贮存和移动的过程中，溶入一定数量的化学成分、有机物或气体，可以治疗某些疾病，如五大连池药泉、北京小汤山温泉、辽宁鞍山汤岗子温泉等都以其保健功能著称。第二，品茗功能。泉在地下经过多次过滤，水质纯净，味道甘美，是品茗的上好水源，比较著名的有杭州西湖双绝"龙井茶叶虎跑泉"、无锡惠山的"雪芽茶惠山泉"、庐山的"云雾茶谷帘泉"等。第三，造景功能。部分奇特的泉本身就有很强的观赏价值，如云南大理蝴蝶泉、广元含羞泉，以及西藏爆炸泉等都是著名的观赏泉。第四，文化内涵丰富。开发时间较长的名泉常形成丰富的历史文化，包括优美的神话、名人的踪迹、众多的名篇及大量的题刻等，极大地丰富了泉景观的文化内涵，如济南的趵突泉等。

1. 济南趵突泉

趵突泉位于济南市趵突泉公园内，位居济南七十二名泉之首，被乾隆皇帝誉为"天下第一泉"，也是最早见于古代文献的济南名泉。所谓"趵突"，即跳跃奔突之意，反映了趵突泉三窟迸发、喷涌不息的特点。趵突泉水一年四季恒定在18℃左右，清澈见底，水质清醇甘洌，含菌量极低，经化验符合国家饮用水标准。趵突泉是泉城济南的象征与标志，与济南千佛山、大明湖并称济南三大名胜。

2. 无锡惠山泉

惠山泉位于江苏省无锡市惠山古镇景区(见图2-6)，开凿于公元766年(唐大历年间)。

惠山泉属于岩层裂隙水，经万千松根蓄存和砂石过滤，慢慢溢出，"味甘"而"质轻"，富含对人体有益的微量元素，为煮茶珍品，唐代"茶圣"陆羽评其为"天下第二泉"。人们将陆羽评泉、苏轼题诗、王澍书法并称为"二泉三绝"。无锡民间音乐家阿炳创作的《二泉映月》更使其名扬天下。

图2-6　无锡惠山泉

3. 杭州虎跑泉

虎跑泉位于杭州市西南大慈山白鹤峰下慧禅寺(俗称虎跑寺)侧院内，是一个两尺见方的泉眼，泉名来自"二虎跑地作穴"的故事。泉水从山岩石幡间汩汩涌出，清澈明净、晶莹甘洌，矿化度低，居西湖诸泉之首，被誉为"天下第三泉"。虎跑泉水质甘洌醇厚，与龙井茶叶合称西湖双绝，有"龙井茶叶虎跑泉"之美誉。

五、瀑布旅游资源

瀑布在地质学上叫跌水，即河水在流经断层、凹陷等地区时垂直地跌落。瀑布以其飞动的形态、磅礴的气势、咆哮的巨响、洁白的色彩给人以勇敢、坚定、果断、健美等品质的陶冶。瀑布与青山、深潭、白云、蓝天、文物、古迹相结合，组成一幅幅动态的图画。观瀑是一项诱人的观赏旅游活动，为利用这一特殊资源，许多瀑布对岸的岩顶处常建观瀑亭以供游人观赏、休息。我国名瀑众多，其中，黄果树瀑布、大龙湫瀑布、银练坠瀑布、流沙瀑布、九寨沟瀑布、吊水楼瀑布、壶口瀑布、德天瀑布、庐山瀑布、马岭河瀑布被称为"中国最秀美的十大瀑布"。

1. 黄果树瀑布

黄果树瀑布位于贵州省镇宁布依族苗族自治县白水河上，属于珠江水系，因当地一种常见的植物"黄果树"而得名，是国家首批5A级风景区。主瀑高67米，顶宽83米，雄奇壮阔，享有"中华第一瀑"之盛誉。以黄果树瀑布为核心，在上游和下游20公里的河段上，共形成了雄、奇、险、秀风格各异的瀑布18个，2007年入选国家首批5A级景区。

微课2-3　三叠泉瀑布

2. 壶口瀑布

壶口瀑布东濒山西省吉县，西邻陕西省宜川县，是黄河上的著名瀑布。黄河至此，两岸石壁峭立，河口收束狭如壶口，故名壶口瀑布。瀑布落差9米，蕴藏丰富的水力资源。壶口瀑布是中国第二大瀑布，也是世界上最大的黄色瀑布，其奔腾汹涌的气势是中华民族精神的象征。以壶口瀑布为中心的风景区，融黄河峡谷、黄土高原、古塬村寨为一体，展现了黄河流域壮美的自然景观和丰富多彩的历史文化底蕴。

3. 吊水楼瀑布

吊水楼瀑布位于黑龙江省宁安市西南，因其居镜泊湖北端，又称镜泊湖瀑布。瀑布幅宽70余米，雨水量大时，幅宽达300余米，落差20米。它下边的水潭深60米，叫"黑龙潭"。每逢雨季或汛期，水声如雷，激流呼啸飞泻，浪花四溅，气势磅礴，水雾蒸腾出缤纷的彩虹。吊水楼瀑布形状好像加拿大尼亚加拉大瀑布，是世界上最大的玄武岩瀑布。

4. 大龙湫瀑布

大龙湫瀑布为浙江省雁荡山胜景。它与贵州黄果树瀑布、黄河壶口瀑布、黑龙江吊水楼瀑布并称中国四大瀑布，而大龙湫以其落差达190余米取胜。瀑流发源于百岗尖，流经龙湫背，从连云峰凌空泻下，像银河倒泻下来，十分壮观。它还会随季节、晴雨等变化呈现出多姿多彩的迷人景象。大龙湫瀑布又与灵峰、灵岩一起并称"雁荡三绝"。

专栏2-6　世界九大壮丽瀑布

世界上的瀑布形态各不相同，也有着各自不同的魅力。有的以高见长，有的宽阔宏大；有的气势磅礴，有的以纤细为美。以下是世界上九条壮丽神奇的瀑布。

1. 安赫尔瀑布。是世界上最高的瀑布，也叫作丘伦梅鲁瀑布。位于委内瑞拉玻利瓦尔州圭亚那高原卡罗尼河支流丘伦河上，瀑布为密林遮掩，宜从空中赏看。

2. 土格拉瀑布。位于南非的土格拉瀑布是仅次于安赫尔瀑布的世界第二高瀑布，共分5级，总落差达到933米。

3. 莱茵河瀑布。位于瑞士，距离瑞士和德国的边境线只有数公里。尽管莱茵河瀑布落差并不大，只有23米，但是该瀑布水量充沛、流量大，因此成为欧洲最大瀑布。

4. 约塞米蒂瀑布。位于加州约塞米蒂国家公园内，由上、中、下约塞米蒂三段瀑布组成，而三段瀑布呈现三种不同形状，总落差739米，为世界落差最大的瀑布之一。

5. 维多利亚瀑布。是非洲最大的瀑布，也是世界上最大、最美丽和最壮观的瀑布之一。位于非洲赞比西河的中游,赞比亚与津巴布韦接壤处的维多利亚国家公园内。尽管维多利亚瀑布最高处只有108米,但瀑布宽1700余米,被称为"倾泻的巨大水幕"。

6. 戈克塔瀑布。位于秘鲁查查波亚斯地区,是世界第五高瀑布,落差达到760米。

7. 韦奴弗森瀑布。位于挪威,是一座小河流从高山坠落形成的瀑布。瀑布分成四级,总落差达到847米,终年水流不止。

8. 伊瓜苏瀑布。位于阿根廷和巴西交界处,瀑布呈马蹄形,宽约4公里,平均落差75米。是南美洲最大的瀑布,也是世界上最宽的瀑布。

9. 萨瑟兰瀑布。是新西兰最大的瀑布。由三级壮观的瀑布组成,总落差达570余米,瀑布从山体上的两块主要峭壁倾泻而下,美得震人心魄。

(资料来源:百度百科—世界九大壮丽瀑布,2023-09-08)

六、海滨旅游资源

海滨旅游资源既包括浅滩、沙滩、奇岩巨石、断崖绝壁海岸、众多的岛屿、海底景观、海洋生物等自然风光和灯塔、渔港、渔村、码头等人文景观,又包括以海滨为舞台的海水浴、帆船、游艇、舢板、冲浪、滑水、垂钓,以及在海滩上捡蛤蜊和贝壳、海上观日出、海上观潮等活动。海滨气候温暖湿润,夏季凉爽,空气中含有碘和大量的负氧离子,空气清新,可促进人的血液循环,增进身心健康。我国著名的海滨旅游区有大连海湾,河北的北戴河、南戴河,山东的青岛、烟台、威海海滨,浙江普陀山海滨,福建厦门海滨,广东的汕头,海南岛的"天涯海角",台湾的基隆等。

案例2-4

1. 秦皇岛北戴河风景区

北戴河海滨风景区地处河北省秦皇岛市中心的西部,受海洋气候的影响,夏无酷暑,冬无严寒,常年保持一级大气质量,没有污染,没有噪声。北戴河是一个优良的天然海水浴场,风光秀丽,苍翠的青山和浩瀚的大海相映,精致的别墅与葱郁的林海交融,海岸漫长曲折,滩面平缓,沙软潮平,海水清澈,是我国一处规模较大、风景优美、设施比较齐全的海滨避暑胜地,令人心旷神怡。到北戴河除了可以看海景、吃海鲜、垂钓外,还可以随渔民一起出海撒网打鱼,体验乘风破浪、月夜泛舟的渔家生活。

2. 大连海滨—旅顺口风景区

大连海滨—旅顺口位于辽宁省辽东半岛南端,包括大连海滨与旅顺口两个景区,由海滨45公里公路连成一体。大连是我国北方著名的港口,海滨景区海岸线长达30多公里,水面浩瀚,碧海蓝天。老虎滩公园是集观光、娱乐、科普、购物、文化于一体的现代化海洋主题公园。星海公园则以游泳场见胜,细沙微浪,最宜健身,场地规模可供2~3万人同时下海沐浴。旅顺口是我国历史上的海上门户,地形雄险壮阔,文物古迹众多。长山群岛风光秀丽,景色优美,奇礁怪石,多姿多态,天然浴场到处皆是。长海县海洋珍贵生物自然保护区和蛇岛、老铁山国家自然保护区生物多样,都是大自然丰富的知识宝库。

3. 胶东半岛海滨风景区

胶东半岛海滨风景区位于胶东半岛的东北部，包括陆地上的烟台、蓬莱和威海成山头两片景区及海上长山岛、黑山岛等岛屿。区内海湾岬角曲折多姿，自然景观和人文景观十分丰富。蓬莱历来是我国的海防重镇，以"海市蜃楼"驰名中外，蓬莱水城设计精巧完备，是国内现存最早的保存完好的古代海军基地，蓬莱阁是神话里"八仙过海"的地方；长岛素有"海上仙岛"之称，景色迷人；威海刘公岛是我国著名的海上重镇，素称"东隅屏藩"；成山头位于山东半岛的最东端，是我国东部的"天涯海角"，留有众多古迹，是历代著名的风景名胜地。

4. 海南三亚海滨风景区

三亚海滨风景区位于海南省三亚市，由海棠湾度假区、亚龙湾度假区、大东海度假区、"天涯海角"游览区、落笔洞旅游区、大小洞天旅游区等景区组成，2007年被评为国家5A级旅游景区。海棠湾风光旖旎，集碧海、蓝天、青山、银沙、绿洲、奇岬、河流于一身。亚龙湾度假区沙粒洁白细腻，海水澄澈晶莹，终年可游泳，海底世界资源丰富，被誉为"天下第一湾"。天涯海角游览区帆影点点、椰林婆娑、奇石林立，刻有"天涯""海角""南天一柱""海判南天"的巨石雄峙南海之滨，为海南一绝。

第四节　气象旅游资源

气象是指发生在自然中的风、云、雨、雪、霜、露、虹、雷、电等一切大气的物理现象。天气和气候是互相联系的，天气是指一个地区较短时间的大气状况，而气候则是一个地区多年的平均天气及其变化特征。

气候学上用候均温来划分四季，其中5天为一候，候均温就是连续5日的平均气温。候均温低于10℃为冬季，高于22℃为夏季，10～22℃为春、秋季，这样使各地的四季有了统一的客观标准。人体感觉舒适的温度条件大致为10～22℃，因此，春、秋季就成了旅游的黄金季节。

> **专栏2-7　世界气象日**
>
> 世界气象日又称"国际气象日"，是世界气象组织成立的纪念日，为每年的3月23日。开展世界气象日活动的主要目的是让各国人民了解和支持世界气象组织的活动，唤起人们对气象工作的重视和热爱，推广气象学在航空、航海、水利、农业和人类其他活动方面的应用。
>
> 世界气象组织(WMO)成立于1950年3月23日，1951年成为联合国的专门机构，是联合国关于地球大气状况和特征、与海洋相互作用、产生和导致水源分布气候方面的最高权威的喉舌，其总部设在瑞士日内瓦。中国是世界气象组织的创始国之一。
>
> 1960年6月，世界气象组织通过决议，从1961年起将公约生效日，即3月23日定为"世界气象日"。每年的"世界气象日"都确定一个主题，要求各国成员在这一天举行

庆祝活动，并广泛宣传气象工作的重要作用。主题的选择基本上围绕气象工作的内容、主要科研项目以及世界各国普遍关注的问题。

2023年世界气象日的主题为"天气气候水，代代向未来"。

(资料来源：百度百科—世界气象日，2023-09-22)

一、我国的气候特征

1. 气候复杂多样

中国幅员辽阔，跨纬度较广，距海远近差距较大，加上地势高低不同，地形类型及山脉走向多样，因而气温降水的组合多种多样，形成了多种多样的气候。从气候类型上看，东部属季风气候(又可分为热带季风气候、亚热带季风气候和温带季风气候)，西北部属温带大陆性气候，青藏高原属高寒气候。

中国采用积温来划分温度带，当日平均气温稳定升到10℃以上时，大多数农作物才能活跃生长，因此通常把日平均气温连续大于等于10℃的天数叫生长期，把生长期内每天平均气温累加起来的温度总和叫积温。一个地区的积温反映了该地区的热量状况。根据积温的分布，中国划分了五个温度带和一个特殊的青藏高原垂直温度带，即热带、亚热带、暖温带、中温带、寒温带和青藏高原垂直温度带。

干湿状况是反映气候特征的标志之一，一个地方的干湿程度由降水量和蒸发量的对比关系决定，降水量大于蒸发量，该地区就湿润，降水量小于蒸发量，该地区就干燥。干湿状况与天然植被类型及农业等关系密切。中国各地干湿状况差异很大，共划分为四个干湿地区，即湿润区、半湿润区、半干旱区和干旱区。

2. 季风气候显著

中国的气候具有夏季高温多雨、冬季寒冷少雨、高温期与多雨期一致的季风气候特征。由于中国气候受大陆、大洋的影响非常显著，冬季盛行偏北风，寒冷、干燥，大部分地区降水少，气温低，北方更为突出；夏季盛行偏南风，温暖、湿润，大部分地区降水普遍增多，雨热同季。中国受冬、夏季风交替影响的地区广，是世界上季风最典型、季风气候最显著的地区。与世界同纬度的其他地区相比，中国冬季气温偏低，而夏季气温又偏高，气温年差较大，降水集中于夏季，这些又是大陆性气候的特征，因此中国的季风气候大陆性较强，也称作大陆性季风气候。

二、我国的气象旅游资源

气象旅游资源是指由大气中的冷、热、干、湿、风、云、雨、雪、霜、雾、雷、电、光等各种物理现象和物理过程所构成的旅游资源。气象旅游资源必须在特定的地域和时期才会出现。气象因素很少单独构成旅游资源，通常需与其他构景因素相结合，形成自然旅游资源综合体。

(一)特点

1. 季节性

不同的气象景观要素在一年内所出现的时间各不相同，有明显的季节变化，如冰雪及雾凇景观只出现于冬季。即使某些气象景观全年都可能出现，其频率也会有所不同，会随季节的变化而变化，如江南蒙蒙细雨的烟雨景观在春季为多，雾景则秋、冬季清晨为多，黄山云海主要出现在11月至次年5月。

2. 地域性

各种气象景观的出现都有一定的地域性，一些特殊景象必须在特定地点才能显现。例如，云海通常出现在山区，佛光也只有在有云雾的山顶上才能看到，海市蜃楼通常出现在海湾、沙漠地区，赏雪最佳的地方是北部寒冷地区，极光只会出现在地球南北两极附近地区的高空。

3. 瞬变性

气象景观往往是瞬息万变、变幻无穷的。例如，雾、雨、电、光等要素变化极为迅速，佛光圣灯、海市蜃楼、日出日落等都是瞬间出现、瞬间消失的气象景观，旅游者只有把握好时机，才能观赏到佳景。这些变化也常常会影响景色的色彩和明快度，给旅游者以不同的美感和多变感。

4. 组合性

气象旅游资源可以直接供人观赏，给人以美感，但因其特殊性，人们更多的时候喜欢将天气、气候变化作为背景和借景因素，使其和一个地区的景观融合在一起组景，以旅游资源综合体的形式出现，供人观赏。例如，杭州西湖的"苏堤春柳"和北京的"香山红叶"。

(二)气象景观

1. 云海

云海是指在一定的条件下形成的云层。当云顶高度低于山顶高度时，人们在高山之巅俯视云层，看到的是漫无边际的云彩，如临大海之滨，故称这一现象为"云海"。云海中的景物往往若隐若现，令观者捉摸不定，于是产生幽邃、神秘、玄妙之感，给人一种朦胧美，有身处神仙境地、飘飘欲仙的美妙感受。云海在山地最为常见，这主要是由多变的山地气候造成的。山区云蒸雾聚，变幻翻腾，峰石的实景和云海的虚景绝妙地配合，构成一片烟雨迷离之景，有一种含而不露的含蓄美，历来就是极具吸引力的胜景。云海已经成为山岳风景的重要景观之一，自古就有"山无云则不秀"之说。著名的云海景点包括泰山的"云海玉盘"、峨眉山的"罗峰晴云"、西湖的"双峰插云"等。

2. 烟雨

雨是一种自然现象，表现形态各具特色，有毛毛细雨，有连绵不断的阴雨，还有倾盆而下的暴雨。在生活和旅游中，人们常常遇到下雨的天气，雨不仅是气象因素之一，在特定的环境中，也会成为具有观赏功能的自然美景。雨景有一种朦胧美，往往会给周围旅游资源增添无穷的韵味，游客会在烟雨蒙蒙之中产生无限的情思和朦胧的诗意。"雨中看山也莫嫌，只缘山色雨中添""水光潋滟晴方好，山色空蒙雨亦奇"都是用来赞颂雨景之佳句，说明了雨在整个景观配置中的作用。自古以来，我国形成了许多雨景胜迹，如蓬莱的"漏天银雨"、峨眉山的"洪椿晓雨"、济南的"鹊华烟雨"、川东的"巴山夜雨"。此外，"雨滴声声""雨打芭蕉""雨滴残荷"也会平添一份宁静和韵律美。

3. 冰雪

雪是水或冰在空中凝结再落下的自然现象，通常是在寒冷季节或高寒气候区才能见到的气象景观。雪是纯洁的象征，雪景常把人间装扮成一个粉雕玉砌的世界。当雪景配以其他自然条件如高山、森林、冰川时，便构成奇异的冰雪风光。赏雪景一直是人们乐此不疲的旅游活动内容。在我国的许多地方都有由雪景构成的壮丽景观，如黄山的雪景、东北平原的"林海雪原"、关中八景之一的"太白积雪"、九华山十景之一的"平冈积雪"、西湖十景之一的"断桥残雪"等。世界上许多冰雪资源丰富的地方还先后建设起滑雪运动场，集观景与运动于一体。我国哈尔滨开展了滑雪、雪橇等冰雪体育运动及冰灯、冰雕等节庆旅游活动，每年冬季都会吸引大量游客前往。

4. 雾凇

雾凇通称"树挂"，是水汽凝华而成的冰花附着于地面物体(如树枝、电线)迎风面上的白色或乳白色不透明冰层。雾凇似霜非霜，似冰非冰，迎风怒放，千姿百态，使松枝、树丛结满了毛茸茸的冰挂，像一株株巨大的白珊瑚，经阳光照射，五光十色，绚丽迷人。一天中看雾凇的最佳时间是早上，因为雾凇是在早上形成的。日出之前，可以看见松柳凝霜挂雪，美丽皎洁、晶莹闪烁，像盎然怒放的花儿，随着太阳慢慢地升起，还可以看到那红色的朝霞洒在白色的雾凇上的迷人景色。吉林雾凇是我国最著名的雾凇奇景，它轻柔丰盈、婀娜多姿、美丽绝伦，与桂林山水、云南石林、长江三峡一起被誉为中国四大自然奇观。

5. 佛光

佛光又称宝光，是一种光的自然现象，是阳光照在云雾表面，经过衍射和漫反射作用而形成的。佛光多出现在中低纬度、高山之巅的茫茫云海中。佛光的出现要具备三个条件：一是山顶晴朗无风；二是云海顶面平荡；三是太阳光斜射。每当午后云静风轻之时，人站在岩顶，阳光从观察者背后照射过来至云海上面时，深层云层将阳光反射回来，经浅层云层的云滴或雾粒的衍射分化，形成了一个巨大的彩色光环，霞光四射，且"光环随人动，人影在环中"，犹如佛祖显灵，故称作佛光(见图2-7)。我国峨眉山、庐山、泰山、黄山等都是有名的观赏佛光的名山，但因各山的环境条件不同，佛光的出现次数及美丽程度也不同。

6. 蜃景

蜃景即海市蜃楼，是一种因光的折射而形成的自然现象。传说中龙所生的九子之一蜃能吐气为楼，故而得名。海市蜃楼多见于海湾、沙漠和山岳顶部，在春夏之交、雨过天晴之后出现的可能性最大。平静的海面、江面、湖面、沙漠或戈壁等地方偶尔会在空中或地上出现高大楼台、城郭、树木等幻景，既清晰又缥缈，有时还伴有祥云彩光，这就是海市蜃楼。海市蜃楼通常只能在无风或风力极微弱的天气条件下出现，当大风一起，引起了上下层空气的搅动混合，所有的幻景就立刻消逝了。我国连云港海州湾、渤海长岛、北戴河东联峰山、威海蓬莱阁、庐山五老峰及塔克拉玛干沙漠等地，都是观看海市蜃楼的最佳地点。

图2-7 峨眉佛光

第五节 生物旅游资源

生物旅游资源是指能给旅游者提供观赏、娱乐、疗养、科考、美食、工艺制作等旅游行为的以动植物为主体的旅游资源，是自然旅游资源中最具有生命力、最富有特色的资源。生物旅游资源一般包括珍稀树种、奇花异草、古树名木、珍禽异兽等，它既可以与其他自然景观一起构成重要的旅游资源，也可以单独形成重要的旅游景观。例如，体现在具体环境下的野生动植物自然保护区、森林公园、植物园、动物园、观光果园、花圃、狩猎场、水族馆等，都是生物旅游资源集中的旅游区(点)。

生物旅游资源特点明显。首先，生物旅游资源在空间分布上具有广泛性和多样性。地球上的任何地方都有生物的存在。生物的形态、色彩和种类等丰富多样，具有很高的旅游价值。其次，生物的繁殖功能、可驯化功能和空间移植性又形成了生物旅游资源的可再生性。最后，生物旅游资源具有较强的脆弱性。因为生物旅游资源是有生命的物质，灾害性环境变迁或者人类过度地干扰破坏都会使不少生物死亡，甚至整个物种灭绝，所以在旅游开发过程中必须注意保护与利用并重。

一、我国的植物旅游资源

植物占据了生物圈面积的大部分，不仅给人类提供了生存所必需的氧气，还给人类提供了食物和能量。此外，植物还具有美化环境、装饰山水、分割空间、塑造意境的功能，在科普考察、科学研究和生态旅游等方面都有十分重要的作用。我国是世界上植物资源最丰富的国家之一。

我国的自然植被分布有明显的水平地带性和垂直分布规律，包括各种类型的森林和草原。森林被称为"地球之肺"，具有涵养水源、调节气候、防风固沙、阻止水土流失的功能，主要包括各种针叶林、落叶阔叶林、常绿阔叶林、热带季雨林及它们之间的各种过渡类型。我国天然草地面积广阔，包括温带草原、干旱荒漠草原和高寒草原，其中温带草原条件优越，形成了许多优良牧场。我国的著名草原包括内蒙古的呼伦贝尔草原、锡林郭勒草原、新疆的天山草原等，这些草原均以丛生草为主，草原面积大，开阔坦荡，令人心旷神怡。

专栏2-8　影响世界的中国植物

《影响世界的中国植物》是由北京世园局发起拍摄、北京木子合成影视文化传媒有限公司制作，李成才、周叶执导的植物类纪录片。

该片共10集，分为《植物天堂》《茶树》《桑树》《水稻》《大豆》《本草》《竹子》《水果》《园林》《花卉》。

中国已知的植物有35000种，占世界植物的1/10，这里是植物的天堂、文明的摇篮。衣食住行、美的历程，传播万里、绵延不绝。从雅鲁藏布江峡谷的原始森林到中国茶树最古老的源头，再到非洲中部高原地区的青蒿素，该片用震撼而温暖的镜头语言，呈现了21科28种中国植物的生命旅程，并讲述它们影响世界的故事。

(资料来源：百度百科——影响世界的中国植物，2023-09-22)

(一)植物的旅游功能

1. 观赏性

植物本身有形、色、味、声、古、光、影等诸多美学价值，可给人以美的感受，是游客直接观赏的主要内容。就形态而言，植物的花、叶、果实成为风景区中观赏亮点的一部分；就色彩而言，植物的茎、叶、花色彩斑斓，随季节变化同样吸引着旅游者的目光；就味觉而言，各种迷人的芳香，更是给游人以神清气爽之感；就古老而言，某些植物是沧桑历史的见证者，如原产于我国的银杏、水杉和仅产于美国的北美红杉等，都是"活化石"。

2. 美化环境

植物资源除自身可以直接成景外，还具有美化环境、装饰山水的功能。失去植物，旅游景观便会因此失去魅力。植物及其植被能给风景带来"秀""丽""幽""森"等方面的突出意境。"山清水秀""峨眉天下秀""青城天下幽"所形容的都是植物美化环境的功能所造就的美景；植物还可以减少扬尘、调节气候、净化空气、减弱噪声，起到改善环境、保护环境的作用；在园林建筑、装点城市方面，植物也功不可没。

3. 陶冶情操

很多植物以其独特的风韵被人格化，并被赋予某种含义。例如，松柏象征长寿，坚贞；梅花象征高洁，独傲霜雪；竹象征潇洒，虚心有节；牡丹象征荣华富贵；荷花象征洁净无瑕；石榴象征多子多孙；红豆象征爱情。由于这些植物所具有的意境高雅的象征意义，自古以来就受到很多文人墨客的钟爱。周敦颐赞美莲花"出淤泥而不染"；苏东坡爱竹已达到"宁可食无肉，不可居无竹"的境界；林逋一生以"梅妻鹤子"为伴。

(二)观赏植物

我国很多风景名胜区都是以各种植物的观赏而著名的，如香山红叶、洛阳牡丹、黄山奇松、无锡梅园等。根据观赏植物中最具美学价值的器官和特征，可以将其划分为观花植物、观果植物、观叶植物和观枝冠植物。

1. 观花植物

花是植物中最美、最具观赏价值的部分，花色、花姿、花香和花韵为观赏花卉的四大美学特性。观赏植物首先以绚丽的色彩传送美，使人感到赏心悦目；花姿不仅仅指花朵，还包含叶、果实、株形的外表美；花香袭人，花香常随风飘散，不见花丛能闻其香；花韵是人们寓意在花卉里的蕴涵，韵味千古，发人深省。牡丹、月季、梅花、菊花、杜鹃、兰花、山茶、荷花、桂花、水仙是我国的十大传统名花。

2. 观果植物

观果植物是指果实形状或色泽具有较高的观赏价值，以观赏果实部位为主的植物。观赏果实的色彩以红紫为贵，如苹果、葡萄、柿、桃、樱桃、荔枝、山楂；黄色次之，如梨、香蕉、芒果等。不同色彩的果实点缀在绿叶中，使景观平添了几分灵气。榴莲、西瓜、中华猕猴桃、梨、苹果、葡萄、柑橘、香蕉、荔枝、菠萝蜜被誉为世界十大名果。

3. 观叶植物

叶子是植物进行光合作用、制造养分的主要器官，它不仅可以为人类释放氧气、提供食物、挡风遮阳，而且具有很高的观赏价值。植物的叶子形态各异，有椭圆形、心形、掌形、扇形、菱形、圆形、针形、三角形等，人们除了观赏比较叶形之外，更多的是观叶色。不少植物的叶色随季节变化而变化，呈现出极高的观赏价值。例如，枫叶随着季节变化，叶中花青素增多，酸性的叶子就会变红；而温度降低时，银杏叶中叶绿素被破坏，只剩叶黄素时，叶子就开始变黄。

4. 观枝冠植物

树冠是树木轮廓线所包围的部分。有些树木以其独特的树形参与构景，如尖塔形的冲天柏、伞形的雪松、球形的海桐、下垂形的杨柳、柱形的白杨等。大地离不开树木、森林，由繁枝密叶织成的树冠不但具有极高的观赏价值，而且是生命的象征，它不仅创造出一个千姿百态的立体世界,更是山川河流、飞禽走兽的保护神。

(三)珍稀植物

珍稀植物是人类保护的主要对象,中国众多的珍稀植物据其保护价值的大小分为一、二、三类。据《中华人民共和国野生植物资源保护条例》,中国已公布的一类保护植物有8种:金花茶、银杉、桫椤、珙桐、水杉、人参、望天树和秃杉。这些植物除具有很高的科研价值外,还具有极高的观赏价值。水杉、银杏、鹅掌楸被列为世界"三大活化石植物"。

1. 水杉

水杉是落叶乔木,杉科水杉属唯一现存种,中国特产的孑遗珍贵树种,同属于水杉属的其他种类已经全部灭绝。其树干通直挺拔,枝子向侧面斜伸出去,全树犹如一座宝塔。水杉不仅是著名的观赏树木,同时也是荒山造林的良好树种,它的适应力很强,生长极为迅速。水杉的经济价值很高,其芯材紫红,材质细密轻软,是造船、建筑、桥梁、农具和家具的良材,同时还是质地优良的造纸原料。

2. 银杏

银杏又名白果树,生长较慢,寿命极长,自然条件下从栽种到结果要20多年,40年后才能大量结果,因此别名"公孙树",有"公种而孙得食"的含意,是树中的老寿星,古称"白果"。银杏树是第四纪冰川运动后遗留下来的最古老的孑遗植物,和它同纲的所有其他植物皆已灭绝,是世界上十分珍贵的树种之一,因此被当作植物界中的"活化石"。银杏树具有欣赏、经济、药用价值,全身是"宝"。

3. 鹅掌楸

鹅掌楸是十分罕见而古老的树种,叶大,形似马褂,故有马褂木之称(见图2-8)。树高可达60米以上,胸径3米左右,树干通直光滑。它生长快,耐旱,对病虫害抗性极强。花大而美丽,秋季叶色金黄,似一个个黄马褂,是珍贵的行道树和庭园观赏树种,栽种后能很快成荫,它也是建筑及制作家具的上好木材。

图2-8　鹅掌楸

二、我国的动物旅游资源

中国是世界上动物资源最为丰富的国家之一。在地理分布上,我国东部分布着耐湿动物群,如生活在亚热带及热带森林草原中的野象、绿孔雀、长臂猿及扬子鳄等;西北蒙新地区分布着耐旱动物群,如黄羊、野马和野骆驼等;而青藏高原上分布着耐寒动物群,如牦牛和藏羚羊就是我国特有的抗寒有蹄类动物。

(一)动物的旅游功能

1. 生机性

动物在自然界中最具活力。与植物相比,动物能运动、会发声、通人性。动物的奔腾飞跃、鸣叫怒吼,能给自然和人文景观带来生机和活力,使景观变得生机盎然,具有动人的魅力。在与环境的关系上,动物能主动改变其生活场所,形成壮观的迁徙现象。

2. 标志性

很多国家或地区都拥有让人印象深刻的标志性动物,看见这些动物,马上会让人产生联想。例如,看见熊猫会想到中国,看见大象会想到泰国,看见袋鼠会想到澳大利亚,看见北极熊和企鹅就会想到两极。这一系列的联想都来自各地特色动物在人们头脑中留下的深刻印象。

3. 引发探奇

动物世界博大精深,生态系统多样复杂,其间奥妙无穷,不断地会有新东西被发现,也引导人们不断去求知、探奇。例如,神农架"野人之谜"、青藏高原"雪人之谜",以及峨眉山的弹琴蛙、旅顺口蛇岛、大理蝴蝶会等,不仅吸引着科学工作者想要一探究竟,普通游客也对此充满好奇。

(二)观赏动物

1. 观形动物

动物的体形千奇百怪、各具特色,蕴藏着一种气质美。例如,老虎体形雄伟,具王者之范;狮子体形高大,勇猛无比;长颈鹿腿修长、头高昂,典雅华贵;长鼻子大象四腿如柱,身材魁梧,给人以沉稳之感;"四不像"麋鹿更是让人充满好奇。

2. 观色动物

动物的毛色五彩斑斓,对游客有相当大的吸引力。例如,浑身雪白的北极熊,黑如乌金的黑叶猴,黑白条斑排列极具韵律的斑马,圆形褐斑均匀洒落在黄色皮毛上的金钱豹,黑背白腹的企鹅,红色只点顶的丹顶鹤等,无不让人印象深刻。

3. 观态动物

动物的行动也能给人以美感,骏马奔腾、鱼游水中、猿猴攀缘、雁过蓝天、鹰击长空、熊猫憨态、孔雀开屏等，常令人赞叹不已。猴、熊、狗和海狮等聪明的动物经过人们的精心训练，可进行杂技表演，是老少皆宜的旅游娱乐项目。

4. 听声动物

不少动物发出的悦耳之声能激发人们的听觉美。人们用"鸟语花香"一词来形容大自然的美好风光：鸟鸣悦耳动听，花香沁人心脾。绝大多数鸟是大自然的"歌唱家"，夜莺之鸣声，悠扬婉转；黄山八音鸟之鸣声，音调尖柔多变，音色清脆悦耳，能发出八个音；善仿人言的鹦鹉历来受人宠爱；澳大利亚的笑笑鸟能发出像人一样爽朗洪亮的笑声；云南鸡足山的念佛鸟能发出"阿弥陀佛"的叫声；峨眉山万年寺的弹琴蛙叫声如委婉动听的古琴声。

(三)珍稀动物

珍稀动物是指野生动物中具有较高社会价值、现存数量又极为稀少的珍贵稀有动物。我国的一类保护动物有大熊猫、东北虎、金丝猴、白鳍豚、白唇鹿、藏羚羊、朱鹮、野骆驼、长臂猿、丹顶鹤、褐马鸡、亚洲象、扬子鳄、华南虎等。其中大熊猫、金丝猴、白鳍豚、白唇鹿被称为"中国四大国宝"。

1. 大熊猫

大熊猫是中国特有的动物，体色为黑白两色，体形肥硕似熊，丰腴富态，头圆尾短，是世界上最可爱的动物之一。大熊猫已在地球上生存了至少800万年，被誉为动物界"活化石"和"中国国宝"。大熊猫是世界自然基金会的形象大使，是世界生物多样性保护的旗舰物种。野外大熊猫的寿命为18～20岁，圈养状态下寿命可以超过30岁，现存的主要栖息地是中国四川、陕西和甘肃的山区。

2. 金丝猴

金丝猴的珍贵程度与大熊猫齐名，同属"国宝级动物"。它们毛色艳丽，形态独特，动作优雅，性情温和，蓝色脸庞上的鼻孔向上翘，嘴唇显得宽厚，因而又名"仰鼻猴"，深受人们的喜爱。我国金丝猴目前有四个种类：滇金丝猴、黔金丝猴、川金丝猴和2012年新发现的怒江金丝猴。其中除了川金丝猴全身是金黄毛色外，其他几种都没有金色的体毛。

3. 白鳍豚

白鳍豚也称为白鳍鲸、白鳍，是一种淡水鲸类白鳍豚科动物，仅产于中国长江中下流域，具长吻，身体呈纺锤形，全身皮肤裸露无毛，喜欢群居，性情温驯谨慎，由于长期生活在浑浊的江水中，视听器官严重退化，声呐系统特别灵敏。白鳍豚是恒温动物，用肺呼吸，被誉为"水中的大熊猫"，至20世纪由于种种原因使其种群数量减少，2007年8月8日，《皇家协会生物信笺》期刊发表报告，正式公布白鳍豚功能性灭绝。

4. 白唇鹿

白唇鹿为大型鹿类，体形大小与水鹿、马鹿相似，唇的周围和下颌为白色，故名"白唇鹿"，为中国特有的动物。白唇鹿是一种典型的高寒地区的山地动物，已被列为国家重点保护野生动物名录一级保护动物。白唇鹿的药用价值传遍天下，它的鹿茸、鹿胎、鹿筋、鹿鞭、鹿尾、鹿心和鹿血都是名贵的药材。

三、我国的自然保护区

人类巨大的建设力和创造力在使现代社会高速发展的同时，也加剧了对自然的干预和破坏。现代地球生存环境的不断恶化不仅威胁到很多物种的生存，也直接或间接地危害到人类自身。最近几年来，对人类具有重大经济、科学、美学和文化价值的物种的灭绝速度呈现加速的趋势，越来越多的动植物物种灭绝，这些事实使人类认识到，如果不采取有效措施，任其发展下去，必将导致全球生态平衡的严重破坏，人类也将面临灭顶之灾。建立自然保护区，就是人类保护自然、拯救人与动植物生存环境的一项重要措施。

自然保护区，是指对有代表性的自然生态系统、珍稀濒危野生动植物物种的天然集中分布区、有特殊意义的自然遗迹等保护对象所在的陆地、陆地水域或海域，依法划出一定面积予以特殊保护和管理的区域。自然保护区在涵养水源、保持水土、改善环境和保持生态平衡等方面都发挥着重要作用，是各种生态研究的天然实验室，在自然保护区内可以进行连续、系统的长期观测及珍稀物种的繁殖、驯化的研究等，自然保护区中的部分地域还可以开展旅游活动。

1872年，经美国政府批准建立的第一个国家公园——黄石公园是世界上第一个自然保护区。此后，世界各国陆续建立了许多自然保护区，不少国家的自然保护区的面积已占到国土面积的10%左右，自然保护区成了这些国家的重要旅游资源。我国第一个自然保护区是1956年在广东肇庆建立的鼎湖山自然保护区。20世纪70年代末80年代初以来，我国自然保护事业发展迅速。截至2018年5月31日，全国共建立国家级自然保护区474个。

我国的自然保护区可分为以下三大类。

1. 生态系统类

生态系统类自然保护区保护的是典型地带的生态系统。例如，广东鼎湖山自然保护区，保护对象为亚热带常绿阔叶林；甘肃连古城自然保护区，保护对象为沙生植物群落；吉林查干湖自然保护区，保护对象为湖泊生态系统。

2. 野生生物类

野生生物类自然保护区保护的是珍稀的野生动植物。例如，焦作太行山猕猴自然保护区，保护对象是猕猴；福建文昌鱼自然保护区，保护对象是文昌鱼；广西上岳自然保护区，保护对象是金花茶。

3. 自然遗迹类

自然遗迹类自然保护区主要保护的是有科研、教育、旅游价值的化石和孢粉产地、火山口、岩溶地貌、地质剖面等。例如，山东的山旺自然保护区，保护对象是生物化石产地；湖南张家界森林公园，保护对象是砂岩峰林风景区；黑龙江五大连池自然保护区，保护对象是火山地质地貌。

本章小结

(1) 我国幅员辽阔，河流湖泊众多，年降水量各地区差别很大，从东南沿海向西北内陆递减，而且越向内陆，减少越为迅速。地势西高东低，呈三级阶梯状下降；地形多种多样，山区面积广大；山脉纵横，呈定向排列并交织成网格状。

(2) 山地的自然景观保存较为完整，且具有雄奇险峻的特点，是野外旅游的重要场所，是最具有旅游价值的地貌形态。我国山地类型多样，主要可分为花岗岩名山、丹霞山地、岩溶山水和其他自然因素形成的山地景观。代表名山为"三山五岳"。

(3) 水体是最宝贵的旅游资源之一，是景区的重要构景要素，可以满足游客的参与要求。水体旅游资源主要分为五种类型，即江河旅游资源、湖泊旅游资源、泉水旅游资源、瀑布旅游资源、海滨旅游资源。

(4) 气象旅游资源是指由大气中的冷、热、干、湿、风、云、雨、光等各种物理现象和物理过程所构成的旅游资源。著名的气象景观有云海、烟雨、冰雪、雾凇、佛光、蜃景。

(5) 生物旅游资源是自然旅游资源中最具有生命力、最富有特色的资源，主要包括植物旅游资源和动物旅游资源。观赏植物可分为观花植物、观果植物、观叶植物和观枝冠植物。观赏动物可分为观形动物、观色动物、观态动物和听声动物。其中大熊猫、金丝猴、白鳍豚、白唇鹿被称为"中国四大国宝"。

(6) 自然保护区在涵养水源、保持水土、改善环境和保持生态平衡等方面都发挥着重要作用，是各种生态研究的天然实验室。我国的自然保护区可分为三大类，即生态系统类、野生生物类和自然遗迹类。

习 题

一、填空题

1. 五岳是指_____、_____、_____、_____和_____。
2. _____隐居西湖孤山，终生不仕不娶，惟喜植梅养鹤，自谓"以梅为妻，以鹤为子"，人称"梅妻鹤子"。
3. 我国五大淡水湖是_____、_____、_____、_____和_____。
4. 我国无锡惠山泉被唐代茶圣陆羽评为"天下第_____泉"。
5. _____位于贵州省，属珠江水系，享有"中华第一瀑"之盛誉。

二、选择题

1. 长江是我国第一长河，流经的地区不包括(　　)。
   A. 西藏　　　　B. 云南　　　　C. 四川　　　　D. 贵州
2. 观看佛光胜景最著名的名山是(　　)。

A. 泰山　　　B. 庐山　　　C. 峨眉山　　　D. 黄山

3. (　　)位于浙江温州，史称"东南第一山"。

A. 九寨沟　　B. 武陵源　　C. 雁荡山　　　D. 黄龙

4. 中国地理纬度最南端的城市是(　　)。

A. 三亚市　　B. 南沙市　　C. 永兴县　　　D. 三沙市

5. "三江并流"中，"三江"不包括(　　)。

A. 金沙江　　B. 澜沧江　　C. 嘉陵江　　　D. 怒江

三、简答题

1. 简述我国地貌轮廓的基本特征。
2. 简述花岗岩名山的特征及代表名山。
3. 长江流域主要的旅游资源有哪些？
4. 简述气象旅游资源的主要特点。
5. 简述动、植物旅游资源的主要功能。

习题答案

第三章

中国人文旅游资源

📖 学习目标

本章主要介绍我国人文旅游资源的基本知识。通过学习，掌握中国人文旅游资源的基本类型和代表性景区景点；了解中国各类人文旅游资源的基本特征及其旅游价值；了解中国各类人文旅游资源的形成及其文化内涵。

💡 关键词

人文旅游资源　万里长城　古建筑　陵墓　水利工程　宗教　园林　饮食

> **案例导入**

普洱景迈山古茶林文化景观申遗成功

2023年9月17日，中国"普洱景迈山古茶林文化景观"申遗项目在沙特阿拉伯利雅得召开的联合国教科文组织第45届世界遗产大会上通过审议，列入《世界遗产名录》，成为中国第57项世界遗产，同时成为全球首个茶文化主题世界文化遗产。至此，云南拥有的世界遗产项目增至6项。

普洱景迈山古茶林文化景观位于普洱市澜沧拉祜族自治县惠民镇，是由古茶林、茶园、森林和传统村寨构成的不断演进的文化景观，是世界上现代茶园种植技术普及前，传统的"林下茶种植"方式保存至今的实物例证和典型代表。遗产地总面积19095.74公顷，其中遗产区面积7167.89公顷，缓冲区面积11927.85公顷，遗产地居住着傣族、布朗族、哈尼族、佤族、汉族5个民族，共有人口1586户6535人，是活态传承的文化景观。

普洱景迈山古茶林文化景观成功入选世界遗产名录，填补了世界文化遗产中的茶文化主题项目空白。源远流长的茶文化彰显了中华文化的自信，古茶林彰显的人与自然和谐、人与人和谐的朴素生态伦理和智慧，对当今世界可持续发展和多元文化并存具有启示意义。

(资料来源：文化和旅游部官网，2023-09-19)

世界遗产是指被联合国教科文组织和世界遗产委员会确认的人类罕见的、目前无法替代的财富，是全人类公认的具有突出意义和普遍价值的文物古迹及自然景观。截至目前，中国世界遗产数量居世界前列，说明我国名胜古迹极其丰富。

第一节 万里长城

一、长城概况

长城是古代中国在不同时期为抵御塞北游牧部落侵袭而修筑的规模浩大的军事工程的统称，因东西绵延万余里，故又称万里长城。

长城是中国也是世界上工程量最大的一项古代防御工程，同时也是自人类有史以来最巨大的单一建筑物，以及修缮时间持续最久的建筑物。自公元前7世纪开始，除了极个别的朝代外，长城几乎不间断地修筑了两千多年，分布于中国北部和中部的大片土地上。现存的长城遗迹主要为始建于14世纪的明长城。

长城是中国古代建造最为宏大的工程之一，是中华民族的骄傲，是中华民族勤劳智慧的象征，"不到长城非好汉"反映了中华民族的一种精神气魄，一种积极向上的奋斗精神。1987年，联合国教科文组织将长城列为世界文化遗产。

二、修筑历史

(一)先秦长城

中国修筑长城的历史相当久远。西周时期,国土周边分布着夷、狄、蛮、戎等众多少数民族。为了有效地保卫国土,防御外敌入侵,西周时代军队开始不断地修筑一种传递军情的土堆,即烽火台,它成为长城最早的雏形。

周幽王烽火戏诸侯之后,中国进入了诸侯割据的春秋战国时期。各诸侯国间为了"互防",纷纷在自己的边境修筑高墙,把国家保护起来。楚、齐、魏、燕、赵等国都修建了长度不一、形式各异的长城。其中,楚国为防韩、魏而修筑的楚方城被认为是最早的一段长城,被称为"天下第一古长城"。

同时,在当时中国北方地区居住的很多游牧民族为了生存,不断地侵扰中原,掠夺物资。为了阻挡游牧民族的进攻,中国北部的秦、赵、燕等诸侯国开始用墙把烽火台连接起来,以保卫家园,即秦长城、赵长城和燕长城,这就是早期的长城。这三段长城成为后来秦始皇修筑的万里长城的基础。

(二)三次修筑高峰

在我国历史上,有20多个诸侯国家和封建王朝修筑过长城,其中秦、汉、明三个朝代所修长城的长度都超过了1万里,为长城修筑史上的三次高峰。此外,少数民族政权修筑的长城比较著名的有北魏长城和金长城。

1. 秦长城

公元前221年,秦始皇灭六国,建立了中国历史上第一个统一的中央集权的封建王朝。公元前214年,秦始皇派将军蒙恬率领30万人攻击匈奴,占据河套,并将秦、赵、燕各国修筑的旧城墙连接起来,同时在北部其他地区增修新的长城,最终形成了西至临洮、东到辽东、沿广阔的黄河流域、依峻峭的阴山山脉、行经内蒙古草原、绵延万里的长城,从此开始有"万里长城"之称。秦始皇在北修长城的同时,也下令拆除原来各诸侯国之间用来相互防范的长城,再加上年代久远,因此我们现在已经很难看到先秦各诸侯国之间的长城遗址了。

2. 汉长城

汉代长城修筑于汉武帝元狩二年(前121年)。汉武帝为解除匈奴威胁,多次采取大规模的军事行动进行西征。打败匈奴后,他开始向河西迁徙汉族居民,然后进行农业开发,紧接着在这里驻扎军队,大规模地修筑由甘肃到新疆罗布泊的河西长城,以阻止匈奴再次入侵。将河西长城与以前朝代修筑的长城相连,最终形成了东起辽东鸭绿江畔,经阴山、河西走廊、向西延伸到盐泽(今新疆罗布泊),向北延伸到今内蒙古居延海附近,全长2万多里的汉长城。汉长城是中国封建社会第一次进行西部大开发的重要历史见证,为在新疆建立西域都护府、开辟和保护中西交通要道"丝绸之路"提供了重要的保障。

3. 明长城

明朝建立以后,为了防御退回到漠北草原的蒙古贵族鞑靼、瓦剌诸部及明后期兴起于东北的女真族,对长城进行了持续不断的维护和修缮。在明朝200多年的统治中,几乎没有停止过对长城的修筑。鼎盛时期的明长城东起鸭绿江畔的虎山,横贯今天辽宁、河北、天津、北京、内蒙古、山西、陕西、宁夏、甘肃9省市自治区,一直延伸到甘肃的嘉峪关,全长8851.8公里,这也是现在所见到的大部分长城。在中国历代长城中,明长城是费时最久、工程最大、防御体系和结构最完善的长城工程,其中最具代表性的就是由戚继光发明的空心敌楼。

三、形制体系

长城从来就不是一道孤立的城墙,而是由大量建筑组成的严密体系,而且越到后期,长城体系就越完善、越严密,整体防御能力越强。长城体系由城墙、城台、关隘和烽火台四部分组成,此外还包括其他附属设施。

1. 城墙

城墙是长城工程主体,墙体依材料区分为砖墙、石墙、夯土墙、铲山墙、山险墙等类型,随地形平险、取材难易而异。八达岭长城城墙外皮均用大城砖或重达2000多斤的花岗岩条石砌成,内夯泥土碎石,特别坚固整齐。墙顶的外侧筑有垛墙与垛口。垛口下侧开一小洞,叫射洞,用于射箭。城墙的外侧一般都选建在陡峭的山崖上,以增加攻城的难度。每隔不远有一座拱门,称"券门",守城士兵由此上下。

2. 城台

城台是在长城城墙上每隔二三百米就构筑有一组高出墙顶的方形台子。它突出于迎敌方向的墙身以外。外墙上砌有垛口,战时居高临下,从侧翼射杀架梯攻城的敌人。有的城台上还建有铺房,为士兵巡逻时遮风避雨之用。敌台,亦称敌楼,跨城墙而建。空心跨墙敌台是戚继光任蓟镇总兵时所创建的,内为空心,可容三四十名守城军士居住,并可储存火炮、弓矢之类武器,顶面建楼橹,环以垛口,供瞭望之用。

3. 关隘

在出入长城的咽喉要道上通常都设有关隘。关隘一般建在狭窄的通道上,如两山之间的最窄处,山水之间的狭长走廊,以及溪流、河谷的相交处。关隘一般由方形或多边形城墙、城门、城门楼、瓮城(见图3-1)组成。有的还有罗城和护城河。城门上方筑有城楼,是重要的观察所、指挥所和战斗据点。著名的关隘有山海关、居庸关、雁门关、嘉峪关等。

4. 烽火台

烽火台是古时用于点燃烟火传递重要消息的高台,系古代重要的军事防御设施,遇有敌情发生,白天点燃掺有狼粪的柴草,使浓烟直上云霄;夜里则燃烧加有硫黄和硝石的干柴,使火光通明,台台相连,以传递紧急军情。烽火台间距约为10里,通常在易于相互瞭望的高岗、山丘之上建立。烽火台一般是一个独立的高台子(有的就建在长城上)，台子上有守望房屋和燃烟放火的设备，台子下面有士卒居住守卫的房屋和羊马圈、仓库等建筑。

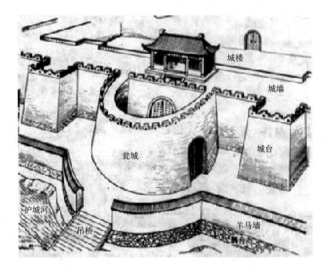

图3-1　瓮城示意

四、长城旅游

长城作为中华民族灿烂文化的象征、世界建筑史上的伟大奇迹，强烈地激发着国内外人们的旅游兴趣，人们都以"不到长城非好汉"的气概登临长城，赞美长城的雄姿，倾吐对中华民族的爱慕和尊敬的心声。"长城热"推动着我国旅游事业的发展。

1. 山海关长城

山海关北靠燕山，南临渤海，扼守华北与东北之间狭长的陆路交通要道，地势险要，自古以来就是兵家必争之地。明洪武十四年(1381年)，大将徐达修筑长城，在此设立关城，因位于山海之间，故名"山海关"。老龙头长城是长城入海的端头部分。山海关城四面均开辟城门，分别称"镇东门""迎恩门""望洋门"和"威远门"。四门上原先都筑有高大的城楼，但目前仅存镇东门城楼。镇东门面向关外，最为重要，由外至内设有卫城、罗城、瓮城和城门四道防护。城楼东面屋檐下高悬一块巨大的匾额，上书"天下第一关"五个大字，是山海关城的象征。

2. 八达岭长城

八达岭长城位于北京延庆，是居庸关的前哨，海拔800余米，地势险要，历来是兵家必争之地，史称天下九塞之一，是明代重要的军事关隘和都城的重要屏障。八达岭景区以其宏伟的景观、完善的设施和深厚的文化历史内涵而著称于世，是万里长城的精华，在明长城中具有代表性。登上这里的长城，居高临下，可以尽览崇山峻岭的壮丽景色。八达岭长城1991年成为中国旅游胜地四十佳之首。迄今为止，已有包括尼克松、撒切尔夫

案例3-1

人、奥巴马在内的300多位国外知名人士到此游览。

3. 居庸关长城

居庸关是万里长城上最著名的关隘之一，其建筑规模之大，文化内涵之深，堪称我国万里长城关城建设之最。居庸关位于北京西北处的关沟峡谷之中，属太行余脉军都山，以险著称。这里两山夹峙，山形陡峭，一水中流，大有"一夫当关，万夫莫开"之势。居庸关不仅地势险要，而且山峦重叠，溪水长流，植被繁茂，景色宜人。山上长城蜿蜒盘绕，山下城楼巍峨雄伟。关城内庙宇、署馆、亭坊、仓房层叠错落，红墙、绿瓦、油饰彩画相映成趣。乾隆皇帝曾在此御笔亲题"居庸叠翠"四字，成为著名的"燕山八景"之首。

4. 慕田峪长城

慕田峪长城位于北京怀柔区，是北京新十六景之一。它西接居庸关长城，东连古北口，为明代所修筑，自古以来就是拱卫北京的军事要冲，被称为"危岭雄关"。其特点是长城两边均有垛口，特别是正关台三座敌楼并矗，著名的长城景观箭扣、牛角边、鹰飞倒仰等位于慕田峪长城西端，是万里长城的精华所在。慕田峪长城层峦叠嶂，植被覆盖率达90%以上。

5. 古北口长城

古北口长城是中国长城史上最完整的长城体系，由北齐长城和明长城共同组成，包括卧虎山、蟠龙山、金山岭和司马台四个城段。古北口是山海关、居庸关两关之间的长城要塞，为辽东平原和内蒙古通往中原地区的咽喉，历来是兵家必争之地。

金山岭长城系明朝戚继光主持修筑，是万里长城的精华地段，因其视野开阔、敌楼密集、景观奇特、建筑艺术精美、军事防御体系健全、保存完好而著称于世，素有"万里长城，金山独秀"之美誉，障墙、文字砖和挡马石是金山岭长城的三绝，素有"摄影爱好者的天堂"之美誉。

司马台长城城墙依险峻山势而筑，并以奇、特、险著称于世。司马台水库将该长城分为东西两段。敌楼密集、形式多变、结构各异，极其雄奇壮丽。东段长城峰巅有两座敌楼最为显赫，即仙女楼与望京楼。望京楼筑于海拔千米的陡峭峰顶，景观绝佳，可遥望北京城。著名长城专家罗哲文教授赞誉道："中国长城是世界之最，而司马台长城又堪称中国长城之最。"

6. 嘉峪关长城

嘉峪关长城是明长城西端起点，建于明洪武五年(1372年)，是保存最完整的一座关城，河西第一隘口，也是"丝绸之路"上的重要一站，被称为"天下第一雄关"，与千里之外的"天下第一关"——山海关遥相呼应，闻名天下。现在关城东西城垣开门，东为光化门，西为柔远门，均筑瓮城。嘉峪关内城墙上还建有箭楼、敌楼、角楼、阁楼、闸门楼共14座。城关两端的城墙横穿戈壁，登关楼远望，塞外风光尽收眼底，可以体会到大漠孤城的苍凉。

第二节 古代建筑

一、宫殿建筑——故宫

宫殿作为帝王所用的建筑,是中国古代建筑中最豪华的类型。一般称举行礼仪和办公用的主体建筑物为"殿",而称生活起居的部分为"宫"。中国建筑中成就最高、规模最大的就是宫殿。宫殿规模宏大,形象壮丽,格局严谨,给人强烈的精神感染,以凸显皇权。

1. 宫殿的布局及陈设

宫殿规模宏大,是由若干个闭合院落组成的庞大建筑群,各个院落的空间大小不同,从而体现出不同的气氛。宫殿的总体布局讲究严格的中轴对称,中轴线上的建筑高大华丽,轴线两侧的建筑低小简单;宫殿建筑一般按照前朝后寝的布局排列,前朝是帝王上朝治政、举行重大典礼、朝贺和宴请的地方,后寝是皇帝和后妃们的寝宫,内有御花园等。在宫殿的前方一般设置礼制建筑,即左祖右社。"左祖"指在宫殿左前方设祖庙(又称太庙),供帝王祭祀祖先之用,"右社"指在宫殿右前方设社稷坛,供帝王祭祀土地神、粮食神之用。宫殿外的陈设一般包括华表、石狮、日晷、嘉量、吉祥缸、鼎式香炉、铜龟铜鹤等。

> **专栏3-1　日晷仪**
>
> 日晷仪也称日晷(见图3-2),是观测日影记时的仪器。主要是根据日影的位置,以指定当时的时辰或刻数,是我国古代较为普遍使用的计时仪器。
>
>
>
> 图3-2　故宫日晷
>
> 日晷名称是由"日"和"晷"两字组成。"日"指"太阳","晷"表示"影子","日晷"的意思为"太阳的影子"。因此,所谓日晷,就是白天通过测日影定时间的仪器。日晷计

时的原理就是这样。在一天中，被太阳照射到的物体投下的影子在不断地改变着，第一是影子的长短在改变，早晨的影子最长，随着时间的推移，影子逐渐变短，一过中午它又重新变长；第二是影子的方向在改变，我们在北半球，早晨的影子在西方，中午的影子在北方，傍晚的影子在东方。从原理上来说，根据影子的长度或方向都可以计时，但根据影子的方向来计时更方便一些。因此，通常都是以影子的方位计时。日晷必须依赖日照，不能用于阴天和黑夜。因此，单用日晷来计时是不够的，还需要其他种类的计时器，如水钟，来与之相配。

(资料来源：百度百科，日晷仪，2020-01-28)

2. 北京故宫

北京故宫，旧称紫禁城，位于北京中轴线的中心，是明清两个朝代24位皇帝的皇宫，现为故宫博物院的所在地。明成祖朱棣永乐四年(1406年)开始营建，永乐十八年(1420年)落成，设计师为工匠出身的御用匠师蒯祥。

故宫为方形城池建筑，四周为宽52米的护城河。故宫是以黄瓦、红墙、金饰、白石构成的建筑群，有四门，分别为午门、东华门、西华门、神武门，现神武门为故宫博物院正门。据1973年专家现场测量的结果，故宫有大小院落90多座，房屋有980座，共计8704间。

故宫内中轴线上的建筑分为前朝和后寝两大部分。建在有汉白玉围栏的三层高大露台上的太和殿、中和殿、保和殿合称三大殿，连同东侧文华殿、西侧武英殿称为"前朝"。太和殿俗称"金銮殿"，是中国最大的一座木结构宫殿。面阔11间，进深5间，为重檐庑殿顶，是举行新皇帝登基、颁布重要诏书、"金殿传胪"（公布新进士名单）、派大将出征，以及每年元旦节、冬至节、皇帝生日等举行重大仪式的地方。中和殿面阔、进深均为3间，四角攒尖顶。保和殿面阔9间，进深5间，重檐歇山顶，是宴请外藩王公大臣的场所。从乾隆开始，殿试由太和殿移到保和殿举行。

后寝是皇帝和后妃们的寝宫，包括乾清宫、交泰殿和坤宁宫，合称"后三宫"，两侧有东西六宫、养心殿及御花园等。乾清宫连廊面阔9间，进深5间，重檐庑殿顶，清初，该宫也是皇帝的寝宫，而至清代雍正帝移居养心殿后，皇帝就不再居住于此了。交泰殿面阔、进深均为3间，单檐攒尖顶。该殿是皇后过生日举办寿庆活动的地方。坤宁宫面阔连廊9间，进深3间，重檐庑殿顶，是明朝及清朝雍正帝之前的皇后寝宫，两头有暖阁。西暖阁为满人的信仰——萨满的祭祀地，东暖阁为帝后成婚的大婚喜房。

北京故宫是第一批全国重点文物保护单位、第一批国家5A级旅游景区，1987年入选世界文化遗产。

微课3-1 故宫

案例3-2

二、礼制建筑——天坛

祭祀，是向神灵求福消灾的传统礼俗仪式，被称为吉礼。"祭祀"也意为敬神、求神和祭拜祖先。礼制建筑是古人用来祭祀的场所。古代帝王亲自参加的最重要的祭祀活动有三项，即祭祀天地、祭祀社稷、祭祀祖先。最隆重、最复杂的祭祀是祭天，地点在天坛。社是五土之神，稷是农业之神，祭祀社稷目的在于祈求全国风调雨顺、五谷丰登，地点在社稷坛。帝王祭祀祖先的家庙称太庙。

1. 坛的演变

坛是中国古代主要用于祭祀天、地、社稷等活动的台型建筑。最初的祭祀活动在林中空地的土丘上进行，后逐渐发展为用土筑坛。当坛成为中国封建社会最高统治者专用的祭祀建筑时，规模由简而繁，建筑形式由土台演变为用砖石砌的高台。中国历代各种坛的建筑制度有所不同，如天和地、社和稷，有时分祀，有时合祭。坛既是祭祀建筑的主体，也是整组建筑群的总称。清代分布于北京城内外的坛有圜丘坛(天坛)、方泽坛(地坛)、朝日坛(日坛)、夕月坛(月坛)、祈谷坛(天坛祈年殿)、社稷坛、先农坛等。其中天坛、地坛、日坛、月坛分别位于北京的南、北、东、西四郊。

2. 天坛

天坛位于北京市东城区，在故宫的东南方，是明、清两朝帝王冬至日祭皇天上帝和正月上辛日行祈谷礼的地方。天坛是现存的中国古代规模最大、伦理等级最高的祭祀建筑群。它的布局严谨，建筑结构独特，装饰瑰丽，巧妙地运用了力学、声学和几何学等原理，具有较高的历史、科学和文化价值。1998年，"北京皇家祭坛——天坛"被列为世界文化遗产，2007年入选国家5A级旅游景区。

天坛在建筑布局上呈"回"字形，由两道坛墙分成内坛、外坛两大部分(见图3-3)。最南的围墙呈方形，象征地，最北的围墙呈半圆形，象征天，北高南低，这既表示天高地低，又表示"天圆地方"。天坛的主要建筑物集中在内坛中轴线的南北两端，其间由一条宽阔的丹陛桥相连，由南至北分别为圜丘坛、皇穹宇、祈年殿和皇乾殿等，另有神厨、宰牲亭、斋宫和神乐署等建筑和古迹。整个建筑设计巧妙，色彩调和，建筑高超。

圜丘坛是皇帝举行祭天大礼的地方，始建于嘉靖九年(1530年)。坛平面呈圆形，共分三层，皆设汉白玉栏板。顶层中心的圆形石板叫作太阳石或者天心石，站在其上呼喊或敲击，会形成显著的回音。圜丘坛的栏板、望柱和台阶数等，处处是9或者9的倍数，以应"九重天"。通过对"九"的反复运用，以强调天的至高无上的地位。

皇穹宇位于圜丘坛的北边，始建于嘉靖九年(1530年)，祭天时使用的祭祀神牌都存放在这里。皇穹宇的正殿和配殿都被一堵圆形围墙环绕，内侧墙壁能够有规则地传递声波，而且回音悠长，故称"回音壁"。另外，在皇穹宇殿前到大门中间的石板路上，由北向南的三块石板叫作三音石。

祈年殿在天坛的北部，位于祈谷坛中央，始建于明永乐十八年(1420年)，是天坛最早的建筑物。祈年殿是一座圆形建筑，鎏金宝顶蓝瓦三重檐攒尖顶，层层收进，体现出一种与天接近的感觉。殿内有楠木柱28根，数目排列切合天象：中央4根龙柱象征四季，中圈12根金柱象征一年十二个月，外层12根巨柱象征一天十二个时辰，中层和外层相加象征二十四节气，三层柱总共28根象征二十八宿。

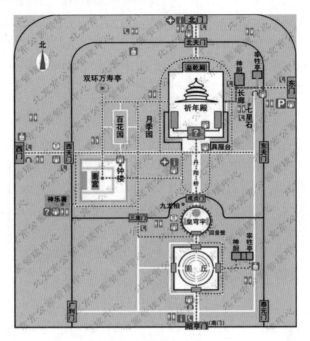

图3-3 天坛导游图

三、亭台楼阁——三楼四亭

我国古代建筑内容庞杂，种类繁多，数量可观。亭台楼阁可谓古建筑中的佼佼者，它们形式各异，造型优美，结构精巧，工艺精湛，体现了我国古代人民高超的建筑技艺，在景点更为景色增辉，同时也是文人墨客雅集之所，不少亭台楼阁因文人墨客的诗作联匾而名扬四海。它们既有观赏价值，也有使用价值，深受游人喜爱。

亭是一种四面无墙有顶的小型建筑物，大都是用木、竹、砖、石建造的，有圆形、方形、六角形、八角形、梅花形和扇形等多种形状。亭的屋顶多做攒尖顶和圆锥形顶。亭子常常建在山上、水旁、花间、城头、桥上，可以供人们遮阳、避雨、休息、观景，也可将园中的风景点缀得更加美丽。

楼阁是两层以上金碧辉煌的高大建筑，且都以木质为主要结构，可以供游人登高远眺，休息观景；还可以用来藏书供佛，悬挂钟鼓。在中国，著名的楼阁很多，如临近大海的山东蓬莱阁、北京颐和园的佛香阁、昆明大观楼、嘉兴烟雨楼等。

(一)江南三大名楼

1. 黄鹤楼

黄鹤楼(见图3-4)位于湖北省武汉市，始建于三国，唐时名声始盛，这主要得益于诗人崔颢的"昔人已乘黄鹤去，此地空余黄鹤楼"及李白的"故人西辞黄鹤楼，烟花三月下扬州"的诗句。黄鹤楼自古就有"天下江山第一楼"的美誉。

图3-4　黄鹤楼

黄鹤楼的平面设计为四边套八边形，谓之"四面八方"。楼高5层，总高度51.4米。72根圆柱拔地而起，雄浑稳健；60个翘角凌空舒展，形如黄鹤，展翅欲飞。楼的屋面用黄色琉璃瓦覆盖，在蓝天白云的映衬下，色彩绚丽。楼层内外绘有以仙鹤为主体，以云纹、花草、龙凤为陪衬的图案。整座楼雄浑又不失精巧，富于变化的韵味和美感。以黄鹤楼为主体的黄鹤楼公园于2007年入选国家5A级旅游景区。

2. 岳阳楼

岳阳楼位于湖南省岳阳市，紧靠洞庭湖畔，始建于三国东吴时期，现存岳阳楼重建于清光绪五年(1879年)。岳阳楼是江南三大名楼中唯一的一座保持原貌的古建筑，自古就有"洞庭天下水，岳阳天下楼"之誉。北宋范仲淹脍炙人口的《岳阳楼记》更使岳阳楼著称于世。

岳阳楼坐东向西，面临洞庭湖，遥见君山。楼平面矩形，正面三间，周围廊，三层三檐，通高约20米。楼中四根楠木柱直贯楼顶。屋顶为四坡盔顶，屋面上凸下凹，为中国现存最大的盔顶建筑，覆黄琉璃瓦，翼角高翘。全楼结构严谨，造型端丽。楼前两侧左右有三醉亭和仙梅亭作为陪衬，与楼呈品字并列。岳阳楼2011年入选国家5A级景区。

专栏3-2　《岳阳楼记》

《岳阳楼记》是北宋文学家范仲淹于庆历六年九月十五日(1046年10月17日)应好友巴陵郡太守滕子京之请为重修岳阳楼而创作的一篇散文。这篇文章通过写岳阳楼的景色，以及阴雨和晴朗时带给人的不同感受，揭示了"不以物喜，不以己悲"的古仁人之心，也表达了自己"先天下之忧而忧，后天下之乐而乐"的爱国爱民情怀。文章超越了单纯写山水楼观的狭境,将自然界的晦明变化、风雨阴晴和"迁客骚人"的"览物之情"结合起来,从而将全文的重心放到纵议政治理想方面,提高了文章的境界。全文记叙、写景、抒情、议论融为一体,动静相生,明暗相衬,文辞简约,音节和谐,用排偶章法作景物对比,成为杂记中的创新之作。

作品原文

庆历四年春,滕子京谪守巴陵郡。越明年,政通人和,百废具兴。乃重修岳阳楼,增其旧制,刻唐贤今人诗赋于其上。属予作文以记之。

予观夫巴陵胜状,在洞庭一湖。衔远山,吞长江,浩浩汤汤,横无际涯;朝晖夕阴,气象万千。此则岳阳楼之大观也,前人之述备矣。然则北通巫峡,南极潇湘,迁客骚人,多会于此,览物之情,得无异乎?

若夫淫雨霏霏,连月不开,阴风怒号,浊浪排空;日星隐曜,山岳潜形;商旅不行,樯倾楫摧;薄暮冥冥,虎啸猿啼。登斯楼也,则有去国怀乡,忧谗畏讥,满目萧然,感极而悲者矣。

至若春和景明,波澜不惊,上下天光,一碧万顷;沙鸥翔集,锦鳞游泳;岸芷汀兰,郁郁青青。而或长烟一空,皓月千里,浮光跃金,静影沉璧,渔歌互答,此乐何极!登斯楼也,则有心旷神怡,宠辱偕忘,把酒临风,其喜洋洋者矣。

嗟夫!予尝求古仁人之心,或异二者之为,何哉?不以物喜,不以己悲;居庙堂之高则忧其民,处江湖之远则忧其君。是进亦忧,退亦忧。然则何时而乐耶?其必曰"先天下之忧而忧,后天下之乐而乐"乎。噫!微斯人,吾谁与归?

时六年九月十五日。

(资料来源:百度百科,《岳阳楼记》,2020-01-28)

3.滕王阁

滕王阁是南方唯一一座皇家建筑,位于江西省南昌市赣江江畔,始建于唐朝永徽四年(653年),由唐太宗李世民之弟——李元婴始建,因李元婴封号为"滕王",故名滕王阁,并因初唐诗人王勃诗句"落霞与孤鹜齐飞,秋水共长天一色"而流芳后世。

历史上滕王阁先后重建达29次之多,屡毁屡建。现在的滕王阁是1985年按照梁思成绘制的《重建滕王阁计划草图》重建的,于1989年建成,为南昌标志性建筑之一。新楼为仿宋朝木结构样式,净高57.5米,9层,采用宋朝楼阁"明三暗七"格式,其中明层皆有回廊可俯瞰赣江景色。楼体为钢筋混凝土建成,南北有回廊连接着"压江""挹翠"两个辅亭。

(二)四大名亭

1.醉翁亭

醉翁亭位于安徽滁州市琅琊山中,是中国四大名亭之首,又被称为天下第一亭。北宋庆历六年(1046年),欧阳修被贬到滁州任太守,自称"醉翁",此亭遂为"醉翁亭"。后欧阳修写下传世之作《醉翁亭记》,其中有千古名句"醉翁之意不在酒,在乎山水之间也",醉翁亭与琅琊山的青山秀水从此闻名于世。今存亭台为清代修筑,紧靠峻峭的山壁,飞檐凌空挑出,小巧独特,具有江南亭台的特色。

2. 陶然亭

陶然亭是清代名亭,位于北京市西城区,现为中国四大历史名亭之一,为清康熙三十四年(1695年)工部郎中江藻所建,并取白居易诗"更待菊黄家酿熟,与君一醉一陶然"句中的"陶然"二字为亭命名。陶然亭公园及陶然亭地区名称就是以此亭而得名的。陶然亭面阔三间,进深一间半,面积为90平方米。亭上有苏式彩绘,屋内梁栋饰有山水花鸟彩画。陶然亭三面临湖,湖面轻舟荡漾,莲花朵朵,微风拂面,令人神情陶然。

3. 爱晚亭

爱晚亭位于湖南长沙岳麓山半山腰上,建于清代乾隆年间,坐西向东,三面环山,古枫参天,原名红叶亭,后取杜牧"停车坐爱枫林晚,霜叶红于二月花"诗意,将亭改名为爱晚亭。亭子原为木结构,同治初改为砖砌。该亭古朴典雅,平面呈正方形。内金柱圆木丹漆,外檐柱四根,由整条方形花岗石加工而成。亭顶重檐四披,攒尖宝顶,四翼角边远伸高翘,覆以绿色琉璃筒瓦。正面额朱色鎏金"爱晚亭"匾,系1952年毛泽东应湖南大学校长李达之约而题。

4. 湖心亭

湖心亭位于杭州西湖中心的小岛上,初建于明嘉靖三十一年(1552年),万历年间重建,改称湖心亭。清乾隆帝在亭上题过匾额"静观万类",以及楹联"波涌湖光远,山催水色深"。亭前有乾隆皇帝手书"虫二"石碑,正好是繁体"风月"去掉周边笔画后所剩的字,寓意此处风月无边之意。在湖心亭极目四眺,环岛皆水,环水皆山,湖光皆收眼底,群山如列翠屏,有"湖心平眺"之称。

四、交通桥梁——四大古桥

桥是一种跨越河流、山谷、障碍物或其他交通线而修建的架空通道。桥的目的是使人、车辆、火车等穿过障碍。中国的桥发展于隋,兴盛于宋。遍布在神州大地的桥,编织成四通八达的交通网络,连接着祖国的四面八方。我国古代的桥梁建筑中,有不少是世界桥梁史上的创举,充分显示了我国古代劳动人民的非凡智慧。

我国古代名桥众多,河北的赵州桥、北京的卢沟桥、福建的洛阳桥和广东的广济桥被称为我国四大古桥。此外,我国著名的桥梁还包括苏州宝带桥、太原晋祠内的十字桥、扬州瘦西湖景区的五亭桥、福建晋江安海镇的安平桥、广西三江县的风雨桥、四川泸定县的泸定桥和北京颐和园的玉带桥等。

(一)桥的分类

我国古代的桥按结构和外观主要可分为梁桥、拱桥、索桥、浮桥。

梁桥:又称平桥、跨空梁桥,是以桥墩做水平距离承托,然后架梁并平铺桥面的桥。制造和架设均甚方便,使用广泛,在桥梁建筑中占有很大比例。代表性梁桥有福建的洛阳桥和安平桥等。

拱桥：指的是在竖直平面内以拱作为上部结构主要承重构件的桥梁。拱桥有石拱、砖拱和木拱之分，一般常见的是石拱桥，桥面一般铺石板，桥边做石栏杆。拱桥可以节省材料，减轻自重，跨度较大，对地基要求高。代表性拱桥有赵州桥、卢沟桥等。

索桥：也称吊桥、绳桥、悬索桥等，是用竹索或藤索、铁索等为骨干相拼悬吊起的大桥。索桥多建于水流急、不易做桥墩的陡岸险谷，主要见于西南地区。著名的索桥有贵州盘江桥、四川泸定桥、云南霁虹桥等。

浮桥：又称舟桥、浮航，是一种用许多木船(也有用木筏、竹筏或浮箱连横于水上的)连锁起来并列于水面，船上铺木板供人马往来通行的桥，可用于应急救灾或作为临时性交通设施。因其架设便易，常用于军事目的，故亦称"战桥"。浮桥的历史记载以中国为早，代表性浮桥有赣州古浮桥、泉州浮桥、柳州浮桥等。

(二)我国四大古桥

1. 河北赵州桥

赵州桥，又名安济桥(见图3-5)，是建造在河北省赵县城南5里洨河上的一座石拱桥，由隋朝工匠李春设计监造，距今已有1400多年的历史，是世界桥梁史上第一座敞肩拱石桥。此桥全长64.4米，通体由巨大花岗岩石块组成。桥大拱两端之肩上又各设两个小拱，这些敞开的小拱在减轻桥身重量的同时，又起到了减少流水冲力、加速泄洪的作用，设计非常科学合理。这是世界桥梁建筑史上第一次使用这种敞肩拱，属于开先河之举。桥的望柱、栏板上都雕刻花卉和兽头图案，形象逼真，非常精美，堪称隋唐时期雕刻艺术的佳作。

图3-5　赵州桥

赵州桥在交通、建筑及艺术等方面的影响是广泛而深远的。1991年，美国土木工程师学会将赵州桥定为国际土木工程历史古迹。迄今为止，中国境内只有赵州桥和万里长城获此殊荣。

2. 北京卢沟桥

卢沟桥位于北京市西南永定河上，因横跨卢沟河(即永定河)而得名。卢沟桥始建于金大定二十九年(南宋淳熙十六年，1189年)，至今已有800多年的历史，是北京市现存最古老的石造多孔联拱桥。在金代，卢沟河是出入京都南北的交通要津，同时亦是军事要地。

卢沟桥全长266.5米，有桥墩10座，11个桥孔，各孔的跨径和高度均不相等。卢沟桥的两侧有281根望柱，柱头刻着莲花座，座下为荷叶墩，栏板内侧与桥面外侧均雕有宝瓶、云纹等图案。柱头上共雕刻有501只石狮，其中大部分石狮是明、清两代原物，这些石狮雕工精巧，神态各异，栩栩如生。桥东的碑亭内立有清乾隆题"卢沟晓月"汉白玉碑，是"燕京八景"之一。意大利旅行家马可·波罗在他的游记中称赞"它是世界上最好的、独一无二的桥"。

专栏3-3　"七七事变"

七七事变，又称卢沟桥事变，发生于1937年7月7日。

1937年7月7日夜，卢沟桥的日本驻军在未通知中国地方当局的情况下，径自在中国驻军阵地附近举行所谓军事演习，并诡称有一名日军士兵失踪，要求进入北平西南的宛平县城搜查，被中国驻军严词拒绝，日军随即向宛平城和卢沟桥发动进攻。中国驻军第29军37师219团奋起还击，进行了顽强的抵抗。

"七七事变"揭开了全国抗日战争的序幕。

(资料来源：百度百科—七七事变，2023-09-10)

3. 泉州洛阳桥

洛阳桥建在泉州城东洛阳江入海口处，北宋皇祐五年(1053年)兴建，历时6年建成。洛阳桥是中国第一座海湾大石桥，素有"海内第一桥"之誉，在中国桥梁史上与赵州桥齐名，有"南洛阳，北赵州"之称，著名桥梁专家茅以升称之为"中国古代桥梁的状元"。洛阳桥桥长834米，宽7米，有桥墩46座，全部用当地产的巨大花岗石砌成，桥上还装饰有许多精美的石狮子、石塔、石亭，桥两端立有石刻人像守护，气势磅礴，雄伟壮观，是举世闻名的梁式海港巨型石桥。洛阳桥在建桥技术和工艺上有许多创新：首创了筏形基础；应用和发展了尖劈形桥墩；运用了潮汐的涨落浮运和架设石梁；采用了"种蛎固基法"，即在基石上养殖牡蛎，使之胶结成牢固的中流砥柱，这是世界上把生物学应用于桥梁工程中的先例。洛阳桥的建成对福建政治、经济、文化的发展起到了极大的推动作用。

4. 潮州广济桥

广济桥又称湘子桥(见图3-6)，位于广东省潮州市古城东门外，横跨韩江，始建于南宋乾道七年(1171年)，初为浮桥，由浮船连接而成，后建桥墩、桥上楼阁等，为中国第一座启闭式浮桥。广济桥曾被著名桥梁专家茅以升誉为"世界上最早的启闭式桥梁"。

广济桥是我国古代一座交通、商用综合性桥梁，它不仅可用于交通，桥上的亭台楼阁还可兼作经商店铺，有"一里长桥一里市"之说。广济桥集梁桥、拱桥、浮桥于一体，是我国桥梁史上的孤例。2003—2007年，当地按照最辉煌时期的明代风格对广济桥进行了修复，恢复了"十八梭船"的启闭式浮桥，修复了桥上的12座楼阁和18座亭屋，并加上匾额与对联，将其定位为旅游观光步行桥。桥全长约520米，现存古桥墩21座，为全国重点文物保护单位。

图3-6　潮州广济桥

第三节　古代水利工程

我国古代有不少闻名世界的水利工程。这些工程不仅规模巨大，而且设计水平也很高。兴修水利不仅直接关系到农业生产的发展，还可以扩大运输，加快物资流转，发展商业，推动整个社会经济的繁荣。另外，古代还有很多著名的水利工程最初的修建目的是出于军事需要，通过兴修水利，为前线运送人员和物资，保证战争补给。这些古代的水利工程有些至今仍保留和发挥着重要的经济效用，具有较高的旅游价值，如京杭大运河、都江堰、灵渠和坎儿井就是其中的代表，它们被合称为我国古代四大水利工程。

一、京杭大运河

京杭大运河全长1794公里，从其开凿到现在已有2500多年的历史，是世界上里程最长、工程最大、最古老的运河，与长城并称为中国古代的两项伟大工程。京杭大运河北起北京，南到杭州，途经北京、天津、河北、山东、江苏及浙江4省2市，从北至南贯通海河、黄河、淮河、长江、钱塘江5大水系。2014年6月，中国大运河项目成功入选世界文化遗产，成为中国第46个世界遗产项目。

案例3-3

1. 修建背景

古代陆上运输只能依靠人力和畜力,速度慢,运量小,费用和消耗却很大,因此不管是出于经济目的的大宗货物的运输,还是出于战争目的的人员物资的补给,都尽量采用水路运输。中国天然形成的大江大河绝大多数都是从西往东横向流动的。在黄河流域历经战乱破坏而长江流域得到开发以后,中国就逐渐形成了政治军事中心在北方而经济文化中心在南方的局面。为保障南北两大中心的联系,加强北方对南方的控制,保障南方的赋税和物资能够源源不断地运往京城,开辟并维持一条纵贯南北的水路运输干线,对于历代朝廷而言就变得极其重要。在海运和现代陆路交通兴起以前,京杭大运河的货物运输量一般占到全国的一半以上。

2. 修建历史

从公元前486年开始,漫长的岁月里,京杭大运河经历了春秋、隋朝及元朝的三次较大的兴修过程。

第一次是在春秋末期。位于太湖流域的吴王夫差为了北上争霸,于公元前486—前484年,调集民夫修筑邗城(今扬州附近),作为北上据点,并在城下开凿经射阳湖到末口(今江苏淮安市淮安区城北北辰坊)的运河,沟通江、淮,以运输军队和辎重。此运河被后世称为"邗沟"(今里运河),它是大运河中最早"有确切纪年"的一段河道。在开凿邗沟的过程中,吴人尽量利用长江、淮河间的天然河道和湖泊,巧妙地以人工渠道连接两岸,故只凿渠长约170公里。

第二次是在隋朝时期。隋文帝统一了北方之后,为了南下灭陈,疏通了古邗沟,改名为山阳渎。隋炀帝营建东都洛阳时,为了控制江南广大地区,使长江三角洲地区的丰富物资运往洛阳,于公元605年下令开凿洛阳经盱眙连接山阳渎的"通济渠",连通黄、淮两大河流,长约1000公里。公元608年,隋炀帝为了用兵辽东,修筑了洛阳经山东临清至涿郡(今北京)的"永济渠",长约1000公里。公元610年,隋炀帝重新疏凿和拓宽长江以南运河古道,形成今江南运河,由今扬州、镇江引江水经无锡、苏州、嘉兴至杭州通钱塘江,长约400公里。至此,隋朝建成以洛阳为中心,由永济渠、通济渠、山阳渎和江南运河连接而成,南通余杭,北通涿郡,全长2700余公里的大运河。

第三次是在元朝时期。元朝定都大都(今北京)后,为加强对江南的控制,并从江浙一带运粮到大都,为了避免绕道洛阳,就将运河裁弯取直,修建了济州、会通、通惠等河。南方来船可由通州直达北京。这样,由北京经通惠河、北运河、南运河、会通河可至济宁,再沿泗水河道至徐州入黄河,沿黄河顺流至淮安入邗沟(淮扬运河),经扬州至瓜洲,过长江至镇江入江南运河,直达杭州。至此,京杭大运河全线贯通。

3. 组成部分

元代京杭大运河主要分为以下七段。

通惠河——北京到通州,长22公里;

北运河——通州到天津,长186公里;

南运河——天津到临清，长约400公里；
鲁运河——临清到台儿庄，长约480公里；
中运河——台儿庄到淮阴，长186公里；
里运河——淮阴到扬州，长约190公里；
江南运河——镇江到杭州，长约330公里。

4. 运河旅游

京杭大运河现在全年通航里程为877公里，主要分布在黄河以南的山东、江苏和浙江三省。

2002年12月，京杭大运河成为中国南水北调东线工程的重要环节和通道，即在长江下游扬州抽引长江水，利用京杭大运河及与其平行的河道逐级提水北送，解决山东和河北等地的缺水问题。

古运河历史悠久，沿岸风景秀丽，文物古迹众多，民俗风情浓郁，对游客具有很强的吸引力。目前，江南运河贯穿的很多城镇都已成功开展了旅游业务。苏州古城河作为京杭大运河的组成部分，犹如玉带一般环绕着美丽的苏州古城。古运河风貌保护带不仅是苏州的一条环城绿廊，还将苏州的许多历史文化遗存连接了起来，成为中外游客的热点旅游线。古运河沿途有苏州古城墙遗址、盘门、古胥门、觅渡桥等美丽景点相伴。当夜色弥漫时，华灯初上，古运河畔的景色便更加迷人，游人们犹如置身于灯影中的水天堂，可以充分感受到苏州这一东方水城的独特魅力。无锡古运河沿线分布着明清时期的古窑、古宅、古桥、古街、古巷、古庙、古寺、古塔和古码头等。特别是吴桥经西水墩、南门至清名桥长约6公里的河段最具江南水乡风情，交织着古朴淳厚的民风民俗。扬州古运河穿城而过，水质清澈，沿岸古迹林立，从长江入口处开始，沿岸有瓜洲古渡、全国名刹高旻寺、盛唐海上丝绸之路的渡口扬子津、鉴真东渡码头宝塔湾、伊斯兰宗教名胜普哈丁墓，以及新老运河的分水岭茱萸湾等。

二、都江堰

1. 概况

都江堰坐落于四川省成都市都江堰市灌口镇，位于成都平原西部的岷江上。战国时期，秦王为灭楚，决定彻底治理岷江水患，派精通治水的李冰任蜀郡太守。公元前256年，李冰及其子率众历经14年修建都江堰。

都江堰是全世界迄今为止年代最久、唯一留存、以无坝引水为特征的宏大水利工程，被誉为"世界水利文化的鼻祖"。都江堰科学地解决了江水自动分流、自动排沙、控制进水流量等问题，成功地驯服了岷江，消除了水患，结束了川西平原洪涝与干旱交替的历史，使这里成为"水旱从人、不知饥馑"的"天府之国"，为秦始皇统一中国奠定了基础。2000多年来，都江堰一直发挥着防洪灌溉作用。2000年，都江堰水利工程被确定为世界文化遗产。2007年，青城山—都江堰旅游景区被正式批准为国家5A级旅游景区。

2. 组成部分

都江堰工程包括鱼嘴、宝瓶口、飞沙堰三个主要组成部分(见图3-7)。

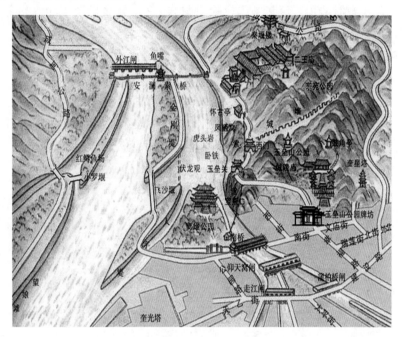

图3-7　都江堰示意图

鱼嘴是李冰采用竹笼卵石的方法在岷江江心修筑的分水堤坝，因形似大鱼卧伏江中，故名"鱼嘴"。它把岷江水流一分为二，东边的叫内江，供灌溉渠用水；西边的叫外江，是岷江的正流，用于排洪。金刚堤是鱼嘴分水堤身左右侧的护堤，起于鱼嘴，止于飞沙堰，将岷江分为内江和外江。

宝瓶口是内江的进水口，因形似瓶颈，故名"宝瓶口"。岷江水通过宝瓶口进入成都平原。宝瓶口不仅是引水口，还具有节制水流的功用。当进入内江的水量过大时，由于宝瓶口的约束作用，大量洪水会从旁边的飞沙堰泄入外江。

飞沙堰是在分水堤坝中段修建的泄洪道，位于鱼嘴和离堆之间，主要功能是泄洪和排沙。洪水期间，内江水量超过灌溉所需，大量水流就可以通过飞沙堰泄入外江，做到二次分洪。飞沙堰除了可以泄洪外，还可以排沙。江水所带泥沙进入内江，河道利用江水直冲河底崖壁所产生的旋流冲力，将泥沙从飞沙堰排走。洪水越大，泥沙的排除率越高。

李冰主持创建的都江堰，成功地运用自然弯道形成的流体引力，正确处理鱼嘴分水堤、飞沙堰溢洪道、宝瓶口引水口等主体工程的关系，使其相互依赖，功能互补，巧妙配合，浑然一体，形成布局合理的系统工程，联合发挥分流分沙、泄洪排沙、引水疏沙的重要作用，做到了枯水不缺、洪水不淹。

3. 岁修原则和方法

竹笼结构的堰体在岷江急流冲击之下并不稳固，而且内江河道尽管有排沙机制，但仍不能避免淤积，因此需要定期对都江堰进行整修，以使其有效运作。李冰在都江堰修建完成之后，还定下了每年维修河道的制度，政府组织民工每年利用枯水季节清理河床。

岁修原则：深淘滩，低作堰。"深淘滩"是说淘挖淤积在江底的泥沙要够深度，以免内江水量过小，不敷灌溉用。每年岁修，除了淘滩之外，还要调节飞沙堰的高度，"低作堰"是说飞沙堰堰顶不可修筑太高，以免洪水季节泄洪不畅，危害成都平原。当然，飞沙堰也不可以修得太低，否则宝瓶口进水少，无法满足灌溉所需。后人把这六字诀刻在二王庙的石壁上，很是醒目，这条治水经典历经千年，至今还在为人们所使用。

岁修方法：杩槎截流。杩槎是一种简单、有效的临时性截流装置，是由三根大木桩用竹索绑成的三脚架，中设平台，平台上用竹笼装卵石压稳。把适当数量的杩槎横列在江中，迎水面加系横、竖木头，围上竹席，外面再培上黏土，就可以挡住水流，不致渗漏。内外江轮换节流，岁修完毕，即可撤除杩槎，放水灌溉。

专栏3-4　都江堰放水节

都江堰放水节，是流行于四川省都江堰市的节日活动，属国家级非物质文化遗产之一。

据考证，都江堰放水节源于4000年前的江神信仰和2000多年前对江水的祭祀。据1974年在都江堰渠首出土的李冰石像的铭文考证，至少在汉建宁元年（公元168年），都江堰市民间就已经存在着改祭祀江神和江水为祭祀李冰的春秋祭祀活动。每年农历二十四节气的清明这一天，为庆祝都江堰水利工程岁修竣工和进入春耕生产大忙季节，同时也为了纪念李冰，民间都要举行的庆典活动。由民间组织在清明举行的开水仪式，在都江堰地区历经漫长的历史岁月之后，逐步形成了清明放水节的独特文化传统。

中华人民共和国成立以后，于1950年举行了第一次清明放水节，但取消了祭祀李冰的仪式。到1990年，随着改革开放后对民族文化的重视，都江堰市决定重新恢复清明放水节。1991年，为了加强文化内涵和历史内涵，还增加了仿古祭祀。1993年，增设了祭坛，增加了面具舞等表演。

在清明节这天举行放水大典的传统，既抒发了对以李冰为代表的历代治水先贤的感戴之情；同时祈祷新的一年风调雨顺、五谷丰登。祭祀与缅怀是发扬中华文明传统精神的方式之一，延续了上千年历史的清明放水这一独具特色的民俗活动已深入人心，都江堰成为以深厚的水文化底蕴为核心内容的文化空间。

（资料来源：百度百科—都江堰放水节，2023-09-10）

4. 主要景点

都江堰景区的名胜古迹主要有二王庙、伏龙观、安澜索桥等。

二王庙位于岷江右岸的山坡上，原为纪念蜀王的望帝祠，齐建武(494—498年)时改祀李冰父子，更名为"崇德祠"。宋代以后，李冰父子相继被皇帝敕封为王，故而后人称之为"二王庙"。二王庙规模宏大，布局严谨，地极清幽。庙内主殿分别供有李冰父子的塑像，并珍藏有治水名言、诗人碑刻等。

伏龙观位于离堆公园内，系晋代为纪念青城隐士修的"范贤馆"。因传说李冰曾降伏岷江孽龙，将其锁于离堆下伏龙潭中，故于北宋初年改祭李冰，取名"伏龙观"。现存殿宇三重，前殿陈列着李冰石刻像，高2.9米，重4.5吨，石像造于东汉灵帝初年，是我国现存最早的圆雕石像。殿内还有东汉堰工石像、唐代金仙和玉真公主在青城山修道时的遗物——飞龙鼎。

安澜索桥又名"安澜桥""夫妻桥"，位于鱼嘴之上，横跨内外两江，始建于宋代以前，被誉为"中国古代五大桥梁"之一，是都江堰最具特色的景观。索桥以木排石墩承托，用粗竹缆横挂江面，上铺木板为桥面，两旁以竹索为栏，全长约500米，明末毁于战火。现在的索桥为1974年重建，下移100多米，将竹索改为钢索，承托缆索的木桩桥墩改为混凝土桩。

三、灵渠

灵渠，又名湘桂运河、兴安运河，位于广西桂林市兴安县境内，于公元前214年凿成通航。灵渠是世界上最古老的运河之一，有着"世界古代水利建筑明珠"的美誉。它沟通长江水系的湘江和珠江水系的漓江，自古以来就是岭南与中原地区之间的水路交通要道。它是现存世界上最完整的古代水利工程，与四川都江堰、陕西郑国渠齐名，并称为"秦的三大水利工程"。郭沫若先生称之为"与长城南北相呼应，同为世界之奇观"。1988年，灵渠被国务院公布为第三批全国重点文物保护单位之一。

1. 修建背景

公元前218年，秦始皇为了运送征服岭南所需的军队和物资，命令监御史禄劈山凿渠，以沟通湘漓二水。监御史禄和三位石匠通过精确计算，选择在兴安开凿灵渠，历时4年，这条人工运河终于凿成通航，奇迹般地把长江水系和珠江水系连接起来，使援兵和补给源源不断地运往前线，推动了战事的发展。公元前214年，即灵渠凿成通航的当年，秦兵攻克岭南，将岭南正式纳入秦王朝的版图。灵渠为秦始皇统一中国发挥了重要的作用。

2. 组成部分

灵渠全长36.4公里，由铧嘴、大小天平、南渠、北渠、泄水天平、秦堤和陡门等子工程组成，设计科学，建造精巧(见图3-8)。

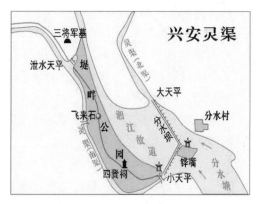

图3-8　灵渠示意图

铧嘴是灵渠最主要的分水设施，高6米，宽23米，长90米，因前锐后钝，状似犁铧而得名。铧嘴末端紧接着大小天平，因其作用是自动调节水量，故称"天平"。北侧的大天平略高，长380米，南侧的小天平略低，长120米。两天平夹角成95°，与铧嘴合呈"人"字形，并向南北两侧分别延伸，隔断湘江。铧嘴将湘江水三七分流，其中七分水顺大天平经北渠回流到湘江主河道，三分水经小天平和南渠注入漓江，即所谓的"湘七漓三"。

灵渠南渠是一条利用原有天然小河道修整相连而成的人工运河，长33.25公里，为湘江入漓的主航道。大小天平隔断湘江，船只无法通行，于是开凿了与湘江故道平行的北渠。在南渠和北渠内还有三处泄水天平，为专门的溢洪控制设施，确保汛期时灵渠的安全。

灵渠河道较狭窄且多弯曲，还有部分河段水位较浅，因此在水浅流急处，砌筑陡门以抬高水位，便于船只通行。陡门是船闸的前身，也是世界上最早的运河通航设备。据记载，唐代时始设陡门18，明代增为36，清代为32，大都分布在南渠。

3. 主要景点

历史上几乎各朝代都对灵渠进行过修葺，有记载且规模较大的便有23次。1936年，随着粤汉铁路、湘桂铁路、湘桂公路的建成通车，灵渠航运逐渐停止。1958年，三里陡水利闸坝建设后，灵渠断航。此后，灵渠渠道也因年久失修而淤塞，两侧堤岸多处崩塌。中华人民共和国成立后对灵渠进行了大规模整修，恢复了传统风貌，但目前只以农业灌溉、城市供水及发展旅游为主。

灵渠内现可泛舟，两岸桃红柳绿，风景秀美，文物古迹众多。铧嘴上有分水亭，内竖清乾隆十七年(1752年)查淳所题"湘漓分派"碑和明万历十七年(1589年)梁梦雷所题"伏波遗迹"碑。岸边有四贤祠，所祭祀的秦代监御史禄，汉代马援，唐代李渤、鱼孟威等均是历代主持兴修灵渠的官员。渠上有多座古桥，其中最古老的是万里桥，始建于唐代，因此地至京师长安有万里之遥而得名。此外，还有飞来石、三将军墓等许多古迹和题词碑刻。

专栏3-5　世界灌溉工程遗产

世界灌溉工程遗产是国际灌溉排水委员会(ICID)主持评选的文化遗产保护项目。其评选始于2014年。与联合国教科文组织主持评选的世界遗产不同，世界灌溉工程遗产着眼于挖掘和宣传灌溉工程发展史及其对文明的影响。

申请世界灌溉工程遗产的工程必须具有如下价值：是灌溉农业发展的里程碑或转折点，为农业发展、粮食增产、农民增收做出了贡献；在工程设计、建设技术、工程规模、引水量、灌溉面积等方面领先于其时代；增加粮食生产、改善农民生计、促进农村繁荣、减少贫困；在其建筑年代是一种创新；为当代工程理论和手段的发展做出了贡献；在工程设计和建设中注重环保；在其建筑年代属于工程奇迹；独特且具有建设性意义；具有文化传统或文明的烙印，是可持续性运营管理的经典范例。

截至2022年10月，中国的世界灌溉工程遗产总数已达30项。

2014年入选名单：四川乐山东风堰、浙江丽水通济堰、福建莆田木兰陂、湖南新化紫鹊界梯田。

2015年入选名单：诸暨桔槔井灌工程、寿县芍陂、宁波它山堰。

2016 年入选名单：陕西泾阳郑国渠、江西吉安槎滩陂、浙江湖州溇港。

2017 年入选名单：宁夏古灌区、陕西汉中三堰、福建黄鞠灌溉工程。

2018 年入选名单：都江堰、灵渠、姜席堰、长渠。

2019 年入选名单：内蒙古河套灌区、江西抚州千金陂。

2020 年入选名单：福建省福清天宝陂、陕西省龙首渠引洛古灌区、浙江省金华白沙溪三十六堰（即：白沙堰）、广东省佛山桑园围。

2021 年入选名单：江苏里运河-高邮灌区、江西潦河灌区、西藏萨迦古代蓄水灌溉系统。

2022 年入选名单：江西崇义上堡梯田、四川通济堰、江苏省兴化垛田灌排工程体系、浙江省松阳松古灌区。

（资料来源：百度百科—世界灌溉工程遗产，2023-09-10）

四、坎儿井

1. 概况

坎儿井是"井穴"的意思，为荒漠地区的一种特殊灌溉系统。据史料记载，新疆坎儿井已有2000多年的历史，大多数坎儿井分布在吐鲁番和哈密盆地，鼎盛时期曾多达1700多条，目前仍然是农业灌溉的重要水源，对发展当地农业生产和满足居民生活需要等都具有重要的作用。

微课3-2　坎儿井

2006年，"坎儿井地下水利工程"被国务院公布为全国重点文物保护单位，并被国家文物局列入《申报世界文化遗产预备名单》。

2. 组成部分

坎儿井大体上是由竖井、地下渠道、地面渠道和"涝坝"(小型蓄水池)四部分组成。首先在高山雪水潜流处，寻其水源，在地面一定间隔由高至低打下深浅不等的井口，将地下水进行汇聚。然后，在井底修通暗渠，沟通各井，将地下水引到目的地，再将地下渠道的出水口与地面渠道相连接，把地下水引至地面进入蓄水涝坝，用于灌溉农田，或供人使用，这样就保障了地下水不会因炎热及狂风而被蒸发或污染，并且流量稳定，可以保障满足农田灌溉和居民用水的需要。

3. 修建条件

坎儿井的修建需要一定条件，包括地面水源缺乏，地下水补给充足，地面坡度陡，土质坚实等。下面以吐鲁番的坎儿井为例加以介绍。

坎儿井遍布于新疆吐鲁番地区。吐鲁番的坎儿井总数达1100多条，全长约5000公里。坎儿井在吐鲁番盆地大量兴建的原因是和当地的自然地理条件分不开的。吐鲁番由于干旱少雨，年降水量小，蒸发量大，地面水源缺乏，人们要生产、生活就不得不重视开发利用地下水。吐鲁番当地的地下水因有高山补给，所以储量丰富。地面坡度又陡，有利于修建坎儿井工程，开采出丰富的地下水源，自流灌溉农田和满足人畜饮用。吐鲁番土质为沙砾和黏土胶结，质地坚实，井壁及暗渠不易坍塌，这又为大量开挖坎儿井提供了良好的地质条件。坎儿井工程的结构形式可使工程的土方量大大减少，且施工设备极为简单，操作技术又易为当地群众所掌握，故而坎儿井的取水方式是比较理想的。

4. 修建意义

坎儿井具有自流引用、无须动力、用水省、蒸发量小、渗漏不大、不易污染、风沙危害少、施工工具简单、技术要求不高、管理费用低等在干旱地区其他水源无法替代的优点，至今仍在灌溉中发挥着重要的作用。坎儿井水量稳定，水温适中，冬季不冻，四季长流，附近地区树木成荫，景色幽美，并可调节气候，因此，可将其开发为干旱地区一项独特的旅游资源，游客来此既可参观古老的水利工程，又可观赏干旱地区绿洲的自然风光。

第四节　古代帝王陵墓

中国古代在丧葬方面有事死如生的传统，即侍死如侍生。生前，帝王有奢华的享受，死后，亦是如此。帝王通常在登基后即开始为自己营造陵墓。"陵"的原意是高大的土山，后来用作帝王墓葬的专用词。帝王的陵墓一般规模宏伟，花费巨大。帝王陵墓包括陵墓及其附属建筑，合称为陵寝。我国的帝王陵寝不但数量众多，历史悠久，在世界上独一无二，而且布局严谨，建筑宏伟，工艺精湛，具有独特的风格，在世界文化史上占有重要的地位。

陵墓是历史的产物，是陵墓修建时期的政治、经济、科学、建筑和民俗的集中表现之一，是认识历史、了解历史的直接材料之一。陵墓建筑、陪葬文物、优美的环境、墓主效应已成为主要的旅游吸引力，在旅游资源中占有重要的位置。我国陕西的秦始皇陵、西汉帝陵、唐代帝陵、南京明孝陵、北京明十三陵以及河北清代陵墓等，都是极其重要的旅游资源。

一、中国古代墓葬的演变

原始社会初期，人类并不掩埋同类的尸体，而是弃之于荒野。从旧石器时代中期开始，人类开始对死者的遗体进行埋葬。新石器时代，墓葬开始有了明确的制度，即从旧石器时代的洞穴墓地发展为户外氏族公共墓地。此时的人们开始深掘土坑，把尸体埋在地下。但一直到西周初年，墓地地面上还没有明显的坟丘，也就是《易·系辞》提到的"不封不树"方式，即墓地不起坟、不种树。春秋时期，为了更方便地辨认出祖先墓穴的位置，中原地区开始出现坟丘式墓葬。最初为了方便祭祀，人们在墓穴的上面垒坟或种树作为标志，但后来坟头的高低大小、坟地树木的多少就变成了墓主人身份地位的象征。墓地由"不封不树"变为"又封又树""大封大树"。

秦汉时期，统治者把养生与丧葬等量齐观，把修建死后的陵寝与修建生前的宫殿看得同样重要。国家规定以国库的1/3经营帝王陵寝。秦始皇不仅以陶俑铜俑陪葬，还殉葬了一批宫女。西汉开始出现陵邑制，在帝王陵区附近形成一个繁华、富庶的都邑，以起到保卫、侍奉、管理陵园的作用；墓前开始出现"石象生"。西汉初年废除殉葬制，但陪葬物品一直很惊人。唐朝形成以山为陵形的定制，陵墓气势更加雄伟，同时盛行墓前立碑。宋朝陵墓沿袭唐制。明朝时期开创了宝城宝顶的形式，多座陵墓设在一个陵区，设一条主神道，整个陵区山势环抱、气势宏伟。清朝帝王仍盛行厚葬，形制基本效仿明朝，但在建筑、雕塑方面比明朝更加讲究。

由于我国几千年来历代统治者盛行"厚葬"，因而大量的劳动人民创造的财富作为随葬品被埋进了坟墓中。这些随葬品包括礼仪性质的礼器、明器和各种日常用品、艺术品，种类繁多、数量巨大，尤其是帝王陵墓中的随葬品最为珍贵和丰富。经过历代的破坏和盗掘，这些随葬品多已散失或被破坏，仅存的一小部分，大都具有重要的历史、科学、艺术价值。

二、帝王陵墓封土形制

封土，即俗称的坟头。墓穴都在地表以下，但通常下葬后并不是再把土填得跟地表一样平，而是高出地面堆出一个土丘。对于普通老百姓而言，这个土丘就叫作坟头。对于帝王而言，由于这个土丘往往很大，而且很气派，为表示帝王的身份，专称为封土。

1. 方上封土形

在帝王地宫上部的地面上，用黄土层层夯筑到一定高度，顶端呈正方形或长方形的平顶，称为"方上"。整个坟丘像被截去顶部的方锥体，犹如倒置的斗，所以又称"覆斗形"。战国时陵墓封土以方形为贵为上，因此至秦汉时帝王陵墓封土多采用"方上"形。其代表陵墓是秦始皇陵和汉武帝的茂陵。

2. 以山为陵形

以山为陵是利用山的峰峦作为帝王陵墓的坟头，与"方上"封土陵丘相比，更加高大壮观、坚固持久，还可防盗，从而更充分地体现了帝王的气魄宏大、皇权的至高无上和威严尊贵。汉文帝的霸陵是历史上第一座以山为陵的帝王陵墓，但其形成定制始于唐代。唐太宗李世民借用长孙皇后的遗言"为了节俭，要薄葬，请因山而葬，勿需起坟"，以九嵕山为陵建造昭陵。此后，以山为陵成为唐代帝陵的既定制度，也是我国重要的帝陵形制。

3. 宝城宝顶形

明代开国皇帝朱元璋在修建孝陵时，开创了一种新的陵墓封土形制——"宝城宝顶"形。在地宫上修筑圆形砖城，在城墙上面设置垛口和女墙，宛如一座小城，称为"宝城"。砖城内填土，形成高出城墙的圆顶称为"宝顶"。宝城前设凸出的方形城台，上建明楼，就是"方城明楼"，楼内竖立着皇帝的谥号碑。明清两代帝陵基本上都是如此形制。这种宝城宝顶和方城明楼构成的坟头在建筑构造上比以前的封土复杂得多，它不仅突出了陵墓的庄严气氛，也增加了建筑的艺术性，明清时期的陵墓封土达到了高峰。

三、陵园的布局

陵园建筑是中国古建筑中最宏伟、最庞大的建筑群之一。中国陵园的布局大都是四周筑墙，四面开门，四角建造角楼。陵园内松柏苍翠、树木森森，给人以肃穆、宁静之感。帝王陵园范围很大，建筑很多，其中地面建筑主要由三个部分组成。

1. 神道

神道是指从陵园大门直达祭殿和坟前的大道，又称"御路""甬路"。神道大都笔直、宽敞，现实意义中更多属于摆排场、壮观瞻。几乎每个陵墓前都有神道，是目前陵区最具观赏价值的部分。通常在神道两侧置有石人、石兽，即"石象生"，目的是镇墓驱邪，装饰陵园，同时象征皇帝生前的仪威，表示皇帝死后在阴间也拥有文武百官及各种牲畜可供驱使，仍可主宰一切。石人一般包括文臣武将，石兽通常有石马、石狮、石象、石麒麟、石骆驼等。

2. 祭祀建筑区

祭祀建筑区建在陵冢前方，是封闭的多进庭院建筑群，供后人祭祀之用，早期称"享殿""献殿""寝殿""陵殿"等。秦始皇陵北部设有寝殿，开创了帝陵设寝的先例。帝王陵园祭祀建筑区主要由大门、碑亭、祭殿、配殿、廊庑、祭坛、朝房、值房等建筑组成。

3. 护陵监

护陵监是专门保护和管理陵园的机构，是为帝王守护陵墓的官吏值守居住的地方。历代帝王都把保护祖宗的陵墓作为一件特别重大的事情来办，为防止陵墓被盗掘和破坏，并做好对陵墓的日常管理，每个帝王陵均设有护陵监。护陵监外有城墙围绕，里面有衙门、市街、住宅等建筑。

四、著名的帝王陵墓

(一)秦始皇陵

秦始皇陵，为秦始皇嬴政的陵墓，位于陕西临潼骊山脚下，是我国第一座帝陵，也是世界上规模最大、结构最奇特、内涵最丰富的帝王陵墓之一。

据史书记载，秦始皇陵修筑时间长达39年，工程浩大、气魄宏伟，开创了历代封建统治者奢侈厚葬之先例。墓冢封土为覆斗方上式，陵园布置仿秦都咸阳，分内外两城，象征着都城的皇城和宫城，陵冢是放置棺椁和陪葬器物的地方，目前尚未发掘。陵园地面祭祀建筑荡然无存，在陵区东侧发现的兵马俑坑，为研究秦朝时期的军事、政治、经济、文化、科学技术等提供了十分珍贵的实物资料，被称为世界第八大奇迹。秦始皇陵兵马俑博物馆在2007年入选国家5A级景区。在陵区西侧发现了铜车马坑、珍禽异兽坑、马厩坑及造墓人葬坑。1980年发掘出土的一组两乘大型的彩绘铜车马是迄今中国发现的体形最大、装饰最华丽，结构和系驾最逼真、最完整的古代铜车马，被誉为"青铜之冠"。

(二)茂陵

茂陵是西汉武帝刘彻的陵墓，位于今陕西省兴平市南位镇茂陵村，因为所在地原属汉代槐里县茂乡，故称茂陵，历时53年建成。茂陵封土为方上形式，现存残高46米。它是汉代帝王陵墓中规模最大、修造时间最长、陪葬品最丰富的一座，被称为"中国的金字塔"。

汉武帝刘彻是历史上可以和秦始皇相提并论的有雄才大略的帝王，他在位时，是汉帝国的鼎盛时期。汉武帝生前生活奢侈，希望死后也能永享富贵。茂陵建筑宏伟，墓内殉葬品极为豪华丰厚，史称"金钱财物、鸟兽鱼鳖、牛马虎豹生禽，凡百九十物，尽瘗藏之"。相传汉武帝的金缕玉衣、玉箱、玉杖等一并埋在墓中。在陵园内还建有祭祀的便殿、寝殿，以及宫女、守陵人居住的房屋，设有5000人在此管理陵园，负责浇树、洒扫等差事。在茂陵周边还有众多的陪葬墓，包括李夫人、卫青、霍去病、霍光、金日磾、阳信公主等人的墓葬。其中霍去病墓现存石雕16件，造型简洁、风格粗犷、气势宏大，是中国现存年代最早、保存最完整的墓冢石雕。

(三)六朝陵墓

三国吴、东晋，以及南北朝时期南朝的宋、齐、梁、陈，均建都于建康(今南京)，史称"六朝"。六朝虽然都偏安一隅，朝不保夕，但统治者却不肯放弃皇家的奢华，为自己大建陵寝。

建康附近(今南京、丹阳一带)建造了许多庞大的帝王陵墓。六朝的统治者选择葬地，讲究"望气""风水"，一般要"背倚山峰，面临平原"。葬地选好之后，就依山开凿大型墓坑，加铺多层地砖后上砌墓室，墓室砌好后再填土封实。墓室营造以后，再在墓前营建享堂和石刻。同时，墓室壁面上还使用了花纹砖和嵌砌大幅砖画。由于战争频繁，六朝多数陵墓在入葬后不久即被有目的地盗掘和破坏，甚至墓室建筑都不能幸免，但却保留下了大量艺术水平很高的陵墓石刻珍品，巨大而生动。南朝镇墓神兽共三种，即天禄、麒麟和辟邪。三种石兽形态基本相似，均体形高大，昂首挺胸，口张齿露，目含凶光，神态威猛庄严。

(四)唐陵

唐朝历时约290年，共有21位皇帝(含武则天)，除最后两位皇帝的陵墓在河南偃师和山东菏泽外，其余19位皇帝均葬于陕西渭河北岸。其中，因唐高宗和武则天合葬，所以有"关中唐十八陵"之称。

唐陵的封土形制，除高祖李渊献陵等四座仿秦汉"覆斗方上"式外，皆以山为陵。陵园基本仿照长安城格局，分内外城，呈中轴对称。外城由南向北依次为鹊台、乳台和神道。神道北端是内城的南神门，也就是朱雀门。朱雀门内设置献殿，一般做祭祀用。下宫在山陵西南，是皇帝祭祀时的居所。陪葬墓选择在山陵东南，这个制度始于唐初，是对功臣的一种奖励制度。昭陵陪葬墓最多，约有200座，以后诸陵逐渐减少。

1. 昭陵

昭陵是唐朝第二代皇帝李世民的陵墓，是陕西"关中唐十八陵"中规模最大的一座，位于陕西省礼泉县九嵕山上。昭陵是我国帝王陵园中面积最大、陪葬墓最多的一座，被誉为"天下名陵"。它是初唐走向盛唐的实物见证。昭陵工程是由唐代著名工艺家和画家阎立德、阎立本兄弟精心设计的。其平面布局仿照唐长安城的建制而设计,建造了大量华丽的宫殿,苍松翠柏,巨槐长杨。昭陵六骏是原置于昭陵祭坛两侧庑廊的六幅浮雕石刻,驰名中外。在南面山腰凿深75丈为地宫,石门五道,中间为正寝,是停放棺椁的地方,东西两厢排列着石床,床上放着许多石函,里面装着殉葬品。

专栏3-6 昭陵六骏

唐昭陵六骏石刻是唐贞观十年(公元636年)立于陕西省咸阳市礼泉县唐太宗昭陵北司马门内的6块大型浮雕石刻,分别名为"拳毛䯄""什伐赤""白蹄乌""特勒骠(一作特勤骠)""青骓""飒露紫"。其中,"飒露紫"和"拳毛䯄"两石刻在1914年时被盗,辗转于文物商之手,最后流失海外,后入藏美国宾夕法尼亚大学博物馆。其余四块也曾被打碎装箱,盗运时被截获,现陈列在西安碑林博物馆。

唐昭陵六骏石刻是为纪念六匹随唐太宗征战疆场的战马而刻制的。传为当时工艺家阎立德、画家阎立本所作。六骏每件宽约204厘米,高约172厘米,厚约40厘米,均为青石质地。每屏上方一角原刻有由欧阳询书丹的唐太宗亲题赞语,现已风化不存。

唐昭陵六骏石刻采用高浮雕手法,以简洁的线条、准确的造型,生动传神地表现出战马的体态、性格和战阵中身冒箭矢、驰骋疆场的情景。该雕刻线条流畅,刀法圆润,刻工精细,栩栩如生,是驰名中外的石雕艺术珍品。2013年8月19日,唐昭陵六骏石刻中的"青骓""什伐赤""白蹄乌""特勒骠"四骏被国家文物局列入《第三批禁止出境展览文物目录》。

(资料来源:百度百科—昭陵六骏,2023-09-10)

2. 乾陵

乾陵是唐高宗和武则天合葬陵,是唯一未被盗掘的唐代帝陵。乾陵位于陕西咸阳市乾县城北的梁山上,整个山麓林木葱茏,古柏参天,环境雅致肃穆。乾陵修建于公元684年,经过23年的时间,工程才基本完工,气势雄伟壮观。陵区仿京师长安城建制,分为皇城、宫城和外郭城,在历经千年风雨沧桑之后,地面的宏丽建筑已荡然无存。在司马道(即神道)两旁现有华表、翼马、鸵鸟、石马、翁仲、石碑两道(东为武则天的无字碑,西为唐高宗李治的述圣记碑)、王宾石像、石狮。无字碑在整个陵园的石雕中,不但位置显著,而且雕刻工艺精湛,丰姿韵味独特,加之种种富于传奇色彩的传说故事,故而备受青睐,名播八方。

(五)明陵

1. 明孝陵

明孝陵是明朝开国皇帝朱元璋和皇后马氏的合葬陵墓,因皇后谥"孝慈",故名孝陵。明孝陵坐落在南京市紫金山南麓独龙阜玩珠峰下,历时25年建成。明孝陵规模宏大,建筑雄伟,格局严谨,建成时围墙内享殿巍峨,楼阁壮丽,环境优美,陵内植松约10万株,养鹿千头,派守卫兵约达5700人。明孝陵作为中国明皇陵之首,壮观宏伟,代表了明初建筑和石刻艺术的最高成就,朱元璋开创的宝城宝顶封土形制更是直接影响了明清两代500多年帝王陵寝的形制。2003年,明孝陵入选世界文化遗产。

明孝陵地面木结构建筑大都毁于1853年清军与太平军之战,现存遗址可分为两大部分。第一部分是陵墓神道。自下马坊至孝陵正门(文武坊门),主要包括下马坊、大金门、神功圣德碑、神道。第二部分是明孝陵寝主体建筑。自正门至宝城宝顶,主要包括文武坊门(即正门)、碑殿、享殿、内红门、方城明楼、宝城宝顶等。明孝陵筑有围墙,建筑按中轴线配制,体现了中国传统建筑的风格。

2. 明十三陵

明十三陵位于北京西北郊昌平区天寿山下的小盆地之中,是明朝迁都北京后13位皇帝陵墓的皇家陵寝的总称,是中国现存规模最大、帝后陵寝最多的皇陵建筑群。13个帝陵分别为长陵(明成祖)、献陵(明仁宗)、景陵(明宣宗)、裕陵(明英宗)、茂陵(明宪宗)、泰陵(明孝宗)、康陵(明武宗)、永陵(明世宗)、昭陵(明穆宗)、定陵(明神宗)、庆陵(明光宗)、德陵(明熹宗)、思陵(明毅宗)。13座皇陵均依山而筑,以长陵为中心,其余分列左右,分别建在东、西、北三面的山麓上,形成了体系完整、规模宏大、气势磅礴的陵寝建筑群。

明十三陵既是一个统一的整体,各陵又自成一个独立的单位,陵墓规格大同小异,均是仿照明孝陵而建。每座陵墓分别建于一座山前。明十三陵神道起于石牌坊,穿过大红门,一直通向长陵,原为长陵而筑,但后来便成了全陵区的主陵道了,神道两侧整齐地排列着24只石兽和12个石人,造型生动,雕刻精细。其他各帝陵建筑大同小异,主要包括祾恩门、碑殿、祾恩殿及其东西配殿、方城明楼、宝城宝顶和地下宫殿等。

2003年,明十三陵被列入世界文化遗产。2011年,国家旅游局批准明十三陵景区为国家5A级旅游景区。

(六)清陵

1. 盛京三陵

辽宁省境内的永陵、福陵、昭陵,统称盛京三陵。清入关前的陵寝建筑既发扬了中国古代建筑的传统,又有独具特色的地方风格。与入关后的清东、西二陵不同,盛京三陵突出地将陵区的自然风光和封建城堡式的建筑布局相结合,陵区充溢着古朴、肃穆、神秘的气氛。2004年,第28届世界遗产委员会将其作为明清皇家陵寝的拓展项目列入世界文化遗产。

永陵位于今辽宁省新宾满族自治县,是努尔哈赤远祖、曾祖、祖父和父亲的墓地,又称西陵,在盛京三陵中规模最小。福陵位于沈阳旧城东,又称东陵,是清太祖努尔哈赤及其皇后的陵墓,是清朝命名的第一座皇陵。昭陵(见图3-9)位于沈阳旧城北,又称北陵,是皇太极及其皇后的陵墓。昭陵在三陵中规模最大,结构最完整,保存最好。

2. 清东陵

清东陵位于河北遵化市马兰峪的昌瑞山,共有帝陵五座,即顺治帝之孝陵、康熙帝之景陵、乾隆帝之裕陵、咸丰帝之定陵、同治帝之惠陵。此外，孝庄文皇后昭西陵、慈禧太后的普陀峪定东陵及慈安太后的普祥峪定东陵也建于此。清东陵2000年被列入世界文化遗产，联合国世界遗产专家说清东陵是"人类具有创造性的天才杰作"。

清东陵于清康熙二年(1663年)开始修建，陆续建成217座宫殿牌楼，组成15座陵园。陵区以昌瑞山主峰下孝陵为中心，依山势呈扇形东西排列于昌瑞山南麓。总体布局为"前朝后寝"，由神道连成一体，沿途大红门、大碑楼(圣德神功碑楼)、"石象生"、龙凤门、小碑楼(神道碑楼)、隆恩门、隆恩殿、方城明楼等建筑井然有序，主次分明。清东陵的建筑恢宏、壮观、精美，体现了中国明清两代宫廷建筑的基本形式。

图3-9　盛京三陵之昭陵

目前，清东陵15座陵园中，只开放了裕陵和东、西太后陵及香妃墓四处供游客参观。乾隆的裕陵规模最大、最为堂皇，地宫精美的佛教石雕令人叹为观止，被誉为"地下佛堂"，班禅大师赞誉其为"不可多得的石雕艺术宝库"。慈禧的普陀峪定东陵则是首屈一指的精巧建筑，三座贴金大殿采用珍贵的黄花梨木建成，其豪华装修举世罕见，"凤上龙下"的丹陛石石雕也是匠心独运。

3. 清西陵

清西陵位于河北省易县城西15公里处的永宁山下，是清代四位皇帝及其皇后、嫔妃的陵园，四座帝陵分别为雍正的泰陵、嘉庆的昌陵、道光的慕陵和光绪的崇陵。清西陵北依峰峦叠翠的永宁山，南傍蜿蜒流淌的易水河，周围树茂林密，风景极佳。

雍正的陵址本来是选在清东陵九凤朝阳山，但他认为"规模虽大而形局未全，穴中之土又带砂石，实不可用"，因而将原址废掉，另选易县永宁山，自此，清各代皇帝便间隔分葬于遵化和易县东、西两大陵墓。宣统皇帝溥仪于1967年去世，最初安葬在八宝山，于1995年迁葬到清西陵的华龙皇家陵园。陵区内有千余间宫殿建筑和百余座古建筑、古雕刻，气势磅礴。每座陵寝严格遵循清代皇室建陵制度，皇帝陵、皇后陵、王爷陵均采用黄色琉璃瓦盖顶，妃、公主、阿哥园寝均为绿色琉璃瓦盖顶，这些不同的建筑形制展现出不同的景观和风格。清西陵是全国重点文物保护单位。2000年，清西陵与清东陵一起被列为世界文化遗产。

第五节　宗教旅游资源

一、佛教旅游资源

佛教约创立于公元前6世纪的古印度，是在世界各大宗教中创立时间最早的，创始人为乔达摩·悉达多，佛教徒尊称其为"释迦牟尼"，意为释迦族的圣人。

(一)寺院

1. 主要建筑

中国汉语系佛教寺院以殿堂为主，包括宗教用房区、生活区及用于接待的旅馆区。整个寺院带有明显的民族特色，由数进四合院组成，具有中轴线，两偏殿对称。一般常见的中轴线上的主要殿堂有山门、天王殿、大雄宝殿、法堂、藏经楼。

> **专栏3-7　佛的常见称谓**
>
> 佛的常见称谓有以下几种。
> (1) 三身佛：法身佛(毗卢遮那佛)、报身佛(卢舍那佛)、应身佛(释迦牟尼佛)。
> (2) 三方佛：东方净琉璃世界药师佛、西方极乐世界阿弥陀佛、上方娑婆世界释迦牟尼佛。
> (3) 三世佛：过去佛燃灯佛、现在佛释迦牟尼佛、未来佛弥勒佛。
> (4) 释迦三尊：释迦牟尼佛、文殊菩萨、普贤菩萨。
> (5) 东方三圣：药师佛、日光菩萨、月光菩萨。
> (6) 西方三圣：阿弥陀佛、观世音菩萨、大势至菩萨。
> (7) 华严三圣：毗卢遮那佛、文殊菩萨、普贤菩萨。
> (8) 密宗的五方五佛：中央毗卢遮那佛(大日如来佛)、东方阿閦佛、南方宝生佛、西方阿弥陀佛、北方不空成就佛。

2. 代表寺庙

洛阳白马寺：位于河南省洛阳老城以东12公里处，创建于东汉永平十一年(68年)，为中国第一古刹，是佛教传入中国后兴建的第一座寺院，有中国佛教的"祖庭"和"释源"之称。现存的遗址古迹为元、明、清时所留，其主体建筑有天王殿、大佛殿、大雄宝殿、接引殿、毗卢阁及齐云塔(中国第一释迦舍利塔)等。

杭州灵隐寺：又名云林寺，位于浙江省杭州市西湖西北面，创建于东晋咸和元年(326年)，距今已有近1700年的历史。印度僧人慧理来到这里，看到山峰奇秀，认为是"仙灵所隐"，于是建寺取名"灵隐"。灵隐寺为江南地区的佛教名刹，传说中的济癫和尚也在此寺出家。正门上的"云林禅寺"匾额为清康熙帝御笔钦题。全寺建筑中轴线上依次为天王殿、大雄宝殿、药师殿三大殿。

登封少林寺：中国汉传佛教禅宗祖庭，少林武术发源地，有"天下第一名刹"之誉，因位于河南嵩山腹地少室山下的密林中，故有此名。少林寺始建于北魏太和年间(495年)，寺内现存有山门、达摩亭、白衣殿、地藏殿、千佛殿、塔林、初祖庵、二祖庵、十方禅院、达摩洞等，并保存有唐代以来的碑碣石刻共计300多块，其中的一块"太宗文皇帝御书碑"记载了少林寺十三僧人相助唐王李世民的史迹，碑文为唐太宗亲笔书写。

(二)石窟

石窟是在山崖壁上开凿的洞窟，用于宗教等目的。中国佛教石窟是世界上保存数量最多、分布地区最广、延续时间最长的佛教艺术遗存。中国佛教石窟是研究中国历代政治、经济、文化乃至建筑、美术、音乐、舞蹈等的重要实物资料，是中国古代文化艺术的瑰宝，也是重要的人文旅游资源。敦煌莫高窟、大同云冈石窟、洛阳龙门石窟、天水麦积山石窟被称为我国四大石窟。此外，我国著名的石窟还包括新疆克孜尔石窟和柏孜克里克石窟、栖霞山和新昌石窟、重庆大足石窟、云南大理石钟山石窟等。

1. 敦煌莫高窟

莫高窟俗称千佛洞，位于敦煌市东南25公里处鸣沙山东麓的断崖上，始建于十六国的前秦时期，以精美的佛教壁画和塑像闻名于世。壁画绘于洞窟的四壁、窟顶和佛龛内，内容博大精深，主要有佛像、佛教故事、佛教史迹、经变、神怪、供养人、装饰图案七类题材，此外还有很多表现当时狩猎、耕作、纺织、交通、战争、舞蹈、婚丧嫁娶等社会生活各方面的画作，体现了不同时期的艺术风格和特色。在考古发掘的过程中，还衍生出了一门专门研究藏经洞典籍和敦煌艺术的学科——敦煌学。1987年，莫高窟被列为世界文化遗产。

2. 大同云冈石窟

云冈石窟位于山西省大同市西郊武州山南麓，石窟依山开凿，东西绵延1公里，主要建于北魏年间。云冈石窟距今已有1500年的历史，现存主要洞窟45个，佛龛1100多个，大小造像51000余尊，最大为17米，最小为2厘米。石窟群中的昙曜五窟，布局设计严谨统一，是中国佛教艺术史上第一个巅峰时期的经典杰作。云冈石窟被誉为中国古代雕刻艺术的宝库，是研究我国古代历史、雕刻、建筑、音乐，以及宗教信仰等方面的重要形象资料。云冈石窟于2001年被联合国教科文组织列入世界遗产，2007年被评为首批国家5A级旅游景区。

3. 洛阳龙门石窟

龙门石窟位于洛阳市南郊伊河两岸的龙门山与香山崖壁上，主要开凿于北魏至北宋的400余年间。龙门石窟南北长达1公里，今存有窟龛2345个，造像10万余尊，碑刻题记2800

余块。最具代表性的洞窟有古阳洞、宾阳洞、莲花洞、万佛洞、奉先寺等，其中奉先寺卢舍那主佛高17.14米，为龙门石窟最大的佛雕。"龙门二十品"是书法魏碑精华，褚遂良所书的"伊阙佛龛之碑"则是初唐楷书艺术的典范。龙门石窟以大量的实物形象和文字资料从不同侧面反映了中国古代政治、经济、宗教、文化等诸多领域的发展变化。龙门石窟于2000年被联合国教科文组织列为世界文化遗产，2007年被评定为首批国家5A级旅游景区。

4. 天水麦积山石窟

麦积山石窟位于甘肃省天水市东南约45公里处，高142米，因形似麦垛而得名。麦积山石窟始建于十六国的后秦时期，有各朝泥塑、石塑佛像7200余件，壁画1300多平方米，其中以精美的泥塑艺术最具代表性，这里的雕像大的高达16米，小的仅有十多厘米，体现了千余年来各个时代塑像的特点，系统地反映了中国泥塑艺术发展和演变的过程。麦积山石窟全部窟龛都开凿在山崖峭壁之上，所处位置极其险峻，游人只能通过洞窟之间架设在崖面上的凌空栈道登临。麦积山石窟于2011年被评为国家5A级旅游景区(见图3-10)。

图3-10　天水麦积山石窟

(三)佛塔

佛塔的造型起源于印度，梵语称浮屠，用于供奉佛陀舍利，后演变为寺院的标志性附属建筑。东汉时期，随着佛教传入中原，佛塔的建造也开始了，到后汉末年，佛塔的建筑已经风行全国。因佛教以奇数代表清白，故塔的层数一般为单数，由地宫、基座、塔身、塔刹四部分组成。佛塔用木、砖、石、琉璃等材料建造，形式有楼阁式、密檐式、覆钵式、金刚宝座等类型。

微课3-3　佛塔

1. 楼阁式塔

楼阁式塔是我国古塔的主流，它源于中国传统建筑中的楼阁形式，主要有木结构和砖石仿木结构两种。其特征是每层之间的距离较大，塔的一层相当于楼阁的一层，各层面大小与高度自下而上逐层缩小，整体轮廓为锥形；平面有方形、六角和八角之分；中空，内部呈筒状,设木楼梯、楼板,可攀登远眺。此类佛塔代表有山西应县木塔、陕西西安大雁塔、苏州虎丘塔、杭州六和塔、开封铁塔、四川泸州报恩塔、银川海宝塔等。

2. 密檐式塔

密檐式塔以外檐层数多且间隔小而得名。密檐式塔的第一层特别高,以上各层之间距离很短,高度面阔亦渐缩小,且越上收缩越急,各层檐紧密相接。这类塔大都实心,一般不能登临。现存最古的砖塔河南登封市的嵩岳寺塔即属于密檐式塔。此塔修建于北魏时期,也是中国现存古塔实物中年代最早的。此外,著名密檐式佛塔还有云南大理千寻塔、陕西西安小雁塔、北京天宁寺塔、辽阳白塔、锦州大广济寺辽塔等。

3. 覆钵式塔

覆钵式塔,又称喇嘛塔或藏式塔,为藏传佛教所常用。这种塔的塔身是一个半圆形的覆钵,这源于印度佛塔的形式。覆钵上是巨大的塔刹,覆钵下建一个高大的须弥座。这种塔也是高僧墓塔的主要形式,或作为园林名胜的点缀物。此类佛塔的代表有北京妙应寺白塔、北京北海白塔、山西五台山塔院寺白塔、扬州瘦西湖白塔等。

4. 金刚宝座塔

金刚宝座塔源于印度菩提伽耶,塔的下部是一个巨大的高台子(金刚宝座),台子的下部有门,宝座上建五个正方形的密檐小塔,供奉着佛教密宗"金刚界五佛"。我国现存的金刚宝座塔仅有十多处,大都是明清时期建造,著名的有北京真觉寺金刚宝座塔、北京碧云寺金刚宝座塔(见图3-11)、内蒙古呼和浩特慈灯寺金刚宝座舍利塔、云南昆明妙湛寺金刚宝座塔等。

图3-11　北京碧云寺金刚宝座塔

(四)四大佛教名山

1. 五台山

五台山位于山西省东北部,为文殊菩萨的道场,因五座山峰峰顶平坦如台,故名五台山。五台山最高峰为北台叶斗峰，海拔3061米，有"华北屋脊"之称。五台山是中国唯一一个青庙(汉传佛教)、黄庙(藏传佛教)交相辉映的佛教道场。五台山现存寺院共47处，多为敕建寺院，多朝皇帝前来参拜，其中著名的有显通寺、塔院寺、菩萨顶、南山寺、黛螺顶、广济寺、万佛阁等。五台山山上气候多寒，盛夏仍不见炎暑，故又别称清凉山，位列中国十大避暑名山之首，并先后成为"中华十大名山"之一、国家5A级旅游景区等，2009年被联合国教科文组织以文化景观列入世界遗产。

2. 峨眉山

峨眉山位于四川省峨眉山市境内，为普贤菩萨的道场。峨眉山景区层峦叠嶂，山势雄伟，景色秀丽，有"峨眉天下秀"之美誉。峨眉山本来是道教发源地之一，后来因明代皇帝的扶持而成为中国佛教名山。峨眉山现存有寺庙26座，重要的有八大寺庙，佛事频繁。最高峰万佛顶海拔3099米。佛教圣地华藏寺所在地金顶(3079米)是峨眉山旅游的最高点，在金顶可观看峨眉四大奇观——日出、云海、佛光、圣灯。峨眉山山路沿途有较多猴群，常结队向游人讨食，成为峨眉山一大特色。1996年，峨眉山—乐山大佛作为一项文化与自然双重遗产被列入世界遗产。2007年，峨眉山景区被评为国家5A级旅游风景区。

3. 普陀山

普陀山是浙江省舟山群岛中的一个岛屿，是观世音菩萨的道场。全岛呈狭长形，最高处为佛顶山，海拔约300米。它风光旖旎，山石林木、寺塔崖刻、梵音涛声皆充满佛国神秘色彩，具有"海天佛国""南海圣境"的美誉。普陀山现有20多座寺庵，其中最大的是普济禅寺、法雨禅寺、慧济禅寺三大寺。不肯去观音院是普陀山最早的观音道场。多宝塔、杨枝观音碑、九龙藻井合称"普陀山三宝"。每逢观世音菩萨诞辰、出家、得道三大香会期，全山人山人海，寺院香烟缭绕，一派海天佛国景象。2003年举办了首届普陀山南海观音文化节，此后每年举行一届。2007年，普陀山被评为国家5A级旅游风景区。

4. 九华山

九华山位于安徽省池州市青阳县境内，是地藏菩萨的道场。唐代诗仙李白睹此山秀异，九峰如莲花，因而取名"九华山"。九华山最高峰十王峰海拔1344.4米。唐开元七年(719年)，新罗国王子金乔觉渡海来唐，在九华山苦心修行75年，被认为是地藏菩萨化身，九华山由此被辟为地藏菩萨道场。九华山现存寺庙99座(开放93座)，僧尼近千人，佛像万余尊。1978年以来，九华山佛教协会每年都举行"地藏法会"，或称"祈祷世界和平法会"。九华山山间遍布深沟峡谷，垂涧渊潭，流泉飞瀑，气象万千，宛如一幅清新自然的山水画卷。目前，九华山已成为著名的游览避暑胜地，2007年入选国家5A级旅游区。

二、道教旅游资源

道教由汉朝末年的张道陵创立，尊奉老子为教祖，尊称"太上老君"。道教经典总集称为《道藏》，标志是八卦图。它是中国唯一的土生土长的宗教。

(一)道观

1. 主要建筑

道观是道士修炼的地方，主要包括宗教活动区和道士生活区，其中宗教活动区是道观的主体部分，根据道观的规格大小略有不同。通常，道观的主要建筑包括山门殿、灵官殿、玉皇殿、四御殿、三清殿(三清为道教至高无上之尊神，分别是玉清元始天尊、上清灵宝天尊、太清道德天尊)、三官殿、财神殿、药王殿等。此外，部分道观建有祖师殿、救苦殿等，帝王敕封的大宫观前还建有影壁、棂星门、华表、石狮。

2. 著名道观

北京白云观：位于北京市西城区西便门外的白云观街上，是道教全真道三大祖庭之一，也是全真道龙门派的祖庭，自元朝起，为全真道"第一丛林"。中国道教协会、中国道教学院、中国道教文化研究所等机构均设于该观内。白云观过去每年春节举办的民俗庙会，游人如织，热闹非凡。

句容茅山道院：茅山是中国著名道教名山，上清派发祥地，道教称之为"第八洞天，第一福地"。茅山道教历史悠久，源远流长。早在西汉景帝时，就因茅盈、茅固、茅衷三茅真君结庵修道而得名，距今已有2000多年的历史。目前，茅山道院共有二宫一观，即九霄万福宫、元符万宁宫、乾元观。

成都青羊宫：位于四川省成都市，侧依锦江，是西南地区最大的道观，被誉为"川西第一道观""西南第一丛林"。其文物有斗姆殿、八卦亭、铜质青羊、吴道子绘画本吕祖石刻像、三丰像，以及宫内珍藏的《道藏辑要》经版等。传说老子曾在这里为尹喜讲《道德经》。

(二)四大道教名山

1. 湖北武当山

武当山位于湖北十堰市境内，主峰天柱峰，海拔1612米。武当山是我国著名的道教圣地、太极拳的发祥地。武当道教得到封建帝王的推崇，明朝时达到鼎盛。永乐皇帝"北建故宫，南修武当"，明朝皇帝直接控制的武当道场被称为"皇室家庙"，武当山成为道教第一名山。元末明初道士张三丰集历代武术攻防之大成，使武当武术成为中华武术的一大流派。武当山山势奇特，雄浑壮阔，主要景区有金顶景区、南岩景区、太子坡景区、玄岳门景区、琼台景区和五龙宫景区。1994年，武当山道观建筑群被列入世界文化遗产。2011年，被评为国家5A级旅游风景区。2008年，武当山道教学院成立。武当山宫观道乐还被列入国家级非物质文化遗产。

2. 江西龙虎山

龙虎山位于江西省鹰潭市境内(见图3-12)，以丹霞地貌峰林景观闻名于世，其中主峰龙虎峰，海拔247.4米，是道教正一派的祖庭。东汉中叶，正一道创始人张道陵曾在此炼丹，传说"丹成而龙虎现，山因得名"。张道陵第四代孙张盛在此定居，世代相传，以张天师闻名于世。元代张天师被封为正一教主，主领三山(龙虎山、茅山、阁皂山)符箓。龙虎山的丹霞地貌成因多样，拥有包括峰墙、石林、峰丛等在内的23种丹霞地貌景观。龙虎山于2007年被列为世界地质公园，2010年被列为世界自然遗产，2012年入选国家5A级旅游风景区。

图3-12　江西龙虎山

3. 四川青城山

青城山位于四川省都江堰市西南，为典型丹霞地貌，主峰老霄顶海拔约1600米，为中国道教发源地之一，素有"拜水都江堰，问道青城山"之说。青城山有阴阳36峰呈环状排列，锋锐崖陡，"青翠四合，状若城郭，故名青城"，有"青城天下幽"之美誉。传说道教天师张道陵晚年显道于青城山，并在此羽化，此后，青城山成为天师道的祖山，全国各地历代天师均来青城山朝拜祖庭。青城山上主要的道教建筑有建福宫、老君阁、园明宫、上清宫、天师洞等。2007年，青城山—都江堰旅游景区成为首批国家5A级旅游景区。2000年11月，青城山—都江堰被列入世界文化遗产。

4. 安徽齐云山

齐云山古称白岳，属于黄山山脉向西南延伸部分，位于安徽省休宁县，为典型丹霞地貌。齐云山以"一石插天，直入云端，与碧云齐"而得名，最高峰海拔585米，虽山不甚高，却崖壁直削，谷地幽深，间以曲涧、碧池、青泉，汇成胜境。齐云山与黄山、九华山并称中国皖南三大名山，是国家级风景名胜区、国家森林公园。齐云山道教沿革属正一派，历史悠久，道教活动始于唐乾元年间，至今已有1200多年的历史，道教香火波及华东及东南亚各国。齐云山与武当山均供奉真武大帝，故有"江南小武当"之美称。

三、基督教旅游资源

基督教是一种信仰上帝和天国的宗教，公元1世纪由耶稣创立于地中海沿岸的巴勒斯坦。最早的教会出现在1世纪三四十年代的耶路撒冷。

基督教的经典为《圣经》，由《旧约全书》和《新约全书》两部分组成。基督教的标志为十字架,主要节日有圣诞节、受难节、复活节、升天节、万圣节等。

基督教各教派举行宗教活动的场所称教堂或礼拜堂,源于希腊文,意为"上帝的居所"。

(一)天主教教堂

我国著名的天主教堂主要有北京南堂和北堂、天津老西开教堂、上海徐家汇天主堂、上海佘山圣母大教堂、广州圣心大教堂。

北京南堂:位于北京宣武门内,是北京最早的一座天主教教堂,始建于1605年,由意大利籍传教士利玛窦兴建,现存的建筑建于1904年,是一座三层的巴洛克建筑。南堂是天主教北京教区的主教座堂,目前天主教北京教区行政管理所就设立在这里。

上海徐家汇天主堂:位于上海市徐汇区,现为天主教上海教区的主教座堂,其正式名称为圣依纳爵主教座堂,建筑风格为中世纪哥特式,始建于清光绪二十二年(1896年)。整幢建筑高五层,砖木结构。大堂顶部两侧是哥特式钟楼,尖顶,高50米。大堂内圣母抱小耶稣像立祭台之巅,俯视全堂,为整座教堂之中心。

(二)东正教教堂

哈尔滨圣·索菲亚教堂:教堂始建于清光绪三十三年(1907年),是俄罗斯帝国东西伯利亚第四步兵师修建的随军教堂。目前,圣·索菲亚教堂是在中国境内规模最大的一座东正教教堂,可以容纳约2000人。平面为拉丁十字。墙面使用清水红砖,砖雕精细,上部中间是巨大的洋葱头穹顶,四周有大小不同的帐篷顶,整体感觉错落有致。

上海圣母大教堂:坐落于上海新乐路襄阳北路,是1933年兴建的拜占庭建筑风格的教堂,造型古朴圆浑,屋顶上五个鼓形穹顶,施以美丽的孔雀蓝色,与奶白色的墙面在蓝天白云下浑然一体,显得格外壮丽。

(三)新教教堂

上海国际礼拜堂:位于上海市衡山路的一座著名的基督教新教教堂。该教堂成立于1920年9月,信徒主要是来自不同教派的美国侨民。国际礼拜堂先后走出过两位中国基督教主教,即沈以藩主教与丁光训主教。

上海沐恩堂:位于上海市西藏中路,又名"慕乐堂"。该建筑外观是美国学院复兴哥特式,砖木结构。大堂西南角有塔楼地座,塔楼顶部安装着5米高的霓虹灯十字架。"沐恩堂"意为沐浴于主恩之中。其前身是美国教会监理公会设的监理会堂,建于清光绪十三年(1887年)。

四、伊斯兰教旅游资源

"伊斯兰"是阿拉伯语音译,本意为"顺服"。伊斯兰教是指顺服唯一主宰安拉旨意和戒律的宗教。伊斯兰教徒称为"穆斯林",意为顺服安拉意志的人。

穆罕默德是伊斯兰教的先知,是创立伊斯兰教的宗教、政治及军事领袖。

伊斯兰教的经典是《古兰经》;标志是新月;麦加、麦地那和耶路撒冷是伊斯兰教的三大圣地;主要节日有开斋节、宰牲节和圣纪节。

清真寺是阿拉伯语的意译，词根为"拜倒"的意思，因为穆斯林礼拜时需要跪倒叩拜。清真寺是穆斯林举行礼拜、宗教功课、宗教教育和宣教等活动的中心场所，亦称礼拜寺。

清真寺外面或一进门的地方有自来水或喷泉，要求穆斯林净手脸后才能礼拜，礼拜时要排成长排，跪拜俯伏，以额触地。

(一)清真寺主要建筑

我国清真寺建筑主要包括大殿、望月楼、宣礼楼、经堂和沐浴室等。

大殿：寺院的主体建筑，一律背向麦加，我国即坐西朝东。大殿内不得供奉任何雕像、画像和供品，只有围绕的柱廊，中心一个大拱顶，室内装饰素洁淡雅，仅在西壁正中设装饰精美的圣龛。

望月楼：清真寺内楼形的高层建筑。阿拉伯半岛居民有崇拜月亮的习俗，伊斯兰教沿袭此习俗。由享有威望的见证人登楼望月，以定斋月起讫的确切日期。

宣礼楼：亦称"邦克楼"，是掌教人召唤穆斯林进行每日5次礼拜的地方，建筑形式为楼或塔。有的大清真寺四周有多个宣礼塔，一般为4个，朝着四方。现代都装有扩音器，扩音器音量大，因此有些现代建造的清真寺只有一个宣礼塔。

(二)我国著名的清真寺

我国著名的清真寺有北京牛街礼拜寺、新疆喀什艾提尕尔清真寺、西安清真大寺等。广州怀圣寺(又称狮子寺)、扬州礼拜寺(又称仙鹤寺)、泉州清净寺(又称麒麟寺)、杭州真教寺(又称凤凰寺)被称为我国伊斯兰教四大古寺。

牛街礼拜寺：位于北京广安门内牛街，是北京历史最悠久、规模最大的清真寺，也是世界上著名的清真寺之一，始建于辽代统和十四年(996年)，由阿拉伯学者纳苏鲁丁创建。牛街礼拜寺采用中国传统宫殿式的建筑形式，并带有浓厚的阿拉伯装饰风格，形成了中国式伊斯兰教建筑的独特形式。其主要建筑有大殿、宣礼楼、望月楼、对厅、讲堂、碑亭等。牛街礼拜寺是中国国家级文物保护单位。

艾提尕尔清真寺：位于中国新疆喀什，是新疆最大的清真寺，也是中亚最有影响力的三大清真寺之一。公元1442年，喀什噶尔王沙克色孜·米尔扎首先在这里建立了一所清真寺。"艾提尕尔"的意思是"节日的礼拜场所"，清真寺坐西朝东，分为大门、正殿、外殿、教经堂、院落、拱拜孜、宣礼塔7部分。目前，这里已经成为全新疆穆斯林聚礼处，每天到这里礼拜的人达到两三千人，星期五主麻日下午男穆斯林的礼拜人数达到六七千人。古尔邦节时，全疆各地都有穆斯林前来礼拜。

第六节　中国古典园林

中国古典园林艺术是中国五千年文化史造就的艺术珍品，是人类文明的重要遗产。它被公认为世界园林之母、世界艺术之奇观。中国园林集建筑、书画、雕刻、文学、园艺等艺术于一身，是中国美学的楷模，反映出中国人深邃的哲理思辨及对生活的追求，其造园手法为很多国家所推崇和模仿。中国园林与西亚、欧洲园林并称世界三大造园系统，在世界园林史上独树一帜，享有很高的声誉。

一、中国古典园林的起源与发展

中国园林萌发于商代。最早的园林形式称为囿、台、园圃。"囿"为帝王狩猎的地方，"台"为帝王观天敬神的高台，"园圃"为种植果树及蔬菜的地方。

秦汉时期，皇家园林的普遍称谓是"宫苑"，宫是以宫殿建筑为主体，山池、花木穿插其间；苑则是在郊野山林地带占地广、规模大的离宫别苑。园林功能由早期的狩猎、生产逐渐转化为游憩、观赏、通神、求仙。秦汉宫苑往往规模很大，开创了人工模拟自然山水的先河。西汉的"上林苑"是中国历史上最大的一座皇家园林。

魏晋南北朝时期，由于士人受政治动乱和佛、道出世思想的影响，多寄情于山林田园，以逃避现实，私家园林应运而生。园林艺术也从单独模仿开始走向对自然的艺术加工，其中建筑作为一个造景要素，与其他自然诸要素形成了较为密切的融糅关系。

唐代疆域的扩大、经济的发达、民族的融合，促进了文化艺术的发展，皇家园林极盛，显示了泱泱大国的气概。此外，私家园林的格调进一步提高升华，公共园林有所发展，自然风景式寺庙园林开始兴起。

两宋造园更为普遍，造园技法日趋成熟，文人、画家直接参与造园，创造方法逐渐向写意转化，园林与诗画的结合更为紧密。皇家、私家、寺观园林三大园林类型已完全具备中国风景式园林的四个特点：本于自然，高于自然；建筑美和自然美的融糅；诗画的情趣；意境的蕴涵。

明清时期造园艺术和技术十分成熟，园林功能越来越全，包括听政、受贺、宴会、观戏、居住、园游、读书、礼佛、观赏、狩猎、种花等。建筑形式多种多样，并且高度艺术化。民间的私家造园活动遍及全国各地，形成北方、南方、岭南三大园林风格。明代崇祯时江苏吴江人计成的《园冶》代表了造园艺术理论的划时代的总结性成果。

二、中国古典园林的主要特征

1. "虽由人作，宛自天开"

"天人合一"的理念是中国古典园林艺术的灵魂。其主要观点是在尊重自然的前提下改造自然，创造出和谐的园林生态。自然风景以山、水地貌为基础，用植被做装点。中国古典园林绝非简单地模仿这些构景的要素，而是有意识地加以改造、调整、加工、提炼，从而表现一个精练、概括、浓缩的自然，即所谓"虽由人作，宛自天开"。园林中的花木虽然是经过人工培植的，但绝大多数仍然保持着自然生长的姿态，不留下人工修饰的痕迹。中国古典园林从总体到局部包含着浓郁的诗情画意，这离不开亭、台、廊、榭等建筑的配景。园林中的建筑布局不讲究轴线，结构不拘形式，顺应园林山水地形而灵活自由地布置，使风景与建筑巧妙地融糅到一起，因此优秀的园林作品虽然处处有建筑，却处处洋溢着大自然的盎然生机。

2. 寓情于景，情景交融

中国古典园林很多都是在文人、画家的直接参与下构建的。这些人多受儒、道、佛思想的影响，因此会在园林中塑造出一种文人所特有的恬静淡雅的趣味、浪漫飘逸的风度、朴质无华的气质和情操，寓情于景，托物言志，以达到情景交融。因此，我国古典园林在取材、建筑布局、艺术创作等方面深受我国文学、艺术的影响，许多题材取自山水画、山水诗和文学作品的名句或神话传说，着重表现个人的思想感情。窗外花树一角、山间古树三五、幽篁一丛、形如鸟翼伸展的飞檐翘角等都体现了园林的"诗情画意"，有所谓"无处不可画，无景不入诗"的意境，耐人寻味。

三、中国古典园林的分类

我国古典园林艺术博大精深，争奇斗艳。由于各地区气候不同，地理环境不同，民族发展历史不同，各民族、各地区的人民对园林的理解和偏爱不同，这就出现了许多不同特点和风格的园林。按园林所处位置的不同，中国古典园林可分为北方园林、江南园林和岭南园林。

1. 北方园林

北方地域宽广，范围较大，近政治中心，同时受自然气候条件所局限，河川湖泊、园石和常绿树木都较少，因此北方园林的特点是规模宏大，风格粗犷，建筑稳重敦实，富丽堂皇，色彩浓墨重彩，而秀丽委婉则显得不足。北方园林的代表大都集中在北京、西安、洛阳、开封，其中尤以北京为代表。皇家园林是北方园林的代表。

2. 江南园林

江南人口较密集，河湖、园石、常绿树较多，因此江南园林往往规模较小，景致细腻精美，色调素净淡雅，明媚秀丽，曲折幽深，有层次感，翼角轻灵高翘，给人一种活泼的运动感，造景以小见大，叠石多采用太湖石，但同时由于面积小，略感局促。江南园林的代表大都集中于南京、上海、无锡、苏州、杭州、扬州等地，其中尤以苏州为代表。

3. 岭南园林

岭南因为地处热带，植物终年常绿，又多河川，所以造园条件比北方、江南都好，造园艺术水平较高，风格介于北方园林和江南园林之间。岭南园林明显的特点是具有热带风光，一般规模较小，多数是宅园，建筑的比重较大，建筑物都较高而宽敞。近代时受西方构园方法的影响，建筑显得轻盈秀丽、通透明快。岭南园林往往集中在广州、潮汕一带。

微课3-4 中国古典园林构景手法

四、中国古典园林的构景要素

构成园林的主要物质称构景要素。我国古典园林的主要构景要素包括山、水、植物、动物、建筑、楹联匾额等。

1. 山

山岳是大自然的重要组成部分，其广博的内涵和宏阔的气势是人们对理想品格的赞美和向往，因此在人工园林的建造中，叠山便成了一项重要的内容。假山艺术最根本的原则是"做假成真"。在园林当中假山比真山更为概括、精练，可寓以人的思想感情，使之有"片山有致，寸石生情"的魅力。假山具有多方面的造景功能，如构成园林的主景或地形骨架，划分和组织园林空间，布置庭院、驳岸、护坡，设置自然式花台。假山还可以与园林建筑、园路和植物组合成富于变化的景致，借以减少人工气氛，增添自然生趣。

2. 水

水体既有静态美，又能显示动态美，因而是大自然中最活跃的因素。理水是中国造园艺术的传统手法之一，也是园林工程的重要组成部分。不论哪一种类型的园林，水是最富有生气的因素，无水不活。我国古典园林以表现静态的水景为主，以表现平静如镜或烟波浩渺、寂静深远的境界取胜。园林中的水型通常有水池、涧溪、潭、泉、滩等。理水方法主要有以下三种："掩"是以建筑和绿化将曲折的池岸加以掩映，仿佛水有源而无头；"隔"是用筑堤、建廊、架桥、布石等方法将水面隔开，以增加景深和空间层次；"破"是在水面很小时，用乱石为岸，配以细竹野藤，令人感受到山野风致。

3. 植物

植物是造山理水不可或缺的因素。花木犹如山峦之发，水景如果离开花木则无美感。对花木的选择标准主要有姿美、色美、味香、境界等。园林植物配置是园林规划设计的重要环节。园林植物的配置是自然式，模仿自然，着重于神似。树形不加人工整形，尽其天姿，种植不排列成行，随意配置。大型皇家宫苑常大面积地密植树木，江南园林面积小，花木配置讲究"贵在精不在多"，以简洁取胜。此外，园林植物配置还要注意各种植物相互之间的搭配及与其他园林要素，如山石、水体、建筑、园路等相互之间的协调。

4. 动物

动物是中国古典园林体系的组成要素之一，各种鸟兽徜徉其中，才使中国古典园林真正产生返璞归真、师法自然的美妙意境。动物在园林美的组成中虽不占主要地位，但它是人们亲和的审美对象，动物与人融洽地共处于一个艺术天地之中，点缀着园林之美。园林中的动物中比较常见的有鹿、鸟、蝉、鸳鸯、鱼等，其中鱼的地位最高，无论南方的文人园林还是北方的皇家宫苑，总不乏临池观鱼处，如颐和园的知鱼桥、苏州沧浪亭的观鱼处、无锡寄畅园的知鱼槛等。

5. 建筑

园林中，建筑有十分重要的作用，它可以满足人们生活享受和观赏风景的愿望。中国古典园林中建筑选址因地制宜、布局灵活多变、手法多种多样、色彩缤纷各异，一方面可行、可观、可用、可游；另一方面又起着点景、隔景的作用，既使园林移步换景、渐入佳境、以小见大，又使园林显得自然、淡泊、恬静、含蓄。中国园林中的建筑形式多样，主要有亭、廊、榭、厅、堂、轩、馆、楼、阁等。

6. 楹联匾额

每个园林建成后，园主人总要邀集一些文人，根据园主的立意和园林的景象，为园林和建筑物命名，并配以匾额题词、楹联诗文及石刻。这些楹联匾额多数文辞隽永，书法美妙，令人一唱三叹，回味无穷，其对园林的自然美和建筑美进行了高度概括，起到了画龙点睛的作用。园林中的匾额、楹联及石刻的内容，多数是直接引用前人已有的现成诗句，或略作变通。另外，还有一些园景题名出自名家之手。它们不但能够陶冶情操，抒发胸臆，而且能够使景观添色，发人深思。

五、我国著名的古典园林

1. 承德避暑山庄

承德避暑山庄位于河北省承德市市区北部，是清代皇帝避暑和处理政务的场所，始建于1703年，历经清康熙、雍正、乾隆三朝，耗时89年建成，是中国现存最大的皇家园林。康熙帝赐名为"避暑山庄"，并题写"避暑山庄"匾额。

避暑山庄是清朝皇帝为了实现安抚、团结中国边疆少数民族，巩固国家统一的政治目的而修建的一座夏宫，又名承德离宫或热河行宫。避暑山庄分宫殿区、湖泊区、平原区、山峦区四大部分。宫殿区位于湖泊南岸，地形平坦，是皇帝处理朝政、举行庆典和生活起居的地方。湖泊区在宫殿区的北面，洲岛错落，碧波荡漾，富有江南水乡的特色。平原区在湖泊区北面的山脚下，地势开阔，碧草茵茵，林木茂盛，一派草原风光。山峦区在山庄的西北部，面积约占全园的4/5，山峦起伏，沟壑纵横，众多楼堂殿阁、寺庙点缀其间。在避暑山庄东面和北面的山麓，分布着宏伟壮观的寺庙群，这就是外八庙。

1994年，避暑山庄及周围寺庙被列入世界文化遗产名录。2007年，承德避暑山庄及周围寺庙景区经国家旅游局正式批准为国家5A级旅游景区。

2. 颐和园

颐和园位于北京市西北海淀区，原名清漪园，占地290公顷，是清朝帝王的行宫和花园。颐和园始建于乾隆十五年(1750年)，历时15年竣工，是清代北京著名的"三山五园"中最后建成的一座，第二次鸦片战争中遭到严重破坏，光绪十四年(1888年)慈禧挪用海军军费修复此园，改名为"颐和园"，即"颐养冲和"之意。

颐和园是利用昆明湖、万寿山为基址，以杭州西湖风景为蓝本，汲取江南园林的某些设计手法和意境而建成的一座大型天然山水园,也是保存得最完整的一座皇家行宫御苑,被誉为皇家园林博物馆。万寿山分为前山、后山两部分。前山有仁寿殿、玉澜堂、乐寿堂、排云殿、佛香阁(见图3-13)、大戏楼、智慧海、石舫、听鹂馆、画中游等景点。后山中路为规模宏大的汉藏风格寺庙殿宇,周围点缀以数座小型山间园林,有苏州街、谐趣园、花承阁、赅春园、丁香院、四大部洲等建筑。昆明湖中有一岛,名南湖岛。昆明湖两岸仿照西湖修了东堤和西堤。南湖岛通过十七孔桥与东堤相连。西堤是仿照杭州西湖的苏堤建造的,一共有6座桥,分别是界湖桥、豳风桥、玉带桥、镜桥、练桥、柳桥,还有一座景明楼。

图3-13　万寿山佛香阁

颐和园素以人工建筑与自然山水巧妙结合的造园手法著称于世,是中国园林艺术顶峰时期的代表,1998年被评为世界文化遗产,2007年,经国家旅游局正式批准为国家5A级旅游景区。

专栏3-8　三山五园

三山五园,是对北京西北郊、以清代皇家园林为代表的历史文化遗产的统称。三山是指万寿山、香山、玉泉山,五园是指颐和园、静宜园、静明园、畅春园和圆明园。

自辽、金以来,北京西郊即为风景名胜之区,西山以东层峦叠嶂,湖泊罗列,泉水充沛,山水衬映,具有江南水乡的山水自然景观。因此,历代王朝皆在此地营建行宫别苑。乾隆时为增加玉河水量以满足京城用水需要,同时为防洪及发展西郊水稻生产,而大规模整治西山水系。

三山五园地区是北京历史文化名城保护体系的两大重点区域之一,是西山永定河文化带和大运河文化带交汇的重要文化资源富集地,是传统历史文化与新兴文化交融的复合型地区,是全国政治中心、文化中心、国际交往中心和科技创新中心功能相叠加的重点地区。

2021年4月，《北京海淀三山五园国家文物保护利用示范区建设实施方案》在海淀区政府官网公布。

(资料来源：百度百科—三山五园，2023-09-22)

3. 拙政园

拙政园坐落于江苏省苏州市姑苏区，是苏州园林中最大、最著名的一座，始建于明朝正德年间，初为御史王献臣改佛寺以建，借用西晋文人潘岳《闲居赋》中"是亦拙者之为政也"之句取园名。

现在的拙政园经过多次修建，分为东部、中部、西部三部分。东部曾取名为"归田园居"，以田园风光取胜，主要建筑有兰雪堂、涵青亭、缀云峰、芙蓉榭、天泉阁、秫香馆、复廊等。中部亦称"复园"，以池岛假山取胜，亭台楼榭皆临水而建，是拙政园的精华所在，总的格局仍保持明代园林浑厚、质朴、疏朗的艺术风格。其主要景点有梧竹幽居、荷风四面亭、见山楼、小飞虹、远香堂、波形水廊等。西部亦称"补园"，园内建筑物大都建成于清代，其建筑风格明显有别于东部和中部，主要包括卅六鸳鸯馆、倒影楼、与谁同坐轩等。

拙政园的建园艺术以水见长，自然典雅，庭院错落，花木为胜，厅榭精美，具有浓郁的江南水乡特色，堪称中国私家园林经典，被誉为"中国园林之母"，1997年被列入世界文化遗产，2007年5月成为首批国家5A级旅游景区。

4. 留园

留园位于苏州阊门外，始建于明万历二十一年(1593年)，为当时已罢官的太仆寺少卿徐泰时的私家园林，名东园。清嘉庆三年(1798年)，刘恕改建，命名为寒碧庄，又叫刘园。光绪年间改称留园。留园内建筑的数量在苏州诸园中居冠，其在空间上的突出处理，充分体现了古代造园家的高超技艺、卓越智慧和江南园林建筑的艺术风格和特色。

留园全园分为中、东、西、北四个部分，在一个园林中人们能领略到山水、田园、山林、庭园四种不同景色：中部以山水为胜。水池居中央，有小蓬莱岛，架曲桥连接两岸，周围环以土质假山和明瑟楼、涵碧山房、闻木樨香轩等，临水而筑，错落有致。东部以曲院回廊的建筑取胜，分别以五峰仙馆和林泉耆硕之馆为核心，东西并列，布局紧密。院内池后立有著名的"留园三峰"——冠云峰、瑞云峰、岫云峰，居中的冠云峰也是北宋花石纲的遗物。西部则是全园最高处，有野趣，以假山为奇，土石相间，体现自然风光。北部广种桃、李、竹、杏等树木，"又一村"建有葡萄、紫藤架，其余为盆景园，颇具田园意味。全园四景区皆有曲廊相连，廊长达700多米。

留园于1997年被列为世界文化遗产。2010年，留园作为苏州园林(拙政园、虎丘、留园)扩展景区成为国家5A级旅游景区。

5. 清晖园

清晖园位于广东省佛山市顺德区，建于清嘉庆年间，"清晖"意为父母之恩如日光和煦照耀。清晖园为广东四大名园(顺德的清晖园、佛山的梁园、番禺的余荫山房和东莞的可园)之一,是岭南园林的代表。

清晖园分为三个景区:南园方池,为园中水景区,主建筑物有澄漪亭、六角亭、碧溪草堂,以木制通花作装饰的连廊与装饰有岭南佳果的滨水游廊连接;中园是全园精华,有船厅、惜阴书屋、真砚斋、花亭、狮子山等园林小筑,掩映在绿云深处,周围厅敞栏疏,径畅台净,浓荫匝地,是园内景色最集中的游览区;北园以竹苑为代表,建筑较为密集,楼屋栉比,假山迎面,修篁夹道,巷院兼通,是园主们日常生活起居之所。

清晖园的造园特色首先在于园林的实用性,为适合南方的炎热气候,园内形成前疏后密、前低后高的独特布局,但疏而不空,密而不塞,建筑造型轻巧灵活,开敞通透。整个园林空间主次分明,结构清晰。其治园艺术还表现在大量使用镂空木雕花板、花罩、砖雕等装饰工艺,以及巧布玉堂春、紫藤、素馨花等古树名木上。

第七节　我国的民俗旅游资源

风土民情是泛指各民族长期形成的独特的风尚和习惯,其包括的内容十分广泛,主要有风俗习惯、待客礼仪、节庆活动、礼俗禁忌、婚丧嫁娶、服饰饮食、音乐舞蹈、传统体育、宗教文化、民居等。风土民情能够体现出一个民族的气质和心理,反映一个民族的历史和现实。风土民情不但可以满足游客的好奇心理,而且可以扩大游客的眼界,增长知识、开阔视野。因此,风土民情有很强的吸引力及很高的旅游价值。

一、传统节日

(一)汉族主要传统节日

1. 春节

农历正月初一是春节,是一年的第一天,俗称"过年",一般要持续到正月十五(元宵节)新年才结束。春节虽定在农历正月初一,但从腊月(农历十二月)二十三或二十四小年节(祭灶)起,人们就开始忙于年节活动,打扫房屋、洗头沐浴、准备年节物品等,即"辞旧迎新",到除夕和正月初一达到高潮。2006年5月20日,经国务院批准,春节被列入第一批国家级非物质文化遗产。

除夕是农历一年最后一天的晚上,也泛指春节前一天,因常在腊月三十,故又称"年三十"。除夕这一天,家里家外不但要打扫得干干净净,还要贴门神、春联、年画,挂灯笼,放鞭炮。除夕晚上,全家欢聚一堂,吃罢象征团圆的"年夜饭",长辈给孩子们分发"压岁钱"。除夕夜人们往往通宵不眠,叫守岁。

到了春节,人们开始走亲访友,互送礼品,以庆新年。在春节期间,中国的汉族和很多少数民族都要举行各种活动以示庆祝,这些活动均以祭祀神佛、祭奠祖先、除旧布新、迎禧接福、祈求丰年为主要内容,具体包括耍狮子、舞龙灯、扭秧歌、跑旱船、踩高跷、杂耍诸戏等，为新春佳节增添了浓郁的喜庆气氛。

农历正月十五是一年中第一个月圆之夜，称元宵节，又叫"上元节"，是春节之后的第一个重要节日。中国幅员辽阔，历史悠久，因此关于元宵节的习俗在全国各地也不尽相同，其中吃元宵、放烟花、赏花灯、猜灯谜是元宵节几项重要的民间习俗。

2. 清明节

清明节是农历二十四节气之一，在仲春与暮春之交，公历4月5日前后。清明节是中国最重要的祭祀节日，是最适合祭祖和扫墓的日子。扫墓俗称上坟，是祭祀死者的一种活动。此外，还会有一些丰富有趣的风俗体育活动，如荡秋千、放风筝、打马球、插柳等。

四月清明，春回大地，自然界到处呈现一派生机勃勃的景象，正是郊游的大好时光，我国民间长期保持着清明踏青的习惯。清明一到，气温升高，又是春耕春种的大好时节，故有"清明前后，种瓜点豆"之说。此外，因为清明前后，种植树苗成活率高，成长快，我国还有"植树造林，莫过清明"的农谚，因此，植树风俗一直流传至今。

3. 端午节

每年农历五月初五为端午节。端午节起源于中国，最初是人们祛病防疫的节日，后来传说爱国诗人屈原在这一天死去，端午节就成了中国汉族人民纪念屈原(部分地区纪念伍子胥、曹娥等)的传统节日。端午节有吃粽子、赛龙舟，挂菖蒲、蒿草、艾叶，熏苍术、白芷，喝雄黄酒的习俗，有"清明插柳，端午插艾"的民谚。江浙一带还有端午节吃"五黄"的习俗，五黄指黄瓜、黄鳝、黄鱼、咸鸭蛋黄、雄黄酒。

2008年，"端午节"成为国家七大法定节假日(元旦、春节、清明、端午、劳动节、中秋和国庆)之一。2009年9月30日，端午节被列入世界非物质文化遗产，这是中国首个入选世界非物质文化遗产的节日。

4. 中秋节

每年农历八月十五为中秋节，传说是为了纪念嫦娥奔月，因为这一天月亮满圆，象征团圆，又称为团圆节。中秋佳节，人们最主要的活动是合家团圆，摆放食品，或者设置家宴，共同饮酒赏月和吃月饼。月饼最初是用来祭奉月神的祭品，由家庭制作，后来人们逐渐把中秋赏月与品尝月饼结合在一起，寓意家人团圆。现代月饼的制作越来越精细，馅料考究，外形美观，在月饼的外面还印有各种精美的图案，如"嫦娥奔月""银河夜月""三潭印月"等，以月之圆兆人之团圆，以饼之圆兆人之常生，用月饼寄托思念故乡、思念亲人之情。月饼还常被用来当作礼品送亲赠友，联络感情。

5. 重阳节

每年农历九月初九为重阳节，民间在该日有和亲人一起登高"避灾"的习俗，因此重阳节又称"登高节"。金秋九月，天高气爽，这个季节登高远望可达到心旷神怡、健身祛病的目的，此外，民间该日还有插茱萸、赏菊花、饮菊花酒、吃重阳糕的习俗。由于"九九"谐音是"久久"，有长久之意，所以常在此日祭祖与推行敬老活动。重阳节与除夕、清明、盂兰盆会是中国传统祭祖的四大节日。2012年12月28日，第十一届全国人大常委会第十三次会议审议通过新修订的《中华人民共和国老年人权益保障法》,明确规定每年农历九月初九(重阳节)为老年节。

(二)部分少数民族的节庆活动

1. 傣族泼水节

泼水节是傣族最隆重的节日,也是云南少数民族中影响面最大、参加人数最多的节日。泼水节来临之前,家家要缝新衣,买新伞,备办节日盛装。每个村寨都要制作高升、礼花,装饰龙舟,开展划船训练,青年人还要排练节目,作歌舞表演。节日来临,男女老少穿上节日盛装,挑着清水,先到佛寺赕佛、浴佛,然后开始互相泼水,互祝吉祥、幸福、健康,此外还要杀猪宰牛做年糕,准备丰盛的年饭,宴请亲朋好友。泼水节比较引人注目的活动还有划龙舟、跳象脚鼓舞和孔雀舞。

2. 蒙古族的那达慕大会

每年农历六月初四开始的为期5天的那达慕,是蒙古族人民的盛会。那达慕是蒙古语的译音,意为"娱乐"或"游戏",它在蒙古族人民的生活中占有重要的地位,是当地人们喜爱的一种传统体育活动形式。那达慕大会的内容主要有摔跤、赛马、射箭、套马、下蒙古棋等民族传统项目,有的地方还有田径、拔河、篮球等体育项目。此外,那达慕大会上还有武术、马球、骑马射箭、摩托车等精彩表演。夜幕降临时,草原上还会飘荡起悠扬激昂的马头琴声,男女青年围着篝火载歌载舞,到处都洋溢着节日的欢快气氛。

3. 彝族的火把节

火把节多在农历六月二十四或二十五举行,节期3天,是彝族最隆重、最盛大、场面最壮观、参与人数最多、最富有浓郁民族特征的节日,更是全族人民的盛典。彝族认为过火把节是要长出的谷穗像火把一样粗壮,后人以此祭火驱家中田中鬼邪,以保人畜平安。节庆期间,男女青年点燃用松木制成的火把,到村寨田间活动,边走边把松香撒向火把照天祈年,除秽求吉;或唱歌、跳舞、赛马、斗牛、爬杆、射击、摔跤、选美;或举行盛大的篝火晚会,彻夜狂欢。

4. 壮族的歌圩

壮族的歌会和歌节多在农闲或春节、中秋等节日于山林坡地举行。届时,男女老少盛装赴会,少者数百人,多者上万人。通常以青年男女对唱山歌为主,有集体对歌,也有二人对歌。对歌内容非常广泛,包括天文地理、历史政治、生产生活各个方面,有情歌、苦歌、古歌、农事歌、花歌等。此外,还会举行抛绣球、碰彩蛋、放花炮等文娱活动。

二、民族服饰

1. 汉服

汉族是中国人口最多的民族,汉族传统的民族服饰是汉服,相传为黄帝发明,西周起汉服已具基本形制，到了汉朝已经全面完善并普及。直到明末清初，汉族人着汉服已有几千年的历史。汉服是世界上历史最悠久的民族服饰之一。

汉服又称为汉装、华服，是由衣裳、首服、发式、面饰、鞋履、配饰等共同组合的整体衣冠系统。汉服的基本特点是交领、右衽，用绳带系结，也兼用带钩等，又以盘领、直领等为补充。从形制上看，大衣主要有"上衣下裳"制(裳在古代指裤)、"深衣"制(把上衣下裳缝连起来)、"襦裙"制(襦，即短衣)、"通裁"制(长衫、外披)等类型。汉服的鞋履分为舄、履、屦、屐、靴、鞋。男子成人行冠礼常常戴冠、巾、帽等，形制多样。女子发髻也可梳成各种式样，并在发髻上佩戴珠花、步摇等各种饰物。汉族人装饰有一个重要特征就是喜饰玉佩玉，还有配饰如蔽膝、披帛、帔、革带、玉带等。

清朝初年，满族统治者执行"剃发易服"政策，禁止人民穿着汉服，蓄长发。汉服本身虽在清朝"剃发易服"等统治政策下消失了，但因为具有强大的生命力，其部分元素一直没有灭绝，直到现代，道教、佛教徒一些边远山民，还有国内许多少数民族都还保持着汉服的特征，现代社会的一些重要祭祀、纪念活动、民俗节日等仍能看到汉服的部分元素。

2. 部分少数民族服饰

藏袍是藏族人民的平常衣着，也是其区别于其他民族最显著的特征。藏族服装的基本特点是肥大、长袖、宽腰、右襟，是一种无须量体裁衣的直线服装。袖长等身，袍长过体，无须纽扣。藏袍最讲究的是边饰，衣袖、衣襟、衣底往往镶上贵重的毛皮和丝绸绲边，内衣一般为白缎衬衫。

满族服饰分旗装与马褂。满族男子穿的旗装，其样式和结构都比较简单，原为满族骑射时穿用的圆领(无领，后习惯加一假领)、大襟、窄袖、四面开裾、左衽、带扣绊、束带，适于骑马射猎。满族妇女穿的旗装，样式美观大方，讲究装饰，领口、袖头、衣襟都绣有不同颜色的花边，有的多至十几道，穿起来匀称苗条，婀娜多姿。马褂是满族男子骑马时常穿的一种褂子。为了骑马方便，在长袍的外边套一种身长至脐、四面开裾的短褂，以御风寒。

蒙古族服饰包括首饰、长袍、腰带和靴子等。男女老少一年四季都喜欢穿长袍，男袍一般都比较宽大，尽显奔放豪迈；女袍则比较紧身，以展示出身材的苗条和健美。腰带是蒙古族服饰重要的组成部分，用长三四米的绸缎或棉布制成。蒙古族钟爱的靴子分皮靴和布靴两种，蒙古靴做工精细，靴帮等处都有精美的图案。佩挂首饰、戴帽是蒙古族的习惯，玛瑙、翡翠、珊瑚、珍珠、白银等珍贵原料使蒙古族的首饰富丽华贵。

苗族服饰有明显的地域差异。妇女较典型的装束是短上衣、百褶裙。苗族衣料过去以麻织土布为主，普遍使用独具特色的蜡染、刺绣工艺。裙子以白色、青色居多，服饰的用料、颜色、款式、刺绣等方面都极具民族风格。配饰以头、颈、胸及手等部位的银饰为多见，苗族的银饰在各民族首饰中首屈一指。

维吾尔族传统的民族服装为男子穿绣花衬衣，外套斜领、无纽扣的"袷袢"，"袷袢"身长没膝，外系腰带。妇女则喜欢穿色彩艳丽的连衣裙，外面往往还套穿绣花背心。

男女皆喜欢头戴绣花小帽,脚穿长筒皮靴。妇女喜欢艳丽的衣物,并以耳环、戒指、手镯、项链等饰物点缀。手工刺绣是维吾尔族的传统工艺,衬衣、背心及小圆帽上所绣的花纹图案都十分精美。花帽是维吾尔族服饰的组成部分,也是维吾尔族美的标志之一。

回族服饰的主要标志在头部。男子们都喜爱戴白色圆帽。圆帽分平顶的和六棱形的。讲究的人还在圆帽上绣上精美的图案。回族妇女常戴盖头。服装方面,回族老汉爱穿白色衬衫,外套黑坎肩,回族老年妇女冬季戴黑色或褐色头巾,夏季则戴白纱巾,并有扎裤腿的习惯。

土家族男子过去穿琵琶襟上衣,缠青丝头帕。妇女着左襟大褂,滚两三道花边,衣袖比较宽大,下着镶边筒裤或八幅罗裙,喜欢佩戴各种金、银、玉质饰物。

三、特色民居

中国疆域辽阔,民族众多,各地的地理气候条件和生活方式都不相同,因此,各地人居住的房屋的样式和风格也不相同。 在中国的民居中,最有特点的是北京四合院、西北黄土高原的窑洞、安徽的古民居、福建和广东等地的客家土楼和内蒙古的蒙古包。

1. 北京四合院

四合院是由正房(北房)、倒座(南座)、东厢房和西厢房四座房屋在四面围合,形成一个"口"字形,里面是一个中心庭院的院落式民居。四合院是封闭式的住宅,对外只有一个街门,关起门来自成天地,具有很强的私密性,非常适合独家居住,并且北方气候寒冷,封闭式的住宅也利于保暖,还可防风沙、防噪音等。

北京四合院的形制规整,具有典型性。北京四合院通常坐北朝南,以中轴为对称,大门开在正南方向的东南方向,不与正房相对。在大门内或外还通常建有影壁。北京四合院宽敞开阔,阳光充足,视野广大。院子比例大小适中,冬天太阳可照进室内,正房要单数,三间或五间,冬暖而夏凉。正房无论尺度用料还是装修的精致程度上都大于、优于其他房屋,是院主人的住室。院子的两边建有东西厢房,是晚辈们居住的地方。在南北、东西厢房形成的角落中建有耳房。倒座房通常为门房、客房、客厅等。垂花门是四合院中一道很讲究的门,建筑华丽,是内宅与外宅(前院)的分界线和唯一通道。四合院内长辈住正房,晚辈住厢房,妇女住内院,来客和男仆住外院,符合中国古代家庭生活中要区分尊卑、长幼、内外的礼法要求。

2. 西北窑洞

中国黄河中上游一带,是世界闻名的黄土高原。厚达一二百米、极难渗水、直立性很强的黄土,为窑洞提供了很好的发展前提。陕北气候干燥少雨、冬季寒冷、木材较少等自然状况,为窑洞创造了发展和延续的契机。

窑洞的结构是利用土壤的力学特性,挖掘成顶部为半圆或尖圆的拱形,使上部土层的荷载沿抛物线方向由拱顶至侧壁传递至地基。由于自然环境、地貌特征和地方风土的影响,窑洞形成各式各样的形式,但从建筑的布局结构形式来看,基本可归纳为靠崖式、下沉式和独立式三种形式。窑洞防火、防噪音,冬暖夏凉,既节省土地,又经济省工,不破坏地面植被和自然风貌，确是因地制宜的完美建筑形式。但窑洞本身也具有一定的缺点，如通风不畅，采光不足，易潮湿，墙、顶易剥落，抗震性较差等。

3. 徽派民居

徽派民居主要分布在安徽省的南部，是中国南方民居的代表。徽派民居以黟县西递、宏村最具代表性，2000年被列入世界文化遗产。

这些古民宅大都用砖木做建筑材料，周围建有高大的围墙。围墙内的房屋，一般是三开间或五开间的两层小楼。比较大的住宅有两个、三个或更多个庭院；院中有水池，堂前屋后种植着花草盆景，各处的梁柱和栏板上雕刻着精美的图案。徽派民居一般以高深的天井为中心形成内向合院，四周高墙围护，雨天落下的雨水从四面屋顶流入天井，俗称"四水归堂"。徽派民居建筑风格的代表是"三绝"(民居、祠堂、牌坊)和"三雕"(木雕、石雕、砖雕)。青瓦、白墙是徽派建筑的突出印象。错落有致的马头墙不仅有造型之美，更重要的是它有防火、阻断火灾蔓延的实用功能。

4. 客家土楼

客家土楼亦称福建土楼，其中以福建龙岩永定、漳州南靖的土楼最为有名。它以历史悠久、风格独特、规模宏大、结构精巧、功能齐全、内涵丰富等特点而著称。2008年，中国客家民居建筑"福建土楼"建筑群(共46座)被联合国教科文组织列入《世界遗产》，成为中国第36处世界遗产。

土楼是以土作墙而建造起来的集体建筑，呈圆形、半圆形、方形、四角形、五角形、交椅形、簸箕形等，各具特色，其中以圆形的最引人注目，当地人称之为圆楼或圆寨。圆楼一般以一个圆心出发，依不同的半径，一层层向外展开，其最中心处为家族祠院，向外依次为祖堂、围廊，最外一环住人。整个土楼房间大小一致，面积约10平方米左右，使用共同的楼梯，各家几乎无秘密可言。常见的四层土楼中，通常底层和二层均不辟外窗，一般为厨房、仓库或牲圈，三四层住人，其中三层开一条窄缝，四层大窗。土楼内水井、粮仓、畜圈、厕所等生活设施一应俱全。

5. 蒙古包

蒙古包是蒙古族牧民居住的一种房子。蒙古包看起来外形虽小，但包内使用面积却很大，而且室内空气流通，采光条件好，冬暖夏凉，不怕风吹雨打，由内可以知外，建造和搬迁都很方便，非常适合于经常转场放牧的民族居住和使用。蒙古包主要由架木、苫毡、绳带三大部分组成。蒙古包制作不用泥水土坯砖瓦，原料非木即毛，可谓建筑史上的奇观。

蒙古包分固定式和游动式两种。半农半牧区多建固定式，周围砌土壁，上用苇草搭盖；游动式又分为可拆卸和不可拆卸两种，前者以牲畜驮运，后者以牛车运输。蒙古包搭好后，人们便开始进行包内装饰。铺上厚厚的地毯，四周挂上镜框和招贴画。

6. 傣家竹楼

竹楼是傣家的标志民居，主要指两层或以上的竹结构楼房，属于南方"干阑式建筑"

的一种。竹楼的建筑材料主要是竹子和茅草，来源方便，就地取材，比较经济。它的房顶呈"人"字形，西双版纳地区属热带季风气候，降雨量大，"人"字形房顶易于排水，不会出现积水。

傣家竹楼一般是用几十根大木柱支撑、分上下两层的高脚楼房，竹楼底层一般不住人，是饲养家禽的地方。上层为人们居住的地方，是整个竹楼的中心。室内的布局很简单，一般分为堂屋和卧室两部分，堂屋设在木梯进门的地方，比较开阔，是招待来客、商谈事宜的地方，在堂屋的外部设有阳台和走廊。堂屋内一般设有火塘，是烧饭做菜的地方。从堂屋向里走便是用竹围子或木板隔出来的卧室。整个竹楼非常宽敞，空间很大，也少遮挡物，通风条件极好，非常适宜于西双版纳潮湿多雨的气候条件。

四、烹饪技艺

中国历史悠久，幅员辽阔，人口众多，因而形成了丰富多彩的饮食文化。当今世界，中国、法国和土耳其被认为是"三大烹饪流派"的代表，而中国烹饪因其历史最悠久、特色最丰富、文化内涵最为博大精深、使用人口最多的特点而首屈一指。

(一)我国烹饪的特点

我国烹饪具有以下几个方面的特点。

(1) 风味多样。各地由于气候、物产、风俗习惯的差异，在饮食上就形成了许多各不相同的风味。我国一向以"南米北面"著称。在口味上有"南甜北咸东酸西辣"之别。就地方风味而言，有巴蜀、齐鲁、淮扬、闽粤四大风味。

(2) 四季有别。一年四季，按季节而饮食。冬则味醇浓厚，夏则清淡凉爽，冬多炖焖煨，夏多凉拌冷冻。

(3) 讲究美感。中国的烹饪，不但技术精湛，而且自古以来就讲究菜肴的美感。注意食物的色、香、味、形、器的协调一致。

(4) 注重情趣。我国烹饪不但对饭菜点心的色、香、味、形、器和质量、营养有严格的要求，而且在菜肴的命名、品味的方式、时间的选择、进餐时的节奏、娱乐的穿插等方面都有一定的要求，讲求雅致。

(5) 食医结合。我国的烹饪技术和医疗保健有密切的联系。在我国，几千年前就很重视"医食同源""药膳同功"，利用食物原料的药用价值，烹成各种美味的佳肴，以达到对某些疾病的防与治的目的。

案例3-4

(二)四大菜系

中国是一个餐饮文化大国，长期以来在某一地区由于地理环境、气候物产、文化传统，以及民族习俗等因素的影响，形成了有一定亲缘承袭关系，菜点风味相近，知名度较高，并为部分群众所喜爱的地方风味的著名流派，俗称菜系。其中，鲁菜、苏菜、川菜和粤菜被称为中国"四大菜系"。

1. 鲁菜

鲁菜即山东风味菜，以孔府风味为龙头。山东菜系源远流长，对其他菜系乃至整个中国饮食文化影响深远。

鲁菜风味在于用料广泛、选料讲究、刀工精细、调和得当、工于火候、烹饪技艺全面，尤擅爆、炒、烧、炸、熘、蒸、扒、贴，其风味咸鲜适口，清香、脆、嫩，汤精味醇，自成一格，适应性强。鲁菜以汤为百鲜之源，注重用汤，精于制汤，尤其讲究"清汤""奶汤"的调制，清淡分明，取其清鲜。鲁菜的一大特征是善于葱香调味，在菜肴的制作过程中，不论是爆、炒、烧、熘，还是烹调汤汁，都是以葱料爆锅；就是蒸、扒、炸、烤等菜也同样借助于葱香提味。鲁菜的另一特征是面食品种极多，小麦、玉米、甘薯、黄豆、高粱、小米均可制成风味各异的面食，成为筵席名点。

鲁菜由济南菜、胶东菜、孔府菜三部分组成。

济南菜：以清香、鲜嫩、味纯著称，一菜一味，百菜不重。尤重制汤，清汤、奶汤的使用及熬制都有严格规定，菜品讲究清鲜脆嫩。用高汤调制是济南菜的一大特色。爆炒腰花、糖醋鲤鱼、宫保鸡丁(鲁系)、九转大肠、汤爆双脆、奶汤蒲菜等都是家喻户晓的济南名菜。济南著名的风味小吃有锅贴、灌汤包、盘丝饼、糖酥煎饼、罗汉饼、金钱酥、水饺等。德州菜也是齐鲁风味中重要的一支，代表菜有德州脱骨扒鸡。

胶东菜：起源于福山、烟台、青岛，以烹饪海鲜见长，口味以鲜嫩为主，偏重清淡，讲究花色，以青岛菜为代表。青岛十大代表菜有肉末海参、香酥鸡、家常烧牙片鱼、崂山菇炖鸡、原壳鲍鱼、酸辣鱼丸、炸蛎黄、油爆海螺、大虾烧白菜、黄鱼炖豆腐。青岛十大特色小吃有烤鱿鱼、酱猪蹄、三鲜锅贴、白菜肉包、辣炒蛤蜊、海鲜卤面、排骨米饭、鲅鱼水饺、海菜凉粉、鸡汤馄饨。

孔府菜：以曲阜菜为代表，流行于山东西南部和河南部分地区，和江苏菜系的徐州风味较近。孔府菜有"食不厌精，脍不厌细"的特色，其用料之精广、筵席之丰盛堪与过去的宫廷御膳相比。孔府菜历来被称为"国菜"。孔府菜的代表有一品寿桃、翡翠虾环、海米珍珠笋、炸鸡扇、燕窝四大件、烤牌子、菊花虾包、一品豆腐、寿字鸭羹、拔丝金枣等。

2. 苏菜

苏菜始于春秋，兴于隋唐，盛于明清。苏菜以其选料精细、工艺精湛、造型精美、文化内涵丰富而在中国四大菜系中独领风骚；讲究刀工，尤以瓜雕享誉四方，菜品形态精致，滋味醇和；善用火候，擅长炖、焖、煨、焐、蒸、烧、炒；选料广泛，营养调配，注重鲜活，口味平和，因料施艺，体现出较强的科学性；在造型方面，注重色彩与器皿的有机结合，展现出精美的艺术性。

苏菜主要分徐淮菜、南京菜、扬州菜、苏锡菜四个部分。

徐淮菜：鲜咸适度，习尚五辛、五味兼崇，清而不淡、浓而不浊。其菜无论取料于何物，均注意"食疗、食补"作用。另外，徐淮菜用蟹较多。代表名菜有霸王别姬、彭城鱼丸等。

南京菜：又称金陵风味，烹调擅长炖、焖、叉、烤，制作精细，喜用野蔬入馔，制鸭菜久负盛名，清真菜有独到之处。代表名菜有盐水鸭、板鸭、五柳青鱼、秦淮小吃等。

扬州菜：精于瓜果雕刻，重视调汤，制作精细。代表名菜有三套鸭、大煮干丝、清蒸鲥鱼、文思豆腐等，风味小吃主要有三丁包子、千层油糕、翡翠烧卖、扬州炒饭等。

苏锡菜：花色精细、时令时鲜、酥烂可口、清新腴美、善烹河鲜、湖蟹、口味偏甜。代表名菜有松鼠鳜鱼、万三蹄、叫花鸡、无锡排骨、梁溪脆鳝、太湖三白、大闸蟹等。

3. 川菜

川菜即四川菜系，以成都菜和重庆菜为代表。四川菜系各地风味比较统一，是中国最有特色的小吃类菜系。川菜在秦末汉初就初具规模，唐宋时发展迅速，明清已富有名气。现今川菜馆遍布全世界。

川菜包括成都、重庆、乐山、自贡等地方菜，其特点是味型多样，变化精妙；烹调方法多，干烧干煸最具特色；经济实惠。辣椒、胡椒、花椒、豆瓣酱等是主要调味品，不同的配比化出了麻辣、酸辣、椒麻、麻酱、蒜泥、芥末、红油、糖醋、鱼香、怪味等各种味型，无不厚实醇浓，具有"一菜一格""百菜百味"的特殊风味。川菜系具有取材广泛、调味多样、菜式适应性强三个特征。川菜在烹调方法上，有炒、煎、干烧、炸、熏、泡、炖、焖、烩、贴、爆等38种之多。川菜由筵席菜、大众便餐菜、家常菜、三蒸九扣菜、风味小吃五个大类组成一个完整的风味体系，在国际上享有"食在中国，味在四川"的美誉。

川菜中最负盛名的菜肴有干烧岩鲤、干烧鳜鱼、鱼香肉丝、水煮肉片、水煮鱼、怪味鸡、粉蒸牛肉、麻婆豆腐、毛肚火锅、干煸牛肉丝、夫妻肺片、灯影牛肉、担担面、龙抄手等。川菜中五大名菜是鱼香肉丝、宫保鸡丁、夫妻肺片、麻婆豆腐、回锅肉。

4. 粤菜

粤菜即广东菜，由广州、东江、潮州三地特色菜点发展而成，是起步较晚的菜系，但它影响极大，不单香港、澳门地区，世界各国的中菜馆，大都是以粤菜为主。

粤菜总体上的特点是选料广泛、新奇且尚新鲜，举凡各地菜系所用的家养禽畜、水泽鱼虾，粤菜无不用之，据粗略估计，粤菜的用料达数千种，尤以烹制蛇、狗、鼠等野生动物而久负盛名。菜肴花色繁多、形态新颖、味别丰富，讲究清而不淡、嫩而不生、油而不腻。长久以来，煲汤就成了广州人生活中必不可少的一个内容，与广州凉茶一道成为广州饮食文化的标志。先上汤，后上菜，几乎成为广州宴席的既定格局。

广府菜：注重质和味，口味比较清淡，力求清中求鲜、淡中求美，而且随季节时令的变化而变化，有"食在广州"的美誉。代表名菜有白切鸡、白灼虾、烤乳猪、香芋扣肉、黄埔炒蛋、炖禾虫、五彩炒蛇丝等。

东江菜：下油重，口味偏咸，酱料简单，但主料突出，喜用三鸟、畜肉，很少配用菜蔬，河鲜海产也不多。代表名菜有东江盐焗鸡、东江酿豆腐、爽口牛丸等，表现出浓厚的古代中州之食风。

潮汕菜：以烹调海鲜见长，刀工技术讲究，口味偏重香、浓、鲜、甜。喜用鱼露、沙茶酱、梅糕酱、姜酒等调味品，甜菜较多，款式百种以上，都是粗料细作，香甜可口。代表名菜有烧雁鹅、豆酱鸡、护国菜、什锦乌石参、葱姜炒蟹、干炸虾枣等。

本章小结

（1）长城是中国也是世界上工程量最大的一项古代防御工程，主要包括战国长城、秦长城、汉长城、明长城。长城体系由城墙、城台、关隘和烽火台四部分组成，此外还包括其他附属设施。著名景点有山海关长城、嘉峪关长城、八达岭长城、居庸关长城、慕田峪长城和古北口长城。

（2）我国古代建筑艺术价值极高，种类繁多，主要包括宫殿建筑、礼制建筑、亭台楼阁和交通桥梁等。其中黄鹤楼、岳阳楼、滕王阁被称为"江南三大名楼"；醉翁亭、陶然亭、爱晚亭、湖心亭被称为中国"四大名亭"；赵州桥、卢沟桥、洛阳桥和广济桥被称为中国"四大古桥"。

（3）我国古代有不少闻名于世界的水利工程。这些工程不但规模巨大，而且设计水平很高，至今仍发挥着重要的经济效用，具有较高的旅游价值，京杭大运河、都江堰、灵渠和坎儿井就是其中的代表，它们被合称为我国古代四大水利工程。

（4）陵墓是历史的产物，是陵墓修建时期的政治、经济、科学、建筑和民俗的集中表现之一，具有很大的旅游吸引力，在旅游资源中占有重要的位置。代表帝陵有秦始皇陵、西汉帝陵、唐代帝陵、南京明孝陵、北京明十三陵，以及河北清代陵墓等。

（5）佛教、道教、基督教、伊斯兰教，信仰人数众多，历史悠久，留下了大量的寺庙、道观、教堂、清真寺等宗教建筑，具有很高的艺术价值和旅游价值。

（6）中国古典园林艺术是中国五千年文化史造就的艺术珍品，是人类文明的重要遗产，具有"虽由人作，宛自天开""寓情于景，情景交融"的特征，主要分为北方园林、南方园林和岭南园林。中国园林的主要构景要素包括山、水、植物、动物、建筑、楹联匾额等。承德避暑山庄、颐和园、拙政园、留园被合称为我国四大名园。

（7）风土民情不但可以满足游客的好奇心理，而且可以扩大游客的眼界、增长知识、开阔视野。因此，风土民情有很强的吸引力，具有很高的旅游价值。我国传统节日主要包括春节、清明节、端午节、中秋节、重阳节等。特色民居主要有北京四合院、西北窑洞、徽派民居、客家土楼、蒙古包、傣家竹楼等。饮食方面，鲁菜、苏菜、川菜和粤菜被称为"四大菜系"。

习 题

一、填空题

1. 故宫的"三大殿"指的是_____、中和殿和_____。
2. 伊斯兰教的主要节日有_____、_____和_____。

3. 江苏寺庙中主要以一首诗而闻名中外的是_____，源自唐朝诗人张继写的一首诗《_____》。

4. 我国第一个近代公共博物馆是清代状元_____在1905年创办的南通博物苑。

5. 苏州四大名园是指拙政园、_____、_____和_____。

6. 我国饮食烹饪的特点主要有风味多样、四季有别、_____、_____和_____。

7. 被称为"天下雄关"的是_____。

8. 清朝帝王陵墓中，清东陵第一位葬入的帝王为_____，清西陵第一位葬入的帝王为_____。

9. 颐和园中"园中园"谐趣园是仿无锡_____而建的。

10. 基督教和伊斯兰教的标志分别是十字架和_____。

二、选择题

1. 素有"两京锁钥无双地，万里长城第一关"之说的是(　　)。
   A. 山海关　　B. 嘉峪关　　C. 居庸关　　D. 雁门关

2. 佛教中，横三世佛不包括(　　)。
   A. 药师佛　　　　　　B. 弥勒佛
   C. 释迦牟尼佛　　　　D. 阿弥陀佛

3. 鲁菜主要由三部分组成，下列选项中不正确的是(　　)。
   A. 济南菜　　B. 济宁菜　　C. 胶东菜　　D. 孔府菜

4. 瘦西湖白塔属于(　　)塔。
   A. 阁楼式　　B. 覆钵式　　C. 密檐式　　D. 金刚宝座

5. 下列属于道教名山的是(　　)。
   A. 九华山　　B. 齐云山　　C. 峨眉山　　D. 五台山

6. 唐昭陵埋葬的帝王为(　　)。
   A. 李治　　　B. 朱棣　　　C. 刘彻　　　D. 李世民

7. 汉武帝的陵墓为(　　)。
   A. 昭陵　　　B. 乾陵　　　C. 长陵　　　D. 茂陵

8. 以下水利工程中位于广西境内的是(　　)。
   A. 都江堰　　　　　　B. 灵渠
   C. 京杭大运河　　　　D. 坎儿井

9. 秦始皇陵与唐乾陵的封土形式分别为(　　)。
   A. 方上、宝城宝顶　　　　B. 方上、以山为陵
   C. 以山为陵、宝城宝顶　　D. 宝城宝顶、方上

10. 天坛中举行祭天仪式的地方是(　　)。
    A. 寰丘坛　　B. 皇穹宇　　C. 祈年殿　　D. 丹陛桥

三、简答题

1. 简述长城的主要组成部分及其功能。
2. 分析北京故宫的建筑思想和艺术成就。
3. 简述我国桥梁的种类及其特点。
4. 简述京杭大运河的概况及修筑历史。
5. 都江堰、灵渠、坎儿井的主要工程有哪些?
6. 中国汉地寺庙中轴线上主要有哪些建筑?分别供奉哪些佛像?
7. 简述伊斯兰教的三大节日及其主要活动。
8. 园林构景要素主要包括哪些?
9. 简述我国北方园林、南方园林和岭南园林的风格特点。
10. 简述我国四大菜系的组成及其代表名菜。

习题答案

第四章

中国旅游交通

📖 **学习目标**

通过学习，了解旅游交通的概念、特点及作用；掌握各类主要旅游交通方式的特点；理解旅游线路的设计原则并学会在实际中加以运用。

💡 **关键词**

旅游交通　铁路运输　公路运输　航空运输　水路运输　旅游线路设计

推动交通与旅游"融"出新天地

海南三亚市，绵延4公里的太阳湾旅游公路，三面环山、一面向海。倚卧在海湾深处的最美海景公路，串联起海滩椰林、绿水青山，成为网红打卡地。内蒙古额济纳旗，草原之星"额济纳号"旅游专列将蒙古包"搬"上列车，独具民族风情的乘车环境为游客提供了沉浸式旅游体验。新疆阜康市，京新高速阜康服务区不仅集合了特产店和快餐厅，还拥有一座新疆规模最大的航天陨石科普馆，让服务区变身热门景区。

一路一风景、一域一特色，近年来，"公路主体工程+旅游""桥梁+旅游""服务区+旅游"等交通旅游融合新业态竞相涌现，提升了人们的旅游体验，也进一步丰富了交通基础设施的功能。

交通是旅游的基础支撑和先决条件，旅游是交通不可或缺的业务领域，交通与旅游的融合发展具有必然性。当前，公众对旅游消费的需求已从模仿型、排浪式的基本消费逐步转变为多样化、个性化的高品质消费旅游，出行需求不再局限于一地到另一地的空间位移，而是追求全过程体验。推进交旅融合发展，加快构建多元化、高品质、层次清晰、结构合理的旅游运输服务体系，将有效激发旅游消费潜力，更好满足人们对美好生活的需要。

这些年，民航、高铁加快发展，客观上分走了不少公路客运的份额。面对客运供给结构的新变化，公路客运行业需积极应变、主动求变。应该看到，公路客运具有触达范围更广、出行成本更低等特点。充分发挥自身优势，积极开发客运旅游融合服务产品，推出更多契合市场需求的客运班线、旅游专线，将更好释放公路客运的市场活力。

打造精品铁路旅游线路、发展海上邮轮旅游、建设低空旅游产业园……更加发达的交通运输体系正织就旅游新图景。实践证明，依托高铁、民航、高等级公路等构建"快进"交通网络，推进建设集"吃住行游购娱"于一体的"慢游"基础设施，将进一步增强交旅融合发展的协调性和有效性，更好助力交通强国建设和旅游业高质量发展。

交旅融合是一项系统性工程，既要因地制宜，把市场需求与各地的旅游资源、交通条件紧密结合，也要科学施策，统筹考虑设计、建设和运营等多个环节。比如山西大同，近年来依托当地特有的古代长城景观，对长城环线公路进行优化升级，在拓宽原有路面的同时，建设与长城文化相匹配的观景台。一项项举措落地，促成当地成功举办多场国内外自行车赛事。又如，贵州平塘，凭借平塘特大桥的景观优势，着力打造"天空之桥"服务区，相继规划建设了桥梁博物馆、天文科普馆、天文观测台、悬崖酒店、乡村振兴直营店以及房车营地等设施，推动高速公路服务区向复合功能型服务区转型升级，逐步培育起山地旅游新增长点。

(资料来源：中工网，2023-08-30)

交通是经济发展的"开路先锋"，旅游业是国民经济战略性支柱产业。加快推进交旅融合，交通的基础性、先行性作用将日益放大，与旅游产业的融合性、互补性将逐步显现。

第一节　中国旅游交通概述

一、旅游交通的概念

旅游交通是指为旅游者在常住地与旅游目的地及旅游目的地内部，提供所需要的空间移动及由此产生的各种现象与关系的总称。旅游交通是旅游业发展的前提条件和必不可少的重要环节，是联系旅游者与旅游对象的纽带，是促进旅游业发展的重要因素之一，没有旅游交通，现代意义上的旅游活动将难以实现。

旅游交通的构成与公共交通一样，包括以飞机、火车、汽车、轮船等为代表的旅游交通工具，以公路、铁路、轮船航线、航空线路等为代表的旅游交通线路，以飞机场、火车站、汽车站、码头等为代表的旅游交通站，以及用于指挥、调度和监控交通运输的旅游交通管理系统。

旅游交通与公共交通既有联系又有区别。公共交通出现于旅游业之前，为旅游业创造了一定条件，旅游客车、旅游包机等旅游交通工具及所使用的公路、铁轨、航线等都是公共交通的设施，因此，旅游交通和公共交通有很多共性，同时，为旅游者服务的旅游交通自身又有一定的特殊性。首先，旅游交通更注重娱乐、游览功能。旅游交通不仅和公共交通一样，要求快捷、安全、准时、经济、方便等，其满足旅游者娱乐、游览需求的功能更是上升到第一位，以旅游景区内的汽车、小火车、游船、缆车、滑竿等旅游交通工具表现得尤其明显。其次，旅游交通更注重舒适性。旅游者外出是为了休闲、娱乐，旅游交通不能仅仅满足于将游客送达目的地，更要注重游客在途中的舒适和享受。因此，旅游客车、旅游包机、游轮等旅游交通工具的设施和设备一般会优于公共交通，注重舒适性。最后，旅游交通具有明显的不均衡性。由于受气候、地理位置和节假日等因素的影响，旅游者的旅游活动在一年中分布极不均衡，从而导致对旅游交通的需求也不均衡。旅游旺季及节假日期间，旅游交通客运量急剧增加，而到了旅游淡季，交通运输量又会明显下降，表现出极大的不均衡性。

二、旅游交通的作用

1. 旅游交通是旅游业产生和发展的先决条件

旅游是旅游者离开常住地到异地的活动，异地性越强，对游客的吸引力越大，要实现这种空间移动，交通运输就成了先决条件。一方面，交通的发展提高了运载能力，缩短了旅行的时间，节省了食宿费用，从而实现了旅游活动的大众化。作为现代旅游重要组成部分的跨国、跨洲的旅游活动，如果没有现代化的交通方式是不可能实现的；另一方面，旅游资源只有通过开发才能发挥其旅游功能，而这种开发首先就要先修路通车，使旅游者"进得去、散得开、出得来"，只有这样，旅游业才能得以发展。

2. 旅游交通是旅游活动的重要内容

旅游交通的多样化可以丰富旅游活动的内容。景区内的一些特种旅游交通工具，如快艇、游轮、缆车、木筏、骆驼、马车等，除了通常的运输能力之外，其本身就具有旅游的价值，会带给游客更多具有娱乐性、享受性和观赏性的旅游活动内容。例如，坐快艇的刺激、乘木筏的休闲、骑骆驼的新奇等都会对游客产生巨大的旅游吸引力。当游客一边领略沿途的美景，一边体验特色旅游交通工具时，其愉悦感受会更强烈，满意度会更高。

3. 旅游交通是旅游业收入的重要来源

旅游交通是旅游者在旅游活动过程中使用最为频繁的服务，除极少数游客选择徒步或骑自行车等特殊旅行方式外，人们借助于交通工具时，一定会支付相应的费用。旅游交通消费是旅游者旅游活动开支的主要组成部分，且距离越远、空间范围越大、舒适度越高，交通费用所占的比重就越大。旅游交通收入成为旅游业收入的重要来源。

三、主要的旅游交通运输方式

旅游交通运输方式很多，其中铁路运输、公路运输、航空运输、水路运输是我国四种基本交通运输形式，此外，还包括马车、自行车、缆车、游艇等一些特殊的旅游交通方式。各种交通运输方式有机结合，优势互补，协调发展，共同构成快速、高效、舒适和经济的旅游综合交通运输网络。

1. 铁路旅游交通

火车是近现代旅游发展的主要运输工具。通常认为，1841年英国的托马斯·库克组织了世界上第一次包租火车旅游，这标志着近代旅游及旅游业的开端。第二次世界大战后，铁路运输受到公路运输和航空运输的竞争，铁路运输开始有所下滑。20世纪90年代，许多国家开始发展高速火车，其口号是"速度是汽车的两倍，费用是客机的一半"，因而对旅客具有很大的吸引力。因此，高速铁路是铁路现代化的标志，是参与竞争的保障。目前，铁路运输仍然是旅游活动的主要运输方式之一。

铁路运输具有容量大、时间准、人均能耗少、长途运输成本低、受季节和气候影响小、安全性高的优点。但是，铁路运输投资大，短途运输成本高，灵活性差。

2. 公路旅游交通

公路汽车运输比水上运输和铁路运输起步晚，但是公路交通是最活跃、最广泛、最有潜力的运输方式。世界上很多国家都把汽车运输视为旅游移动的重要方式。一直以来，在短途旅行中，汽车是首选。随着高速公路建设的不断加强，长途旅行者乘汽车旅行的速度与乘火车旅行的速度不相上下，这让自驾游越来越盛行。近年来，我国公路建设发展得很快，公路的质量和技术状况也有了显著提高，目前已形成了以国道主干线为主，省道、跨省道和高速公路纵横交错的公路网。公路运输在全国运输网中的地位正在逐步加强。

公路汽车运输的优点有行驶自由、独立性大、灵活性强、短程旅游速度快，能深入到旅游景点内部各个角落，实现门到门的直接服务，并且投资少、工期短、见效快。但公路交通同时也存在运载量小、安全性能差、长线旅游速度不快、受气候变化影响大、人均能耗多、环境污染大的缺点。

3. 航空旅游交通

航空运输由飞机、机场、导航设备诸要素协调配合完成，是所有运输方式中速度最快捷的，可跨越各种天然障碍，航线最直。航空旅游交通是大规模开展国际旅游业的前提，是衡量各国旅游业发展水平的主要标志。1903年，美国的莱特兄弟发明了飞机并首飞成功；1919年2月，德国开通了柏林至魏玛的民用航线，开辟了世界上第一条航空线路。现在，全球航空网呈密集的带状分布。飞机已成为远程旅游中最主要的运载工具。我国地域辽阔，长距离旅游占的比例很大，因此航空运输的发展潜力巨大。

航空运输具有速度快、距离远、灵活、安全、舒适等优点，但也存在成本高、能耗大、噪音大、运量小、受天气状况制约大等缺点。航空服务适合远距离、点对点地运送游客，不适合近距离和面状旅游之用。航空旅游交通必须和其他交通互相配合，取长补短，共同完成旅游交通任务。

案例4-1

4. 水路旅游交通

水路旅游交通是以船舶作为交通工具，在海洋、江河、湖泊等水域沿航线载运游客的一种运输方式，包括内河航运、沿海航运和远洋航运三种形式，是一种历史悠久的运输方式。1807年，轮船的出现大大推动了水上运输的发展。在20世纪60年代喷气式飞机普遍运用之前，水路运输一直是世界范围内远程客货运输的主要方式。在旅游过程中，风景名胜多集中于水边，船驶水中徐徐而行，就如置身于诗情画意之中，这也是其他运输方式所无法比拟的优点。随着铁路、公路、航空运输的发展，水路运输在旅游方面的地位逐渐下降。当然经过对技术条件的不断改进，水路运输在世界一些区域仍然占有重要地位，特别是豪华邮轮一直受到旅游者的欢迎。我国海岸线曲折漫长，河流湖泊众多，发展水上运输的条件十分优越。

水路运输具有线路投资少或几乎没有、运载量大、能耗少、票价低、安全舒适等优点。但是，水路运输同时还具有速度慢、灵活性差，受季节、气候和水情影响大，在港停泊的时间长、准时性相对较差等缺点。

5. 特种旅游交通

特种旅游交通是对以上四种主要交通形式的补充，通常出现在旅游景点的小范围内，但其形式丰富多样，具有民族特色和地方特色，深受游客的欢迎。特种旅游交通主要包括马、骆驼、滑竿、竹筏、人力车、雪橇、乌篷船等传统特种旅游交通和缆车、气垫船、热气球、潜艇等现代化的特种旅游交通。

特种旅游交通工具作为辅助性交通工具，不仅起着运载的作用，更体现了娱乐、趣味、参与的功能，能满足游客休闲、接近自然、回归自然、追新猎奇、寻求刺激、锻炼身体的心理需求。在一些难行路段，特种旅游交通工具可以辅助老弱病残游客完成旅游。不足之处是某些交通工具，如索道、缆车等有时会对风景区造成破坏。

第二节　旅游线路设计

一、旅游线路的概念

旅游线路是指为了使旅游者能够以最短的时间获得最大的观赏效果，由旅游经营部门利用交通线串联若干旅游点或旅游城市(镇)所形成的具有一定特色的合理走向。旅游线路在内容上包括旅游过程中旅游者利用和享受的一切因素，涉及食、住、行、游、购、娱等各种旅游要素。旅游线路是旅游产品的重要组成部分，是联结旅游者、旅游企业及相关部门、旅游目的地的重要纽带，对区域旅游开发、旅游企业的生存与发展、旅游者的旅游体验等都具有重要意义。

根据不同的分类标准，可以将旅游线路划分为多种不同的类型：按旅游线路的距离，可分为短程旅游线、中程旅游线、远程旅游线；按旅游线路的全程计算旅游时间，可分为一日旅游线、二日旅游线、三日旅游线和多日旅游线；按旅游线路的性质，可分为普通观光旅游线和专题旅游线；按旅游线路范围的大小，可分为国际旅游线、国家级旅游线和区内旅游线。

二、旅游线路的设计原则

旅游线路的设计是一项综合、复杂、技术性很强的工作，它一方面要尽量满足旅游者的旅游欲望，让游客在舒适、安全的前提下，尽可能地做到在途时间短，游览时间长，重复线路少，旅游费用低，景点内容最丰富、最有价值等；另一方面也要考虑旅游企业的经济效益，便于旅游经营者的组织和管理。因此，在进行旅游线路的设计时应遵循以下原则。

1. 市场性原则

旅游线路设计的目的是通过线路销售获得经济利益。旅游线路的设计是否成功，关键在于它是否适应市场的需求，即是否最大限度地满足了旅游者的需要。因此，旅游线路的设计必须避免千篇一律，要根据充分的市场调查结果，研究和预测市场需求演变趋势，分析旅游者的出游动机，针对不同目标市场客源的需求，在最大限度地满足旅游者需求的基础上，获得最大的经济利益。

2. 特色性原则

旅游产品是否具有吸引力和竞争力，关键在于是否具有独特性。尤其是在旅游市场竞争日益激烈、旅游资源差别不大的情况下，旅游线路的设计更需要巧妙构思、大胆创意。在旅游线路的设计过程中，要根据游客求新求异的心理，尽量突出自己的特色，形成有别于其他线路的鲜明主题，唯此才能具有较大的吸引力，更多地吸引游客。

3. 效益性原则

旅游企业设计旅游线路时要尽量以相对低的消耗获取相对高的效益。旅游企业在设计旅游线路的过程中,要包括各种成本支出,如交通费、餐饮费、住宿费、市场推介费等。旅游企业应把经济效益放在重要地位,作为推动旅游企业发展的基本动力,就需要加强成本控制,在保证旅游线路质量的前提下降低各种消耗,寻求各种成本最优化的线路设计方案。

4. 可达性原则

一次完整的旅游活动要满足以下几个方面的要求,即进得去、散得开、出得来。没有通达的交通,就不能保证游客空间移动的顺利进行,就会出现交通环节上的压客现象,即便是徒步旅游也离不开道路。因此在设计线路时,即使部分景点景区的发展潜力很大,但目前不具备交通要求或交通条件不佳的,也要慎重考虑,否则,因交通因素导致游客途中耽搁,游速缓慢,会严重影响旅游者的兴致与心境,不能充分实现旅游价值。

5. 安全性原则

安全因素是旅游者和旅游经营者必须重点考虑的因素。在旅游线路的设计中,一方面要尽量避免容易造成线路中游客拥挤、阻塞的地段,防止事故的发生;另一方面要避免线路中气象灾害区、地质灾害区、人为灾害区的影响。同时,还要设置必要的安全保护和救护措施,充分保障游客的财产和人身安全。

6. 节奏感原则

不同的旅游区或同一个旅游区内的若干景点在不同的位置,对这些旅游区或旅游景点游览或参与的顺序与连接方式有不同的组合,因此产生了不同的旅游线路。不同的旅游线路的结构顺序与节奏会产生不同的效果。旅游活动不能安排得太紧凑,应该有张有弛,而非走马观花,疲于奔命。在旅游线路的设计中,应充分考虑旅游者的心理与精力,将游客的心理、兴致与景观特色的分布结合起来,注意高潮景点在线路上的分布与布局。

案例4-2

本章小结

(1) 旅游交通是旅游业发展的前提条件和必不可少的重要环节。旅游交通是旅游业产生和发展的先决条件,没有旅游交通,现代意义上的旅游活动将难以实现,因此,它是旅游活动的重要内容,也是旅游业收入的重要来源。

(2) 旅游交通方式很多,其中铁路运输、公路运输、航空运输、水路运输是我国四种基本交通形式,此外,还包括马、自行车、缆车、游艇等一些特殊的旅游交通方式。

(3) 旅游线路是旅游产品的重要组成部分,是联结旅游者、旅游企业及相关部门、旅游目的地的重要纽带。在进行旅游线路的设计时应遵循以下原则,即市场性原则、特色性原则、效益性原则、可达性原则、安全性原则和节奏感原则。

习 题

一、填空题

1. 1919年2月，德国开通了_____至魏玛的民用航线，开辟了世界上第一条航空线路。
2. 请列举四种特种旅游交通工具：_____、_____、_____和_____。
3. 旅游线路按距离，可分为_____、_____和_____。

二、选择题

1. (　　)年，英国的托马斯·库克组织了世界上第一次包租火车旅游，这标志着近代旅游及旅游业的开端。

   A. 1841　　　B. 1845　　　C. 1856　　　D. 1870

2. 下列不属于旅游交通工具的特点的是(　　)。

   A. 游览性　　　　　　B. 舒适性
   C. 不均衡性　　　　　D. 运载量大

3. (　　)年，美国莱特兄弟实现了人类历史上第一次驾机进行动力飞行。

   A. 1903　　　B. 1904　　　C. 1905　　　D. 1906

三、简答题

1. 简述旅游交通的作用。
2. 简述铁路运输、公路运输、航空运输及水路运输的优、缺点。
3. 在设计旅游线路时应该遵循哪些原则？

习题答案

下篇

第五章

中国旅游地理区划

学习目标

通过学习，了解中国旅游地理区划的意义；理解中国旅游地理区划的基本原则；掌握中国旅游地理区划的方案。

关键词

旅游地理区划　旅游区

案例导入

15省份五一假期旅游总收入超2443亿元：浙江、河南、江苏列前三

2023年"五一"假期正式收官，根据文旅部披露的数据，文旅消费火热，国内旅游人次和国内旅游收入全面超过疫情前同期。经文化和旅游部数据中心测算，全国国内旅游出游合计2.74亿人次，同比增长70.83%，按可比口径恢复至2019年同期的119.09%；实现国内旅游收入1480.56亿元，同比增长128.90%，按可比口径恢复至2019年同期的100.66%。

截至5月4日14时，全国内地共有17个省市自治区披露"五一"假期相关旅游数据。据已披露的数据来看，16个省份接待游客总量超过3.31亿人次；15个省份实现旅游总收入约2443.99亿元。

与此同时，已披露接待游客总量数据的13个省市自治区该数据均超2019年同期；已披露旅游总收入的13个省市自治区中有12个该数据超2019年同期。

具体来看，16个省市自治区中，河南省位列接待游客总量第一，共接待游客5518万人次；其次是广东省，接待游客总量4546.1万人次。江苏省和浙江省位列第三和第四，接待游客总量分别为3988.18万人次和3125万人次。

此外，广西壮族自治区、福建省和甘肃省接待游客总量均超2000万人次；辽宁省、上海市、湖南省和天津市接待游客总量均超1000万人次。

13个披露相关数据的省市自治区中，接待游客总量较2019年同期增幅最高的为新疆维吾尔自治区，为96.69%(恢复至2019年同期的196.69%)。其次是宁夏回族自治区、海南省和广西壮族自治区，接待游客总量均较2019年同期增长超过50%。

10个省份旅游收入超百亿

旅游总收入方面，披露相关数据的15个省市自治区中，包括北京市、辽宁省、上海市、江苏省、浙江省、福建省、河南省、广东省、广西壮族自治区、甘肃省等10个省市自治区在"五一"假期旅游总收入超过100亿元。

其中浙江省旅游收入位列第一，为369.7亿元；河南省和江苏省分别为310.1亿元和310.08亿元，紧随其后。广东省和广西壮族自治区"五一"假期旅游总收入均超过200亿元。

13个披露相关数据的省市自治区中，旅游总收入较2019年同期增长最高的为宁夏回族自治区，为388.37%(恢复至2019年同期的488.37%)；其次为新疆维吾尔自治区，旅游总收入较2019年同期增长110.11%。

5月3日，在线旅游平台的数据也显示，尽管"五一"假期时长相较于春节短了2天，但国内游客的出游热情远高于春节，"五一"假期多项数据同比暴增，并创下同期历史峰值。

(资料来源：澎湃新闻，2023-05-04)

2022年末我国疫情防控政策优化，国内旅游需求迅速释放，2023年国内旅游业营业收入迅速上涨。随着疫情影响的逐渐消退，国内旅游热度将持续上升，国内旅游营业收入也将加速回升，旅游行业驶入全面复苏新通道。

第一节　旅游地理区划

一、旅游地理区划的意义

旅游地理和其他地理学科一样，具有明显的区域性特征。我国幅员辽阔，地域环境复杂多样，旅游资源极其丰富。为合理开发利用旅游资源，突出区域资源特点，合理布局，开展旅游区划的研究和旅游区划分是十分必要的工作。旅游地理区划就是根据旅游者各自不同的目的，依据不同的标准和指标，对一定地域的旅游资源所进行的地理区域划分。旅游地理区划所划分的旅游区是以旅游资源特征为基础，具有组织旅游活动的相应机构、设施和旅游点的完整体系的旅游区域。

每个旅游区都有独特的、明显的地域性，正确地划分旅游区对旅游区的建设与发展有着重要的意义。合理的旅游区划有利于实现区域旅游业的可持续发展，为旅游规划奠定基础，为制订旅游发展计划提供依据；有利于科学设计旅游项目和活动，充分发挥旅游区的特点和长处，增强旅游产业的竞争力；有利于安排旅游区域内旅游设施和旅游服务系统的建设，使旅游业和其他经济部门协调发展，为旅游者提供全方位的服务。

二、旅游地理区划的原则

旅游地理区划的原则是反映旅游地域差异的基本法则，是进行旅游区划的指导思想。目前，我国常用的旅游地理区划的原则主要包括以下几点。

1. 相似性原则

旅游区划就是要把不同旅游地域区别开来，以突出各旅游区的特点。因此，在进行旅游区划时，应把相似性较大的地域划分在一起，以构成区别于其他地域的差异性，形成旅游区的鲜明特色。旅游区的相似性主要包括旅游资源成因的共同性、形态的类似性和发展方向的一致性。在同一旅游区域内应当是旅游资源的相似性最大，差异性最小；不同的旅游区域内应当是差异性最大，相似性最小。

2. 主导因素原则

旅游区内部往往由多种类型的旅游资源组成，每种资源所起的作用是不同的。其中某种类型的旅游资源起主导作用，制约着旅游区的属性特征、功能和利用方式，使其主题鲜明、重点突出、有强烈的个性。因此，在划分旅游区时，应把起主导作用的旅游资源作为划分的主要依据。

3. 兼顾行政区原则

同一旅游区的地域须保持完整、成片或成带，以便更好地布局旅游设施、组织旅游活动、发展区间交通关系，实现旅游业的统一规划和管理。旅游业作为国民经济的一个部门，受地方行政机关的领导，并且与地区经济有着密切的关系。行政机关还负责协调地区内包括旅游业在内的各项计划的执行及各部门的联系。因此，在进行旅游区划时，应在不破坏分区的科学性和完整性的基础上，尽量保持行政地域的完整性，一、二级旅游区应该以不打破省、市、自治区行政区划为原则。

第二节　中国旅游地理区划

目前，我国比较普遍的一种旅游地理区划方案是三级区划法，即将我国首先分为若干旅游大区(一级区)，每个大区由二至多个省级行政区域组成，其特点是地理上集中连片，自然条件相近，社会经济环境和历史文化相似，旅游资源具有共性特征。每个旅游大区又分为若干旅游亚区(二级区)，旅游亚区由完整的省级行政区域组成。在旅游亚区内又分为若干个风景区(三级区)。

根据我国旅游地理区划的基本原则，现将我国分为以下九大一级旅游区。

(1) 京津冀旅游区：包括北京市、天津市和河北省。

(2) 东北旅游区：包括黑龙江省、吉林省和辽宁省。

(3) 黄河中下游旅游区：包括陕西省、山西省、河南省和山东省。

(4) 西北旅游区：包括甘肃省、宁夏回族自治区、新疆维吾尔自治区和内蒙古自治区。

(5) 长江中下游旅游区：包括湖北省、湖南省、安徽省、江西省、江苏省、浙江省和上海市。

(6) 东南旅游区：包括福建省、广东省和海南省。

(7) 西南旅游区：包括云南省、贵州省、四川省、广西壮族自治区和重庆市。

(8) 青藏旅游区：包括青海省和西藏自治区。

(9) 港澳台旅游区：包括香港特别行政区、澳门特别行政区和台湾省。

专栏5-1　中国旅游地理区划的部分方案简介

宋家泰分区方案：宋家泰将中国分成东北、华北、华东、长江中上游、东南、西南、青藏、西北共八大旅游区。

郭来喜分区方案：郭来喜将中国分成10个旅游带，即京华古今风貌旅游带、白山黑水北国风光旅游带、"丝绸之路"民族风情旅游带、华夏文明访古旅游带、西南奇山秀水民族风情旅游带、荆楚文化湖山景观旅游带、吴越文化江南水乡风光旅游带、岭南文化亚热带—热带风光旅游带、世界屋脊猎奇探险旅游带、台湾和港澳中西文化海岛风貌旅游带。

周进步分区方案：周进步将中国划分为中央旅游区、东部沿海旅游区、川汉旅游区、华南热带景观旅游区、西南岩溶旅游区、西北"丝绸之路"旅游区、东北旅游区、北疆塞外旅游区、青藏高原旅游区共9个旅游区。

刘振礼分区方案：刘振礼将中国分为京畿要地——北京旅游区，白山黑水——黑吉辽旅游区，民族摇篮——黄河中上游旅游区，大浪淘沙——长江中上游旅游区，山水神秀——长江下游旅游区，南国侨乡——闽粤琼旅游区，石林洞乡——滇黔桂旅游区，塞外风光——内蒙古、宁夏旅游区，"丝绸之路"——甘新旅游区，世界屋脊——青藏旅游区，中国台湾及香港澳门旅游区共11个旅游区。

雷明德分区方案：雷明德将中国分成东北林海雪原旅游地区、中原古迹名山旅游地区、东部名山园林旅游地区、华南热带风光旅游地区、西南岩溶风光旅游地区、川鄂湘名山峡谷旅游地区、西北干旱景观旅游地区、塞外草原景观旅游地区、青藏高原旅游地区共9个旅游区。

庞规荃分区方案：京津冀旅游区、东北旅游区、黄河中下游旅游区、西北内蒙古旅游区、长江中下游旅游区、华南旅游区、西南旅游区和青藏旅游区共8大旅游区。

本章小结

(1) 合理的旅游区划有利于实现区域旅游业的可持续发展，为旅游规划奠定基础，充分发挥旅游区的特点和长处，增强旅游产业的竞争力。

(2) 旅游地理区划的原则，即相似性原则、主导因素原则和兼顾行政区原则。

(3) 根据我国旅游地理区划的基本原则，我国可分为九大一级旅游区，即京津冀旅游区、东北旅游区、黄河中下游旅游区、西北旅游区、长江中下游旅游区、东南旅游区、西南旅游区、青藏旅游区、港澳台旅游区。

习　题

一、填空题

1. 山西省简称为_____。
2. 福建省、广东省和海南省的省会分别为_____、_____和_____。
3. 旅游区划的原则为_____、_____和_____。

二、简答题

1. 简述旅游区划的概念。
2. 简述旅游区划的意义。
3. 我国可分为哪九个一级旅游区？各旅游区分别包含哪些省份？

习题答案

第六章

京津冀旅游区

学习目标

通过学习，熟悉京津冀旅游区的地理环境特征及旅游资源特征；了解该区内各省的概况及风物特产；掌握主要的旅游景区景点的概况。

关键词

京津冀　京畿要地　交通枢纽　文物古迹

第六章 京津冀旅游区

> **案例导入**

习近平总书记指引雄安新区规划建设的故事

2023年5月10日，习近平总书记在河北省雄安新区考察，主持召开高标准高质量推进雄安新区建设座谈会并发表重要讲话。

习近平总书记强调，雄安新区已进入大规模建设与承接北京非首都功能疏解并重阶段，工作重心已转向高质量建设、高水平管理、高质量疏解发展并举。要坚定信心，保持定力，稳扎稳打，善作善成，推动各项工作不断取得新进展。

6年，2000多个日夜。华北平原上，一座新城破土、萌芽、生长。

河北雄安新区的设立，是千年大计、国家大事。从谋划选址到规划建设，习近平总书记亲自决策、亲自部署、亲自推动，倾注大量心血，为雄安新区规划建设领航指路、把脉定向。高起点规划、高标准建设、高质量发展，雄安新区这座未来之城，正阔步向我们走来。

2015年6月印发《京津冀协同发展规划纲要》，充分体现了习近平总书记的战略构想，明确提出："深入研究、科学论证，规划建设具有相当规模、与疏解地发展环境相当的集中承载地。"

2017年2月23日，习近平总书记从中南海出发，驱车100多公里，专程前往河北省安新县考察调研。

2017年4月1日，新华社受权发布：中共中央、国务院决定设立河北雄安新区。雄安，"雄县""安新县"各取一字，既尊重历史，又寓意吉祥。

2018年4月21日，经中共中央、国务院批复同意的《河北雄安新区规划纲要》全文公布，雄安新区的蓝图正式呈现在世人眼前。

2019年1月，习近平总书记再次来到雄安新区考察。谈到新区下大气力处理城和淀的关系时，总书记谈起选址的考虑："当时选址在这，就是考虑要保护白洋淀，而非损害白洋淀。城与淀应该是相互辉映、相得益彰。"

2019年7月22日，《河北雄安新区旅游发展专项规划(2019—2035年)》经部文化和旅游部党组会专题审议并上报中宣部审定。

(资料来源：中华人民共和国中央人民政府门户网站，2023-05-12)

在以习近平同志为核心的党中央坚强领导下，坚持大历史观，保持历史耐心，一茬接着一茬干，确保一张蓝图绘到底，努力创造"雄安质量"。今天的雄安新区，朝气蓬勃、生机盎然，中国式现代化将在这里演绎出更多更美好的故事。

第一节 地理环境概况及旅游资源特征

京津冀旅游区包括北京、天津、河北二市一省，是全国的政治、经济、文化、交通和国际交往中心，全区总面积约22万平方公里。其中北京是我国首都，是本旅游区所依托的中心城市，也是当前我国接待游客最多的城市。

一、自然地理环境

(一)位置优越,地貌类型多样

京津冀旅游区地处我国心脏地带,位于华北大平原的中北部,北枕燕山,西倚太行山,东临渤海。地势西北高、东南低,从西北向东南呈半环状逐级下降。高原、山地、丘陵、盆地、平原类型齐全。从西北向东南依次为坝上高原、燕山和太行山地、河北平原(华北平原的中北部)三大地貌单元。

坝上高原属蒙古高原的南缘,分为张家口地区的张北高原和承德地区的围场高原。面积约1.6万平方公里,占河北省总面积的8.5%。地貌特征以丘陵为主,湖泊点缀其间。坝上高原是河北省的重要林区,也是河北省皮毛、肉食、禽蛋等畜产品的主产区。

燕山山地包括燕山山脉和辽西一带山地,由山地和许多山间盆地组合而成,总称燕山,海拔在1000米左右。山海关是燕山山地和渤海间的一处隘口。燕山在北京市境内叫军都山,主峰为八达岭,海拔800余米。西部的太行山地从晋豫交界处向东北延伸,绵延在山西和河北二省交界线上,长400多公里。

河北平原为燕山和太行山东南的平原,是华北平原位于黄河以北的地区,南界黄河,北至燕山,西邻太行山,东濒渤海,主要由黄河和海河等冲积而成,地势低平,大部分在河北省境内。四季变化明显,农作物大都一年两熟,盛产粮棉和果品,石油和天然气蕴藏丰富。名胜古迹多,旅游资源丰富。

(二)大陆性季风气候显著,旅游业淡旺季较明显

该区具有典型的暖温带大陆性气候特征,春旱多风,夏热多雨,秋高气爽,冬寒少雪。春秋短而冬夏长,冬冷夏热,对比悬殊。降水量年平均300~800毫米,偏少且集中于夏季。春夏秋三季自然景观丰富多彩,而冬季略显单调。因此,该区旅游业淡旺季明显。4—5月气候温和宜人,此时为旅游业旺季,但干旱少雨,多风沙等灾害性天气,对旅游活动产生了不利影响。6—8月炎热多雨,避暑度假备受旅游者青睐。9—10月秋高气爽,常出现连续晴朗的天气,是一年中旅游的黄金季节。11月—次年3月晴朗寒冷,干燥少雪,因而是旅游淡季。

(三)河流湖泊较多,海滨多为避暑度假胜地

京津冀旅游区的河流主要有海河和滦河。海河是中国华北地区的最大水系,中国七大河流之一。海河和上游的北运河、永定河、大清河、子牙河、南运河五大河流及300多条支流组成海河水系。滦河发源于丰宁县西北的巴彦古尔图山北麓,向东南流入渤海,全长885公里,基本都在河北省境内。滦河沿岸风景秀丽。此外,该旅游区还包括两大水库,即密云水库及官厅水库。该区海滨旅游资源丰富,海水湛蓝清澈,沙滩柔和洁净,气候宜人,是消夏避暑和海水沐浴的良好场所。秦皇岛的北戴河、南戴河、昌黎黄金海岸都已成为我国著名的避暑度假胜地。

二、人文地理环境

(一)人文历史悠久

早在69万年前即有北京人生活在周口店附近，之后各个历史阶段，该区都有文化遗存，是人类发展史的博物馆。春秋战国时期，该区为燕、赵等国之地。自12世纪以来，金、元、明、清等朝代均以北京为都城，长达800多年，现在北京依然是我国首都。悠久的历史、灿烂的文化，孕育出了无数的历史名胜和文物古迹。

(二)交通网络发达

北京是全国铁路、民航总枢纽，有京沪、京广、京九、京哈、京包等十几条铁路干线及两百多条民用航空线通往全国各地和世界各大城市。天津港是中国北方最大的国际贸易口岸。京津塘高速公路把北京和天津市区、滨海新区连成一线。河北省拥有优良海港秦皇岛港、唐山港、黄骅港等。该区发达的交通为旅游业的发展创造了良好的条件。

(三)文化艺术繁荣

特定的历史和环境孕育出了独特的燕赵文化，金、元杂剧兴盛于此，近代的独具燕赵风韵的京剧、评剧、河北梆子等剧种备受观众喜爱。该区又是中华武术的摇篮之一，是"南拳北腿"之"北腿"的故乡，自古就尚武成风，逢年过节，常会进行武术表演。另外，该区还有丰富多彩的民间艺术，主要包括杂技、马戏、吹歌、舞蹈、皮影、剪纸、石雕、泥人、草编、陶瓷等。

(四)旅游商品众多

该区生产的民间工艺品和特种工艺品历史悠久，主要品种有玉雕、牙雕、景泰蓝、金漆镶嵌、雕漆、内画壶、风筝、杨柳青年画、泥人张彩塑、金石篆刻等，做工精细，风格独特，深受广大旅游者的欢迎。名菜和风味小吃有北京烤鸭、仿膳宫廷菜、谭家菜、北京涮羊肉、蜜饯果脯、小窝头、茯苓饼、六必居酱菜、沙琪玛、天津狗不理包子、桂发祥十八街大麻花和耳朵眼炸糕等，深受中外旅游者的喜爱。

三、旅游资源特征

(一)文物古迹众多

该区是我国重要的文化旅游区，旅游资源以文物古迹和历史名胜为主。该区集中了周口店北京猿人遗址、长城、故宫、承德避暑山庄及周围寺庙、颐和园、天坛、明清皇家陵寝共7处世界文化遗产，还拥有14处国家5A级景区。众多的历史文化名城和山水景观、文物古迹相融合，构成该区旅游资源独特的优势。

(二)开发历史较早

京津冀旅游区的许多景区都有着悠久的开发历史。例如,天津盘山早在1200年前即为风景名胜区;北戴河早在1938年就是西方商人、政客乐于前往的度假胜地;人类七大遗迹之一的长城更是享誉中外,具有极高的旅游价值。

案例6-1

第二节 北 京 市

一、概况

北京市简称"京",是我国首都、直辖市和国家中心城市,我国的政治、文化中心,是经济、金融的决策和管理中心,中央人民政府和全国人民代表大会所在地,具有重要的国际影响力,也是世界上最大的城市之一。全市土地面积16410.54平方公里,2020年人口普查,常住人口2189.3万,主要有汉、回、满、蒙古等民族。

北京位于华北平原西北边缘,西部的西山和北部的军都山相交,形成一个向东南展开的半圆形大山弯,人们称之为"北京湾"。它所围绕的小平原即为北京小平原,地势西北高、东南低。北京是一座历史悠久的古城。远在70万—50万年前,早期人类"北京猿人"就在房山地区周口店等地繁衍生息。商周时期为蓟国都城,燕国灭蓟后迁都蓟城,从此"燕京"之名流传至今。1153年,金朝设中都,是为北京建都之始,开始了北京作为全国政治中心的历史,至今已有800多年。

北京的旅游资源极为丰富,不但以皇家文物古迹取胜,而且自然风光优美。不仅有天下奇观的万里长城、世界上最大的皇宫紫禁城、祭天神庙天坛、皇家花园颐和园,以及世界上最大的四合院恭王府等名胜古迹,还有十渡、雁栖湖、龙庆峡等迷人的自然景观。

二、国家5A级旅游景区

截至2023年9月,北京拥有8个国家5A级景区,即故宫博物院(2007)、天坛公园(2007)、颐和园(2007)、北京市八达岭-慕田峪长城旅游区(2007)、北京市明十三陵景区(2011)、恭王府景区(2012)、北京市奥林匹克公园(2012)、北京市海淀区圆明园景区(2019)。

(一)八达岭长城

八达岭长城(见图6-1)位于北京市延庆区军都山关沟古道北口,史称天下九塞之一,是万里长城的精华,自古就有"不到长城非好汉"之说。该段长城地势险峻,居高临下,是明代重要的军事关隘和首都北京的重要屏障。八达岭景区除了长城外,还有长城碑林、五郎像、石佛寺石像、金鱼池、岔道梁、戚继光景园、袁崇焕景园、长城碑林景园、岔道古城等景点。先后有370多位外国首脑和众多的世界风云人物,登上八达岭长城观光游览。八达岭长城于1986年被评为全国十大风景名胜之首;1987年被联合国教科文组织列入世界文化遗产;1992年被评为"北京旅游世界之最"中的第一名;2007年经国家旅游局正式批准为国家5A级旅游景区。

(二)恭王府景区

恭王府为清代规模最大的一座王府,曾先后作为和珅、永璘的宅邸。1851年恭亲王奕䜣成为宅子的主人,恭王府的名称也因此得来。恭王府历经了清王朝由鼎盛而至衰亡的历史进程,承载了极其丰富的历史文化信息,故有"一座恭王府,半部清代史"的说法。恭王府分中、东、西三路,分别由多个四合院组成,后为长160米的二层后罩楼。中路的3座建筑是府邸的主体,一是大殿,二是后殿,三是延楼。延楼东西长160米,有40余间房屋。东路和西路各有3个院落,和中路遥相呼应。王府的最后部分是花园,20多个景区各不相同。2012年恭王府被评为国家5A级旅游景区。

图6-1 八达岭长城

(三)北京市奥林匹克公园

奥林匹克公园中心区位于北京北中轴线端点,占地面积315公顷,是城市传统中轴线的延伸,寓意中国千年历史文化的延续。奥林匹克公园中心区是举办北京2008年奥运会的主要场地,集中体现了"科技、绿色、人文"三大理念,是融合了办公、商业、酒店、文化、体育、会议、居住多种功能的新型城市区域,区域内有完善的能源基础、四通八达的交通网

案例6-2

络。奥林匹克公园拥有亚洲最大的城区人工水系、亚洲最大的城市绿化景观、世界最开阔的步行广场、亚洲最长的地下交通环廊。2012年被评为国家5A级旅游景区。

三、风物特产

(一)景泰蓝

景泰蓝是北京著名的传统手工艺品,又称"铜胎掐丝珐琅",是一种在铜质的胎型上,用柔软的扁铜丝掐成各种花纹焊上,然后把珐琅质的色釉填充在花纹内烧制而成的器物。因其在明朝景泰年间盛行,制作技艺比较成熟,使用的珐琅釉多以蓝色为主,故而得名"景泰蓝"(见图6-2)。景泰蓝集美术、工艺、雕刻、镶嵌、玻璃熔炼、冶金等专业技术于一体。古朴典雅,精美华贵,具有鲜明的民族风格和深刻文化内涵,适用于鉴赏收藏、商务礼品、日常用品、室内外建筑工程装饰等。

(二)北京漆器

北京漆器主要有两种:一种是雕漆,这种工艺成熟于14世纪,历史相当悠久,以铜为胎并烧衬珐琅里,口边还有镀金,胎上需用红、绿、黄等色漆敷涂;另一种是金漆镶嵌,金漆镶嵌为彩漆勾金、螺钿镶嵌、金银平脱,以及刻灰和磨漆画等。两种漆器都有珠光宝气、古朴沉稳的特色,不失皇家的大气,是带有浓厚的北京味儿的工艺精品。

图6-2 景泰蓝

(三)北京玉器

北京玉器历史悠久,质地坚硬、晶莹细腻、色彩绚丽,融南北玉作之美,集两家之长,工艺精湛、造型优美,形成北京独特的风格。常见的玉器材料有白玉、碧玉、青玉、红玛瑙、缠枝玛瑙、水晶、紫晶、绿松石、芙蓉石等。玉器制作的工艺过程可概括为"议、绘、琢、光"几个大的阶段。表现手法有圆雕、浮雕、镂雕、线雕等。北京玉器品类繁多,计有器皿、人物、花卉、鸟兽、盆景、首饰等。

案例6-3

(四)北京烤鸭

北京烤鸭是享有世界声誉的北京著名菜式，用料为优质肉食鸭。北京烤鸭以色泽红润、味道醇厚、肥而不腻的特色，被誉为"天下美味"而驰名中外。叉烧烤鸭和焖炉烤鸭为北京烤鸭的两大流派，叉烧烤鸭以"全聚德"为代表，外观饱满，颜色呈枣红色，皮层酥脆，外焦里嫩，并带有一股果木的清香；而焖炉烤鸭则以"便宜坊"最为著名，外皮油亮酥脆，皮汁丰盈饱满，肉质洁白、细嫩，口味鲜美。

第三节 天 津 市

一、概况

天津市简称"津"，是我国四大直辖市之一、国家中心城市和中国北方最大的沿海开放城市。天津位于华北平原的海河各支流交汇处，东临渤海，北依燕山。天津是夏季达沃斯论坛常驻举办城市。

天津地势以平原和洼地为主，是华北平原的最低点，亦是中国海拔最低的城市之一。天津历史上因水而立，依水而兴，因此海河被称为天津的"母亲河"。市内主要河流还包括卫津河、津河、新开河、月牙河。

天津旅游资源丰富，有始建于隋朝的大型木结构庙宇——独乐寺，素有"蓟北锁钥"之称的蓟州区黄崖关长城，号称"京东第一山"的蓟州区盘山，以及大沽口炮台、望海楼教堂等。

二、国家5A级旅游景区

(一)盘山风景名胜区

盘山风景名胜区是自然山水与名胜古迹并著、佛教寺院与皇家园林共处的旅游胜地，2007年被评为国家5A级景区。盘山位于天津市蓟州区境内，始记于汉，兴于唐，极盛于清。历史上建有72座寺庙和13座玲珑宝塔，一座皇家园林——静寄山庄。盘山早在唐代就以"东五台山"著称佛界，清康熙年间以"京东第一山"驰名中外，民国初年盘山同泰山、西湖、故宫等并列为中国十五大名胜之一。主要景点有三盘暮雨、入胜、元宝石、漱峡、天成寺、古佛舍利塔等。

微课6-1 盘山风景区

(二)古文化街旅游区(津门故里)

天津古文化街位于南开区东北隅东门外，海河西岸，系商业步行街。作为津门十景之一，天津古文化街一直坚持"中国味，天津味，文化味，古味"的经营特色，以经营文化用品为主。古文化街南北街口各有牌坊一座，上书"津门故里"和"沽上艺苑"。天津的天后宫建于1326年，里面陈列着各种民俗风情实物。每逢农历三月二十三（"天后"诞辰吉日），会在天后宫前的广场一带举行盛大的皇会，表演龙灯舞、狮子舞、少林会、高跷、法鼓、旱船、地秧歌、武术等。2007年古文化街被评为国家5A级旅游景区。

三、风物特产

(一)津门三绝

天津的狗不理包子、耳朵眼炸糕和桂发祥十八街大麻花被人们称为天津风味小吃中的"三绝"。狗不理包子在选料、配方、搅拌以至揉面、擀面等方面都有一定的绝招儿，做工上有明确的规格标准，特别是包子褶花匀称，每个包子都是18个褶。刚出屉的包子，大小整齐，色白面柔，香而不腻。耳朵眼炸糕是清真美食，用糯米做皮面，红小豆、赤白砂糖炒制成馅，以香油炸制而成。成品外形呈扁球状，淡金黄色，馅心黑红细腻。十八街大麻花每个中心都夹有一颗由芝麻、桃仁、瓜子仁、青梅、桂花等小料配制的什锦馅酥条。麻花成形后，放进花生油锅里炸透，再夹上冰糖块，撒上青红丝、瓜条等小料，形成什锦夹馅大麻花。

(二)杨柳青年画

杨柳青年画，全称"杨柳青木版年画"，属木版印绘制品，与苏州桃花坞年画并称"南桃北柳"。杨柳青年画产生于明代崇祯年间，采用木版套印和手工彩绘相结合的制作方法，具有笔法细腻、人物秀丽、色彩明艳、内容丰富、气氛祥和、情节幽默、题词有趣等特色，体现出浓郁的民间艺术的韵味。2006年6月8日，天津杨柳青画社获国家文化部颁布的首届文化遗产日奖。杨柳青年画被列入国务院公布的首批《国家级非物质文化遗产》。

(三)泥人张彩塑

泥人张彩塑创始于清代道光年间，是天津艺人张明山于19世纪中叶创造的彩绘泥塑艺术品。泥人张把传统的捏泥人提高到圆塑艺术的水平，又装饰以色彩、道具，形成了独特的风格。泥人张彩塑创作题材广泛，或反映民间习俗，或取材于民间故事、舞台戏剧，或直接取材于古典文学名著，所塑作品神形兼具，历经久远，不燥不裂，栩栩如生。

(四)魏记风筝

魏记风筝创始人魏元泰(生于1872年)技艺精湛，享有"风筝魏"的美誉。风筝造型逼真，色彩典雅，做工精细。在选料上十分讲究，筝面大多用绸绢，轻而结实，骨架选用质地细密、节长、弹性大的毛竹。1915年，魏记风筝在巴拿马国际博览会上一举夺得金奖，从此成为受国内外众多博物馆所青睐的珍贵藏品。

案例6-4

第四节 河 北 省

一、概况

河北简称"冀",省会是石家庄。河北在战国时期大部分属于赵国和燕国,因此河北又被称为燕赵之地。河北东临渤海,内环京津,西为太行山地,北为燕山山地,燕山以北为张北高原,其余为河北平原,面积为18.8万平方公里,是中国重要的粮棉产区。

河北省是中国唯一兼有高原、山地、丘陵、平原、湖泊和海滨的省份。全省地势由西北向东南倾斜,西北部为山区、丘陵和高原,其间分布有盆地和谷地,中部和东南部为广阔的平原。海岸线长487公里。

全省名胜古迹众多,有"天下第一关"山海关;有全国最大的皇家园林之一承德避暑山庄;有气势宏伟、石雕精美的清东、西陵;有以出土金缕玉衣而闻名世界的满城汉墓群;还有响堂山等宗教遗存。秦皇岛、北戴河、木兰围场都是人们所熟悉的旅游名胜。保定、邯郸、承德等为国家历史文化名城。璀璨的历史文化与秀美的湖光山色交相辉映,构成了河北独具特色的旅游景观。

二、国家5A级旅游景区

截至2023年9月,河北拥有国家5A级景区11处,即保定市安新白洋淀景区(2007)、承德避暑山庄及周围寺庙景区(2007)、河北保定野三坡景区(2011)、河北省石家庄市西柏坡景区(2011)、唐山市清东陵景区(2015)、邯郸市娲皇宫景区(2015)、邯郸市广府古城景区(2017)、保定市白石山景区(2017)、秦皇岛市山海关景区(2007/2018)、保定市清西陵景区(2019)、承德市金山岭长城景区(2020)

(一)保定市安新白洋淀景区

保定市安新白洋淀是中国海河平原上最大的湖泊,位于河北省中部。白洋淀,又称西淀(见图6-3)。现有大小淀泊143个,其中以白洋淀、烧车淀、羊角淀、池鱼淀、后塘淀等较大,总称白洋淀。面积336平方公里。水产资源丰富,淡水鱼有50多种,并以大面积的芦苇荡和千亩连片的荷花淀而闻名,素有华北明珠之称。抗日战争时期水上游击队——雁翎队的故事脍炙人口。1982年干涸。1988年,大雨使白洋淀湖区得到恢复,成为旅游胜地。2007年5月8日,保定市安新白洋淀景区经国家旅游局正式批准为国家5A级旅游景区。

(二)保定野三坡景区

野三坡景区位于河北保定涞水县境内太行山与燕山两大山脉交界处,距首都北京约100公里,是融雄山、碧水、春花、秋叶、瀑布、冰川、奇峡、怪泉、摩崖石刻、长城古堡、名树古禅、高山草甸、空中花园于一体的独特自然风景区，享有世外桃源之美誉。野三坡景区地质遗迹丰富多彩，再现14亿年来地质演化过程，传承了中华古老文明，2011年被评为国家5A级旅游景区。

图6-3　白洋淀景区

(三)石家庄市平山县西柏坡景区

西柏坡位于河北石家庄市平山县中部，1947年5月—1949年3月是中央工委、中共中央和解放军总部所在地，是解放全中国的最后一个农村指挥所。在此，毛泽东及其领导的中国共产党指挥了举世闻名的辽沈、淮海、平津三大战役，召开了具有伟大历史意义的七届二中全会。西柏坡纪念馆共有五个参观展览区，即中共中央旧址、陈列展览馆、西柏坡石刻园、革命传统教育系列工程和岗南水库自然风景区。2011年被评为国家5A级旅游景区。

专栏6-1　红色革命精神

红色革命精神是中国共产党的宝贵财富。它包括老区精神、遵义会议精神、西柏坡精神、沂蒙精神、吕梁精神、长征精神、抗战精神、大别山精神、苏区精神、红船精神、延安精神和井冈山精神共12种。

（资料来源：百度百科—红色革命精神，2023-09-12）

三、风物特产

(一)涿州御米

产于河北省涿州市大邵村一带的稻米因旧时专供皇室享用,所以称之为御米。西冯村、大泉村、夹河村、西豆庄村、大邵村、小邵村、百尺竿村及胡洞口村曾有"稻地八村"之称,具有水稻生长的独特条件。其主要品种有京丰、越富两种,米粒洁白如玉,晶莹透明,煮熟颗粒长而不断,香味扑鼻,汤汁清亮;米饭虽值盛夏,经数宿不馊,晒干再煮,色味如新。涿州御米以其品质优良,风味独特,自汉以来历朝均列为贡品。

(二)唐山陶瓷

唐山素有"北方瓷都"之称。唐山陶瓷始于明永乐年间,距今有600多年的历史。唐山地区煤藏丰富,作为陶瓷器原料的耐火矾土、硬质、软质(可塑)黏土,以及石英、长石等无机非金属矿产资源充裕,是理想的陶瓷产区。唐山陶瓷具有造型新颖、装饰多姿、品种齐全、刻意求新之特色。产品有餐具、茶具、酒具、瓶、盘等日用细瓷和陈设品,共500多种。装饰方法不断革新,如新彩、喷彩、雕金、雕金加彩、结晶釉等。此外,还有工业瓷、建筑卫生瓷和工艺美术瓷。

(三)太行三珍

太行山区山场广阔,温暖多雨,适于果树生长。这里的花椒、柿子、核桃产量大,质量好,被誉为"三珍"。花椒色泽鲜艳、颗粒均匀、麻度大、含油多、香味浓,不仅是制作菜肴时的主要调味品之一,而且有驱虫防腐的作用。在医疗上,花椒还有助长食欲、杀菌止疼、消食健胃的功效。太行山区盛产柿子,柿子的营养丰富,用它加工制成的柿饼、柿块、柿条、柿脯等,吃起来甘甜爽口,绵韧耐嚼。柿子还可以制成柿酒和柿醋,味道鲜美,可以和粮食制作的酒和醋相媲美。核桃色泽金黄,含油量高,核桃仁果可以生食,也可以加工制成甜核桃仁、咸核桃仁、琥珀核桃仁、油炸核桃仁、豉豆核桃仁等。核桃壳可以提炼成工业原料。核桃树木质坚硬,耐磨,而且不干裂、不变形,可以作为雕刻的木料,适宜做枪托和航空器材。

(四)沧州金丝小枣

沧州金丝小枣又名西河红枣。因干枣剥开时有金黄丝相连,入口甜如蜜,外形如珠似玑,故称金丝小枣。色泽鲜红、皮薄、肉厚、核小,味道甘美清香。金丝小枣含糖量高达67%,核肉比为1∶5.6,同时,维生素C的含量比苹果高很多,具有较高的营养价值,是老弱病者的滋补佳品。金丝小枣的药用价值全面,叶、花、果、根、刺及木材均可入药。

(五)京东板栗

京东板栗主产区在河北省兴隆、遵化、迁西一带。京东板栗个大皮薄,色泽鲜艳,外观整洁，果肉细腻有糯性，风味芳酣独特。栗子果实可生食、炒食、煮食；可磨成栗粉，制作各种精美点心；亦可做烹调原料。经科学测定，京东板栗果仁含有蛋白质、脂肪、淀粉、糖，并含有多种维生素，可供人体吸收和利用的养分高达98%，营养成分居全国板栗之首，因此京东板栗有"干果之王"的美誉。

本章小结

(1) 京津冀旅游区地貌类型多样，从西北向东南依次为坝上高原、燕山和太行山地、河北平原(华北平原的中北部)。人文地理环境特征主要包括京畿要地，历史悠久；经济命脉，交通发达；燕赵故土，艺术繁荣；旅游商品备受青睐。旅游资源特征表现为文物古迹众多，景点知名度高；开发历史早，具有极高的旅游价值。

(2) 京津冀旅游区旅游资源非常丰富，拥有众多国家5A级旅游景区。

(3) 京津冀旅游区物产丰富，主要有涿州御米、唐山陶瓷、太行三珍(花椒、柿子、核桃)、沧州金丝小枣和京东板栗等。

习 题

一、填空题

1. "津门三绝"是指_____、_____、_____。
2. _____广场是中华人民共和国的象征。
3. _____是北京最大的宫殿式藏传佛寺。
4. 天津的_____史称"京东第一山"。
5. 太行三珍指的是_____、_____、_____。

二、选择题

1. 魏记风筝曾在巴拿马国际博览会上一举夺得金奖，其产地是(   )。
   A. 山东   B. 天津   C. 江苏   D. 上海
2. 被称为天津的"母亲河"的是(   )。
   A. 淮河   B. 长江   C. 黄河   D. 海河
3. 下列旅游资源不属于河北省的是(   )。
   A. 盘山风景区   B. 山海关   C. 北戴河   D. 承德避暑山庄
4. 河北省的省会是(   )，位于黄河下游以北。
   A. 石家庄   B. 郑州   C. 太原   D. 武汉
5. (   )是明清两朝帝王祭天祈谷之所。
   A. 天坛   B. 地坛   C. 日坛   D. 月坛

三、简答题

1. 简述京津冀旅游区的自然地理环境。
2. 简述北京的气候特征。
3. 天津有哪些旅游胜地?
4. 河北省有哪些旅游胜地?
5. 简单说一说你所知道的京津冀旅游区的特色小吃。

习题答案

第七章

东北旅游区

学习目标

通过学习,熟悉东北旅游区的地理环境特征及旅游资源特征;了解该区内各省的概况及风物特产;掌握主要的旅游景区景点的概况。

关键词

东北 平原 山地 森林 冰雪

第七章　东北旅游区

> **案例导入**

东北地区规划建设世界级冰雪旅游度假地

世界级冰雪旅游度假地、全国绿色旅游发展引领地、边境旅游改革创新样板地、跨区域旅游一体化发展实践地——东北地区旅游业发展规划有了4个最新定位。

文化和旅游部、国家发展改革委联合印发《东北地区旅游业发展规划》。规划范围包括辽宁省、吉林省、黑龙江省和内蒙古自治区呼伦贝尔市、兴安盟、通辽市、赤峰市、锡林郭勒盟，总面积约145万平方公里。规划期至2030年，展望到2035年。

规划要求，打造互联互通的旅游交通网络、构建科学保护利用体系、加强优质旅游产品供给、推进"+旅游"融合发展、培育特色旅游产业集群、构建旅游消费体系、深化区域协同发展、创新旅游营销体系等。

规划明确，着力提升航空交通服务水平，加快提升铁路交通服务水平，全面形成高等级旅游公路网络，提升口岸跨境旅游服务功能；大力发展冰雪旅游、大力发展避暑旅游、积极发展自驾旅游、有序发展边境旅游。

针对东北地区旅游资源优势，规划提出培育特色旅游产业集群，包括打造冰雪产业集群、森林旅游产业集群、滨海旅游产业集群。

为积极吸引消费回流，规划提出举办家乡旅游惠民活动，制定家乡旅游优惠政策，营造家乡旅游浓厚氛围，激发家乡旅游热潮。

规划还要求大力推动东北亚旅游共同体合作机制建设，探索推进东北亚多目的地旅游合作圈建设、环日本海陆海联运跨境旅游线路开发。

（资料来源：中华人民共和国中央人民政府门户网站，2023-03-29）

根据中国旅游研究院冰雪旅游课题组综合测算，2021—2022冰雪季我国冰雪休闲旅游人数为3.44亿人次，冰雪休闲旅游收入为4740亿元，中国冰雪旅游实现了跨越式发展，成为提振我国国内旅游消费的新引擎。

第一节　地理环境概况及旅游资源特征

东北旅游区位于我国东北部，包括黑龙江、吉林、辽宁三省，总面积约80万平方公里。北、东、东南各方分别与俄罗斯及朝鲜为邻。常住人口不足1亿(2020年)，是我国少数民族聚居区之一。在山环水绕的地形中，有壮丽的白山黑水、瑰丽的火山胜景、迷人的林海雪原、独特的民族风情，并且该区工业基础雄厚，铁路交通四通八达，旅游业发展潜力巨大。

一、自然地理环境

(一)山环水绕，平原广阔

东北地区的地貌类型多，由外往里呈河海、山地、平原三层规律分布。该区外围的东、北、南三面均为江河湖海所环绕，在其内侧，西、北、东三面又分别由大兴安岭、小兴安岭和东部长白山地环绕，略成一弧形，包围着内层的东北大平原，因此形成一个山环水绕的盆地形势。

东北的水：东北地区除西部连陆，其他三面环水，依次为黑龙江、乌苏里江、图们江、鸭绿江、黄海和渤海。此外，在东北大地上流淌的著名河流还包括辽河、松花江和嫩江，其中，辽河是中国七大江河之一，被称为辽宁人民的"母亲河"；松花江是黑龙江的最大支流，东北地区的大动脉；而源于小兴安岭的嫩江则是松花江的主要支流之一。

东北的山：主要包括大兴安岭、小兴安岭和东部长白山地。大兴安岭呈东北—西南走向，海拔1100～1400米，是内蒙古高原与松辽平原的分水岭。原始森林茂密，是中国最重要的林业基地之一。大兴安岭北段向东南延伸的小兴安岭，海拔500～800米，呈西北—东南走向，是黑龙江干流与松嫩水系间的分水岭。东部的长白山地向南延伸为千山山脉，插入黄、渤海之间，构成辽东半岛之脊柱。

东北平原：位于大、小兴安岭和长白山地之间，面积达35万平方公里，是中国最大的平原。东北平原由3个部分组成，东北部主要是由黑龙江、松花江和乌苏里江冲积而成的三江平原；南部主要是由辽河冲积而成的辽河平原；中部则为松花江和嫩江冲积而成的松嫩平原。松嫩平原与辽河平原又合称松辽平原，是东北平原的主体。

(二)温带、寒温带季风气候

该区主要气候类型为温带季风气候，北部属寒温带，南端则为暖温带。气候特征为冬季寒冷漫长，夏季温湿短促。冬季有的地区长达半年左右，直接受蒙古冷高压控制，1月平均最低气温在零下20℃以下，是世界同纬度陆地气温最低的地区。漠河被称为"中国寒极"，曾达到气温零下52.3℃的全国最低值。夏季全区气温不高，7月均温只有20～24℃，但有的地区极端气温也可达35℃以上，气温差属世界同纬度地区之冠。春秋二季甚短，春季多大风，秋季天高气爽。

(三)林木资源丰富

东北地区山地广阔，气候湿润，适宜林木生长，是我国森林分布最广的地区，在大小兴安岭和长白山地保存有大面积的原始森林。东北的森林具有独特的物种组成、丰富的植被类型、辽阔的面积、巨大的木材蓄积和重要的生态服务功能。莽莽林海、草原丰美、沃野遍布是东北自然景观的显著特征。东北地区的珍禽异兽较多，既有经济价值，又有旅游价值。人参、貂皮、鹿茸被称为"东北三宝"。大面积湿地沼泽、悬殊的气候变化、茂密的森林环境使东北成为各种禽兽的栖息地和迁徙的中转站。

二、人文地理环境

(一)悠久的历史文化，多彩的民族风情

东北地区发展历史悠久，早在旧石器时代已有人类活动，自公元10世纪开始，契丹、女真、蒙古等民族先后在此建立了辽、金、元等政权。明末女真族建立了后金政权，并最

终迁都北京，成为统治中国200余年的清王朝。

东北地区是我国少数民族聚居地之一，主要少数民族有满、蒙古、回、朝鲜、达斡尔、鄂伦春、锡伯、鄂温克、赫哲族等。各少数民族善良纯朴的民风，神奇的风俗习惯，形成了丰富多彩的民族风情，成为东北旅游资源中的亮点。

(二)雄厚的经济基础，丰富的土地资源

东北地区有丰富的煤、铁、石油等资源。中华人民共和国成立后，该区迅速建成了我国第一个重工业基地，钢铁、机械、石油、化工等工业产品在全国都占有重要地位。同时也建立起以毛纺、亚麻纺织、造纸、粮油、制糖等为主的轻工业部门。

东北地区的土地资源也极为丰富，耕地面积广大，土质肥沃，是我国重要的商品粮和木材生产基地。粮食商品率较高，木材产量约占全国的一半，其南部是我国温带水果产区。此外，该区盛产珍贵的毛皮和药材，小麦、玉米、大豆、甜菜、亚麻等产量在全国名列前茅。

三、旅游资源特征

(一)林海雪原

森林景观是该区自然景观的主要特色。东北地区的大、小兴安岭和长白山地是我国最大的原始森林区，有大面积的原始天然林。在原始森林中不仅栖息着东北虎、紫貂、黑熊、猞猁等珍稀动物，还有大量可作为狩猎对象的野生动物，狩猎活动在东北得天独厚。

东北地区冬季寒冷而漫长，降雪天数多，积雪期长，积雪深，有雾凇，冰雪资源十分丰富，是我国重要的冰雪旅游基地。在这里可以滑雪、滑冰、打冰球、看冰雕、乘坐雪橇和冰橇、乘冰帆、堆雪人等，是一种难得的享受。

(二)火山奇观

东北地区是我国大陆火山景观最丰富、最典型的地区之一，全区有火山230多座，组成约20个火山群。从长白山、大、小兴安岭到平原地带均有分布，这些火山群成为东北著名的火山遗迹游览区。该区不仅火山堆、火山湖数量多、分布广，而且熔岩台地范围广阔，有各种形如蟒蛇、海龟、波浪、隧洞、石塔等的熔岩景物，堪称"火山博物馆"。著名景区有五大连池、长白山天池、镜泊湖等。此外，火山活动区地热资源丰富，温泉相伴分布。五大连池地热洞、长白山温泉、鞍山汤岗子温泉、本溪温泉等，都是全国著名的温泉。

(三)海滨风光

该区南部辽东半岛伸入黄海与渤海之间，海岸线曲折漫长，其山、海、岛、礁和沙滩浑然一体。夏季的海滨凉爽宜人，是避暑胜地，这里有大连海滨—旅顺口风景名胜区，兴城古城及海滨风景名胜区，盘锦鹤乡"红海滩"国家级自然保护区，庄河冰峪沟风景区，以及蛇岛、长海等诸多岛屿。美丽的海滨风光、优质的海水浴场，每年吸引了大量的海内外游人到此观光旅游。

第二节 黑龙江省

一、概况

黑龙江简称"黑",省会是哈尔滨。黑龙江是中国最东北的省份,面积超过45万平方公里。北部、东部以黑龙江、乌苏里江为界,与俄罗斯相望;西部与内蒙古自治区毗邻;南部与吉林省接壤。西部属松嫩平原,东北部为三江平原,北部、东南部为山地。有长10公里以上的河流1700多条。黑龙江冬季长而寒冷,夏季短而凉爽,南北温差大,北部甚至长冬无夏。因而夏宜避暑,冬宜赏雪、观冰灯,进行冰雪运动。

黑龙江省土地条件居全国之首,是世界著名的三大黑土带之一。木材、石油、大豆、甜菜、亚麻产量均居全国首位。全省草原草质优良、营养价值高,适于发展畜牧业,其中松嫩草场是世界三大羊草地之一。黑龙江矿产资源丰富,森林覆盖率高,并且是国家重要的能源工业基地,省内有目前中国最大的油田——大庆油田。

二、国家5A级旅游景区

截至2023年9月,黑龙江拥有国家5A级景区6家,即哈尔滨市太阳岛景区(2007)、黑龙江黑河五大连池景区(2011)、黑龙江牡丹江镜泊湖景区(2011)、伊春市汤旺河林海奇石景区(2013)、漠河北极村旅游区(2015)、虎林市虎头旅游景区(2019)。

(一)太阳岛风景区

太阳岛(见图7-1)碧水环绕,花木葱茏,具有质朴、粗犷、天然无饰的原野风光特色,与附近诸岛和沙洲组成了太阳岛风景区,是游览、避暑和疗养胜地。在太阳岛上可乘雪橇、乘冰帆、堆雪人、坐马拉爬犁等,冰雪游乐活动十分丰富,在环岛水上生态游项目中,游客可乘船环游美丽的太阳岛,感受别样风情。一年一度的太阳岛国际雪雕艺术博览会作为哈尔滨国际冰雪节的重要内容早已驰名中外。2007年,太阳岛风景区作为黑龙江省的唯一代表,成功入选首批国家5A级旅游景区。

图7-1 太阳岛风景区

(二)五大连池景区

五大连池位于黑龙江省西北部的五大连池市。它是由于火山爆发堵塞河道而形成的五个互相连通的熔岩堰塞湖,故名五大连池,是我国第二大火山堰塞湖。五大连池四周分布着14座火山体及一系列火山矿泉,构成独特而典型的火山景观,因而被科学家称之为"天然火山博物馆"和"打开的火山教科书"。得天独厚的地质资源为五大连池造就了举世罕见的自然环境,它拥有世界上最纯净的天然氧吧,世界上品位最高的具有医疗保健作用的磁化矿化电荷离子水,集保健、美容、医疗于一体的矿泉洗疗、泥疗区,天然的火山熔岩台地——太阳热能理疗场,功能最齐全、规模最大的火山地质全磁环境,以及不受任何污染的纯绿色矿泉系列健康食品。目前,五大连池已荣获"世界地质公园""世界人与生物圈保护区"两项世界级桂冠。

案例7-1

(三)镜泊湖景区

镜泊湖意为"清平如镜",位于黑龙江省东南部、牡丹江市西南部的宁安市境内,是火山爆发后,熔岩阻塞牡丹江道而形成的高山堰塞湖,也是我国第一大火山堰塞湖。镜泊湖景区以湖光山色为主,兼有火山口、地下原始森林、地下熔岩隧道等地质奇观,以及唐代渤海国遗址为代表的历史人文景观,是可供科研、避暑、游览、观光、度假和文化交流活动的综合性景区。著名的湖中八大景之一的吊水楼瀑布是我国纬度最高的瀑布,被称为我国四大瀑布之一。镜泊湖景区先后被评为世界地质公园和中国十佳休闲旅游胜地。2010年,被国家旅游局评为国家5A级旅游景区。

专栏7-1　铁人精神

"铁人"是20世纪五六十年代社会送给石油工人王进喜的雅号,而铁人精神是王进喜崇高思想、优秀品德的高度概括,也集中体现出我国石油工人精神风貌。

铁人精神内涵丰富,主要包括:"为国分忧、为民族争气"的爱国主义精神;"宁可少活20年,拼命也要拿下大油田"的忘我拼搏精神;"有条件要上,没有条件创造条件也要上"的艰苦奋斗精神;"干工作要经得起子孙万代检查""为革命练一身硬功夫、真本事"的科学求实精神;"甘愿为党和人民当一辈子老黄牛"的埋头苦干的奉献精神等。铁人精神无论在过去、现在和将来都有着不朽的价值和永恒的生命力。

2021年9月,党中央批准了中央宣传部梳理的第一批纳入中国共产党人精神谱系的伟大精神,铁人精神被纳入。

(资料来源:百度百科—铁人精神,2023-09-12)

三、风物特产

(一)东北三宝

东北三宝指的是人参、貂皮和鹿茸,黑龙江是东北三宝的主要产地之一。人参是为百草之王,野生的称"野参",较名贵,栽培的称"园参"。人参具有兴奋中枢神经、促进新陈代谢、降低血糖等作用,是舒筋活血、提神壮力、补脾健胃的名贵中药材。人参不但可以入药,还可用于烹饪、制糖、浸酒及制成营养性高级化妆品等。

貂皮素有"裘中之王"之称。貂皮有紫貂皮和水貂皮两种,其中以紫貂皮较为名贵。貂皮属于细皮毛裘皮,皮板优良,轻柔结实,毛绒丰厚,色泽光润。貂皮以其华丽美观、保暖性强而被列为制作高级皮衣的上品或极品。

鹿茸主要有产于大兴安岭的马鹿茸和产于长白山的梅花鹿茸。鹿茸的药用价值很高,可生精补髓、养血益阳、强筋健骨,用于治疗身体虚弱、耳聋目暗等症。

(二)灵芝

灵芝是生长在长白山区的菌类。它主要含有甘露醇、多糖、多种氨基酸等,对慢性气管炎、高山病、肝炎、营养不良均有显著疗效,并且能增强肌体的免疫功能,抗衰老,增强体质。

(三)林蛙

林蛙含有丰富的蛋白质、糖类、水分和少量脂肪,肉味鲜美,春天鲜、秋天香,是餐桌上的佳肴。林蛙油是名贵的中药和滋补佳品,具有滋阴补肾、益精强身、润肺生津的功效,可治疗身体虚弱、气血亏损、眩晕失眠、咳嗽等症。

(四)猴头蘑

猴头蘑,又叫刺猬菌、猬菌,是一种名贵的菌类,是四大名菜(猴头、熊掌、海参、鱼翅)之一,有"山珍猴头、海味燕窝"之称。猴头肉嫩、味香、鲜美可口,还含有很多药效成分,具有利五脏、助消化、滋补身体等功能,对消化不良、胃溃疡、十二指肠溃疡、神经衰弱均有一定疗效。黑龙江省的大兴安岭一带非常适合猴头蘑的生长。

第三节 吉 林 省

一、概况

吉林省简称"吉",省会长春市,位于中国东北中部,北接黑龙江省,南接辽宁省,西邻内蒙古自治区,东与俄罗斯接壤,东南部以图们江、鸭绿江为界,与朝鲜民主主义人民共和国隔江相望。面积为18.74万平方公里,2020年人口普查,全省常住人口为2407万人。

吉林省位于中纬度亚欧大陆的东侧,属于温带大陆性季风气候,四季分明,雨热同季。春季干燥风大,夏季高温多雨,秋季天朗气爽,冬季寒冷漫长。

吉林是我国重要的工业基地,加工制造业比较发达,汽车、石化、农产品加工为三大支柱产业,医药、光电子信息为优势产业。吉林是我国商品粮生产基地。吉林省地处享誉世界的"黄金玉米带",是著名的"黑土地之乡",农业生产条件得天独厚。多年来,吉林省的粮食商品率、人均粮食占有量,以及人均肉类占有量均居全国第一位。

二、国家5A级旅游景区

截至2023年9月,吉林拥有7个国家5A级景区,分别为长春市伪满皇宫博物院(2007)、长白山景区(2007)、吉林长春净月潭景区(2011)、长春市长影世纪城旅游区(2015)、敦化市六鼎山文化旅游区(2015)、长春市世界雕塑公园旅游景区(2017)、通化市高句丽文物古迹旅游景区(2019)。

(一)伪满皇宫博物院

伪满皇宫博物院(见图7-2)成立于1962年,位于吉林省长春市光复路北侧,是建立在伪满皇宫旧址上的宫廷遗址型博物馆,是中国现存的三大宫廷遗址之一。伪满皇宫是中国清朝末代皇帝爱新觉罗·溥仪在1932—1945年间充当伪满洲国皇帝时居住的宫殿,主要建筑分外廷(溥仪处理政务的场所)、内廷(溥仪及其家属日常生活的区域)及花园、游泳池、网球场、高尔夫球场、跑马场、书画库等其他附属场所。伪满皇宫博物院开馆至今已接待国内外游客数百万人次,被评为国家5A级旅游景区和全国优秀爱国主义教育基地。

图7-2　伪满皇宫博物院(缉熙楼)

(二)长白山景区

长白山因其主峰多白色浮石与积雪而得名。它位于吉林省东南部,是中朝两国的界山,中国东北最高的山地,中华十大名山之一,有"关东第一山"之称,1980年加入"世界人与生物圈保护区",并在2007年入选国家5A级旅游景区。

案例7-2

长白山是一座休眠火山,因其独特的地理构造,造就了绮丽迷人的景观。长白山的湖、谷、池、山、泉、林、峰,无一不为世界所罕见,堪称一座天然博物馆。长白山不仅风光美丽迷人,而且资源丰富,动植物种类繁多,是亚欧大陆北半部最具有代表性的典型自然综合体,是世界少有的"物种基因库",具有较高的科研、保护和旅游价值。

长白山九大名景中，最具代表性的就是天池了，它是中国和朝鲜的界湖，湖的北部在吉林省境内。长白山天池不仅是中国最深的湖泊，还是我国最大的火山口湖，气势恢宏，资源丰富，景色非常美丽。

(三)净月潭景区

净月潭位于长春市东南部，因筑坝蓄水呈弯月状而得名，以山清水秀而闻名，被誉为台湾日月潭的姊妹潭。净月潭森林覆盖率达60%以上，被誉为"亚洲第一大人工林海"。净月潭于2011年被评为国家5A级景区。区内包括净月潭国家重点风景名胜区、净月潭国家森林公园和吉林省净月潭旅游度假区。这里青山、潭水相映生辉，空气清新宜人，环境幽雅，自然资源得天独厚，组成了春踏青、夏避暑、秋赏叶、冬玩雪的美景佳境。

三、风物特产

(一)长白山人参

人参因其根似人形，故名人参。吉林人参产于长白山区，以其品质地道、上乘，产量大，被誉为中国人参的正宗。发祥于长白山的满族称其为"奥尔厚达"，意为"百草之王"，足见人们对人参的厚爱。人参根入药已有2000多年的历史，始载于《神农本草经》中，被列为上品，为补药之首，在中药史上享有极高的地位。李时珍在《本草纲目》中称其为"神草"。

(二)梅河大米

梅河大米是中国国家地理标志产品，产于吉林省梅河口市。这里农业生态环境非常适合水稻种植，使得大米品质极佳，富含钙、铁、锌、硒等多种微量元素，米粒晶莹如玉，米饭清香宜人，软硬适口，深受消费者欢迎。梅河大米先后获得了消费者最满意产品、博览会金奖、吉林名牌、中国名牌等众多荣誉称号。

(三)黄松甸黑木耳

黑木耳是中国东北特有的山珍之一，含有人体必需的多种氨基酸和维生素，具有较高的营养价值和一定的药用价值。蛟河市黄松甸镇是"中国黑木耳第一镇""食用菌之乡"、食用菌"全国优秀基地镇"。由于特殊的种植环境和种植方法，黄松甸黑木耳成分独特，耳片较厚，耳肉弹性好，食用口感特别好。

(四)查干湖胖头鱼

胖头鱼学名鳙鱼，又名花鲢。因为头大，故民间称其为胖头鱼。查干湖的胖头鱼是在纯天然的状态下生长，不投任何饵料，不施化肥、饲料和农药，味道鲜美纯正，肉质细嫩，个大体肥，肥而不腻。胖头鱼的肉体中特别是鱼头中含有丰富的DNA和不饱和脂肪酸，常食胖头鱼(特别是鱼头)，可健脑益智，增强记忆力。

第四节 辽宁省

一、概况

辽宁省简称"辽",省会是沈阳。辽宁省位于中国东北地区的南部,东北方向与吉林省接壤,西北与内蒙古自治区为邻,西南与河北省毗连,以鸭绿江为界河,与朝鲜民主主义人民共和国隔江相望,南濒浩瀚的渤海和黄海。辽宁是东北地区通往关内的交通要道,也是东北地区通向世界、连接亚欧大陆桥的重要门户和前沿地带。全省面积14.8万平方公里,大陆海岸线长2292公里,近海水域面积6.8万平方公里。2020年人口普查,全省常住人口4259万人。

辽宁省属于温带大陆性季风气候。境内日照充足,积温较高,冬长夏暖,春秋季短,四季分明。雨量不均,东湿西干。辽宁省沿海城市众多,港口密集,交通发达。辽宁是我国东北唯一的沿海省份,海岸线东起鸭绿江口,西至山海关老龙头。它是我国近代开埠最早的省份之一,也是中华民族和中华文明的发源地之一。辽宁是新中国工业崛起的摇篮,被誉为"共和国长子""东方鲁尔"。

二、国家5A级旅游景区

截至2023年9月,辽宁拥有6个国家5A级景区,分别为沈阳市植物园(2007)、大连老虎滩海洋公园·老虎滩极地馆(2007)、辽宁大连金石滩景区(2011)、本溪市水洞景区(2015)、鞍山市千山景区(2017)、盘锦市红海滩风景廊道景区(2019)。

(一)沈阳市植物园

沈阳市植物园位于沈阳市浑南区,是一座自然景观与人文景观相结合,融观赏性与知识性、娱乐性为一体的科研、科普基地和旅游观光胜地。每年的几次大型花展也是沈阳少有的景观:5月的郁金香展;6月的牡丹、芍药及鸢尾等花展;7月的百合花展;8月的大丽花展;9月的地被菊展等。每次花展都吸引了大批游人观赏。此外,独具特色的儿童乐园、惊险刺激的攀岩都令青少年流连忘返。2007年,沈阳市植物园被正式批准为国家5A级旅游景区。

(二)大连老虎滩海洋公园—老虎滩极地馆

大连老虎滩海洋公园坐落在大连南部海滨的中部,是展示海洋文化,突出滨城特色,集观光、娱乐、科普、购物、文化于一体的现代化海洋主题公园。它占地面积118万平方米,有着4000余米的曲折海岸线。园内蓝天碧海、青山奇石、山水融融,构成了绮丽的海滨风光。景区主要包括珊瑚馆、极地馆、鸟语林、群虎雕塑、马驷骥根雕艺术馆、大型跨海空中索道、四维影院,以及惊险刺激的激流探险、海盗船、蹦极、速降等游乐设施。

2007年，被正式批准为国家5A级旅游景区。

(三)大连金石滩景区

金石滩国家旅游度假区位于大连市金州区的东部。金石滩三面环海，冬暖夏凉，气候宜人，绵延30多公里的海岸线凝聚了3亿~9亿年的地质奇观，被称为"凝固的动物世界""天然地质博物馆"，有"神力雕塑公园"之美誉。金石滩凉爽宜人的气候、诱人可口的海鲜、绮丽迷人的海岸、星罗棋布的海滩，以及完备的旅游设施，使其在每年的7月、8月，都吸引到上百万的海内外宾客来此旅游。大连国际沙滩文化节、登山呐喊比赛、冬泳节、铁人三项赛等缤纷多彩的节庆给金石滩增添了新鲜活力与无穷魅力，吸引了国内外的大量游客。2011年被评为国家5A级旅游景区。

三、风物特产

(一)绥中白梨

辽宁为我国三大白梨产区之一，在绥中县西北秋子沟一带仍有300年以上的老龄梨树。绥中白梨果色金黄，有蜡质光泽，皮薄、肉厚、核小，吃起来肉质细嫩，松脆多汁，甘甜爽口，既可鲜食，亦可加工成果脯、果干、罐头、果酒及果酱等。

(二)柞蚕丝绸

柞蚕及柞蚕丝绸业在辽宁有800多年的历史，丹东拥有世界上最大的柞蚕生产基地。柞蚕丝绸是用柞蚕茧加工纺织而成的一种名贵织料。柞蚕丝织品做成的服装，盛夏可吸水并迅速蒸发，隆冬能贴肤保暖，柔软舒适。

(三)盘锦大米

盘锦市自古就有"鱼米之乡"的美称。境内地势平坦，多水无山，属温带大陆半湿润季风气候，四季分明，雨热同季，干冷同期，既有甘甜纯净丰饶若乳的辽河水灌溉，又无"工业三废"污染，特别是具有偏碱性土壤所特有的生长优质粳米的特性，因而生长出的粳米淀粉含量低、韧性强、口感好，成为享誉全国的优质产品。

(四)海八珍

海参：名贵的海产品。尤以北方刺参品质最佳。大连市长海县产的"五行刺"被称为"参中之王"，营养价值极高，被列为"海八珍"之首。

鲍鱼：鲍的足部肌肉发达，细嫩可口，营养丰富。鲍的壳大而坚厚，名石决明，可入药，素有"海底软黄金"之称。

扇贝：因它的外形像扇子，故得名。鲜扇贝煮熟后即可直接鲜食，又可蘸佐料而食。将扇贝丁取出晒干后，可制成著名的海珍品——干贝。

对虾：体态优美，肉质鲜美、细嫩，营养丰富。大连是我国对虾的主要产地之一，春天的虾肉最肥。

蚬子：又称蛤，大连地区常见的有花蚬子、沙蚬子、文蛤、鸟蛤、青蛤等几十种，煮食、凉拌、爆炒、做馅，味道均佳。

贻贝：又称海红，味道鲜美，营养丰富，是大连人喜食的重要海味。

蚶子：又称毛蚬子，主要生活于近海的松软泥中，肉质鲜嫩肥厚，味道极佳。

牡蛎：又称海蛎子，既可熟食，又可鲜食。把鲜海蛎子经油炸后，可烹饪成炸蛎黄。把海蛎子与酸菜放在一起炖，可做成海蛎子火锅。

微课7-1　海八珍

专栏7-2　辽菜

辽菜是根据辽宁内陆地区民族特点、区域特点、饮食习俗、烹饪技法创建的一种地方菜系。

辽菜是利用辽宁内陆产的绿色食品原料和特有的烹饪工艺，并结合辽宁内陆地区各民族饮食文化和习俗形成的独特菜系。清朝宫廷菜、王（官）府菜、市井菜、民俗菜、民族菜构成辽菜的基本框架。

辽菜十分讲究火候，擅长使用烧、炖、扒、靠、熘、拔丝、小炒、酱等烹调方法。一些菜肴的烹制做到了嫩而不生、透而不老、烂而不柴，或外脆里嫩、外酥内烂等特征，火候的运用到了炉火纯青的地步。

醇厚香浓是辽菜风味的主要特征，也是辽菜特色的核心。在众多的辽菜中，浑厚鲜咸味、香辣味、五香味、甜咸味、甜酸味、茄汁味、酸辣味、甜香味等口味香浓的菜肴占有相当大的比重。在餐饮市场上售卖的品种和个数上占的比例更大。人们吃辽菜，往往就是为了吃它的醇厚香浓。

辽菜在餐饮市场上，总的说属于价廉物美、量大实惠的一类市肆菜。尤其是一些中小饭店，更是如此。炖菜也是满满一大盘。而且辽菜的传统品种制作时一般很少装饰雕琢，给人以朴实的美感。

辽菜在长期的发展过程中，形成了一系列风味名菜，这些品种也较为集中地体现了辽菜特色。如"葱烧辽参""拌拉皮""酸菜粉""尖椒土豆片""猪肉炖豆角""小鸡炖蘑菇""鲶鱼炖茄子"，当然还有"杀猪炖菜"，这些菜深受关内外食客的喜爱，经久不衰。

（资料来源：百度百科—辽菜，2023-09-12）

本章小结

（1）东北旅游区位于我国东北地区，该区的自然地理环境主要是山环水绕，其中，"山"指的是大兴安岭、小兴安岭和长白山；"水"指的是黑龙江、乌苏里江、图们江、鸭绿江，此外还包括松花江、嫩江、辽河。东北地区拥有我国第一大平原，即东北平原，由三江平原、松嫩平原和辽河平原组成。东北地区是我国森林分布最广的地区。人文地理环境主要包括悠久的历史文化，多彩的民族风情；雄厚的经济基础，丰富的土地资源。东北旅游区旅游资源的特色主要是瑰丽的火山胜景、广阔的林海雪原和迷人的海滨风光。

(2) 东北旅游区包括黑龙江、吉林和辽宁三省。旅游资源非常丰富,拥有许多国家5A级旅游景点。旅游资源特征主要体现为林海雪原、火山奇观和海滨风光。

(3) 东北地区物产丰富,具有地方特色,代表性的物产包括东北三宝、灵芝、林蛙、猴头蘑、长白山人参、梅河大米、黄松甸黑木耳、查干湖胖头鱼、绥中白梨、柞蚕丝绸、盘锦大米、海八珍等。

习 题

一、填空题

1. 东北平原主要由三部分组成,分别是_____、_____和_____。
2. _____、_____和_____被称为"东北三宝"。
3. _____有电影城、汽车城之称。
4. _____是我国第一大火山堰塞湖。
5. _____有"火山地貌博物馆"之称。

二、选择题

1. 被称为"关东第一山"的是( )。
   A. 大兴安岭　　　B. 小兴安岭　　　C. 长白山　　　D. 千山
2. 被列为"海八珍"之首的是( )。
   A. 扇贝　　　　　B. 牡蛎　　　　　C. 海参　　　　D. 对虾
3. ( )在群山环抱之中,是我国最大的火山口湖,也是我国最深的湖泊。
   A. 长白山天池　　B. 松花江　　　　C. 兴凯湖　　　D. 镜泊湖
4. ( )的药用价值很高,可生精补髓,养血益阳,强筋健骨,治疗身体虚弱、耳聋目暗等症。
   A. 人参　　　　　B. 灵芝　　　　　C. 鹿茸　　　　D. 猴头菇
5. 黑龙江省地处中国东北边陲,其北部和东部隔黑龙江、乌苏里江与( )相望,西部和南部分别与内蒙古自治区和吉林省相接。
   A. 日本　　　　　B. 朝鲜　　　　　C. 蒙古　　　　D. 俄罗斯

三、简答题

1. 简述东北旅游区的地貌特征。
2. 简述东北地区旅游资源特征。
3. 简述黑龙江的主要旅游风景区及其特点。
4. 简述长白山景区的概况。
5. 东北旅游区旅游发展的概况如何?应怎样进一步发展?

习题答案

第八章

黄河中下游旅游区

学习目标

通过学习,熟悉黄河中下游旅游区的地理环境特征及旅游资源特征;了解该区内各省的概况及风物特产;掌握主要的旅游景区景点的概况。

关键词

黄河　中原　黄土高原　秦岭　文物古迹

> **案例导入**

《黄河国家文化公园建设保护规划》出台

国家发展改革委、中共中央宣传部、文化和旅游部、国家文物局等部门联合印发了《黄河国家文化公园建设保护规划》。

规划范围包括黄河流经的青海、四川、甘肃、宁夏、内蒙古、陕西、山西、河南、山东9个省（区），以黄河干支流流经的县级行政区为核心区，各地可根据实际情况和黄河故道发展历史延伸至联系紧密区域。

规划提出构建黄河国家文化公园"一廊引领、七区联动、八带支撑"总体空间布局，分类建设管控保护、主题展示、文旅融合、传统利用等4类重点功能区；提出全面推进强化文化遗产保护传承、深化黄河文化研究发掘、提升环境配套服务设施、促进黄河文化旅游融合、加强数字黄河智慧展现五大重点任务实施。

规划强调，要坚持保护优先、强化传承，加强文物和文化遗产保护传承，严格落实保护为主、抢救第一、合理利用、加强管理的方针；坚持文化引领，彰显特色，深入挖掘黄河文化丰富内涵和历史意义，全面阐释黄河文化时代价值；坚持因地制宜，分类指导，充分考虑地域广泛性和文化多样性、资源差异性，实行差别化政策措施；坚持积极稳妥，改革创新，兼顾历史与现实，打造民族性世界性兼容的文化名片。

（资料来源：中华人民共和国中央人民政府门户网站，2023-07-18）

国家文化公园是传承中华文明的历史文化标识、凝聚中国力量的共同精神家园、提升人民生活品质的文化体验空间。《黄河国家文化公园建设保护规划》的出台，明确了黄河文化和旅游融合发展的重点任务，对于打造中国特色文化和旅游融合发展标杆具有十分积极的意义。

第一节 地理环境概况及旅游资源特征

黄河是我国的母亲河，是中华民族文明的发祥地，黄河中下游旅游区是我们祖先最早生存繁衍的地区之一，在我国历史上长期作为政治、经济和文化的中心。该区包括陕西、山西、河南、山东四省，地理环境复杂多样，旅游资源异常丰富，并且价值很高，是我国主要的旅游区域。

一、自然地理环境

(一)地貌形态复杂

该区在地理上主要包括秦晋黄土高原、关中盆地、秦巴山地、豫西山地、豫鲁平原和山东丘陵等几个地貌单元。

秦晋高原包括山西高原和陕北高原两部分，是黄土高原的一部分。山西高原在黄土高原的东缘，是黄土高原的重要组成部分，包括太行山以西、黄河以东的地区，自北向南有恒山、五台山、系舟山、太岳山和中条山等。五台山主峰海拔3061米，是山西省最高峰。境内自东北向西南依次排列着大同、忻州、太原、临汾、运城五大盆地，汾河从中贯流，地肥水美，五谷丰登。除河谷平原外，大部地区海拔在1000～1500米。陕北高原即陕北黄土高原，分布在凤翔、铜川、韩城以北，是我国黄土高原的中心部分。地势西北高，东南低。基本地貌类型是黄土塬，梁、峁、沟、塬是黄土高原经过现代沟壑分割后留存下来的高原面。

关中盆地又称渭河盆地，位于陕西省中部，夹持于陕北高原与秦岭山脉之间，关中盆地内部的平原称为关中平原(或渭河平原)。关中盆地西起宝鸡，东到潼关，南至秦岭，北接陕北高原，西窄东宽，西高东低。这里地势低平、土壤肥沃、气候温暖、雨量适中、灌溉便利，很早就成为人类生活、生产的主要基地，春秋战国时为秦国故地，因此号称"八百里秦川"。

秦巴山地由秦岭和大巴山组成，两山之间西部有汉中盆地，东部为安康盆地。秦岭是横贯中国中部的东西走向山脉。秦岭—淮河一线是中国地理上最重要的南北分界线，被尊为华夏文明的龙脉。秦岭主峰太白山海拔3771.2米。大巴山系绵延重庆市、四川省、陕西省、甘肃省和湖北省边境山地的总称，长1000公里，为四川盆地、汉中盆地的界山。汉中、安康盆地是陕西主要的农业区和亚热带资源宝库，也是陕西水稻和油菜的主要产区。

豫西山地因位于河南省西部而得名，是秦岭向东延伸至河南境内的山地，主要包括伏牛山脉、熊耳山脉、外方山脉等，山地高度由西向东逐渐下降。中岳嵩山就是外方山向东北的延续。秦岭向东南出现在鄂、豫、皖三省边界，形成桐柏山和大别山。

豫鲁平原在黄河下游区域，平原地区地表坦荡，地下水丰富，山东境内海拔更低。因黄河多次决口泛滥、改道和修筑堤坝，地表形成许多洼地、坑塘、堤坝。

山东丘陵是山东省中部、东部低山丘陵的总称，在地形上分为三部分：鲁中南低山丘陵，海拔在500～1000米；胶东低山丘陵，海拔在200～500米；胶莱谷地，海拔在5米以下。主要的山岭有泰山、沂蒙山等。

(二)大陆性季风气候明显

该区位于中纬度亚欧大陆性季风气候区，由于距海的远近不同及地形的影响，有半湿润—半干旱、湿润气候等干湿特征。大部分地区四季分明，春季短促，干旱多风沙，夏季炎热，降雨丰沛，秋季天朗气爽，风和日丽，冬季漫长，寒冷少雨雪。就旅游而言，春季是淡季，夏季为海滨区旺季，秋季为旅游黄金时期，冬季为次淡季。

(三)水体资源丰富

该区主要河流有黄河、渭河、汾河，兼有长江、淮河、海河水系，京杭大运河纵贯南北。黄河贯穿该区四省，自山东入渤海。淮河发源于豫南的桐柏山，长约1000公里。

二、人文地理环境

(一)历史悠久，古都众多

黄河中下游地区是中华民族的摇篮，以灿烂的华夏古文明驰誉世界。该地区自古以来气候温暖、土地肥沃、灌溉便利，适于人类的生存和繁衍。80万年前，蓝田猿人是黄河流域最早的居民，后来相继出现了丁村人、河套人。从仰韶文化到龙山文化，他们培育了高度发达的原始文化，并率先由原始氏族进入了奴隶社会。我国最早的奴隶社会夏、商、周就是在这里发展起来的，在2000多年的封建社会时期，大多数朝代也都把都城建在中原地区，形成了当时的政治、经济、文化中心。安阳、长安、咸阳、太原、洛阳、开封、临淄、商丘、曲阜等都先后做过各国都城。其中洛阳是九朝古都，开封是七朝古都，西安是十二朝古都。在国家评定的国家级历史文化名城中，该区占了近1/4。

(二)交通便利，农业发达

该区交通以铁路运输为主，公路以豫鲁两省密度较大，陆上交通便利。青岛、烟台是该区两大港，向南北均有航线，可联络上海、天津、大连等城市。黄河中下游地区土地辽阔，气候温暖，是我国农业开发最早的地区。关中平原、晋中盆地、豫鲁平原是我国重要的小麦和杂粮产区。该区也是全国主要的棉花、花生、芝麻产区。另外有烟台苹果、莱阳梨、德州西瓜、乐陵小枣、潍坊萝卜、临潼柿子、栾川木耳、黄河鲤鱼等，物产繁多。

三、旅游资源特征

(一)文物古迹占有绝对优势

从三皇五帝到夏商周时期，从秦汉魏晋到隋唐末，中华民族的主流历史和文化长期在此发展延续，因此留下了数不胜数的文物古迹。古城、古建筑、古代陵墓、民俗风情、宗教等丰富的人文旅游资源成为该区旅游发展的重要物质基础。主要包括以陕西蓝田猿人遗址、河南仰韶文化遗址、山东大汶口文化遗址为代表的古文化遗址；以西安、开封、洛阳、安阳、平遥等为代表的古城；以陕西秦始皇陵、河南宋陵和关林、山东的孔林为代表的名人陵墓；以云冈石窟、龙门石窟、少林寺、应县木塔为代表的名窟、名寺、名塔。此外，还包括许多古栈道、古战场、古道观等。尤为重要的是，该区是中华民族及许多姓氏的发源地，具有发展寻根旅游的丰厚资源和巨大潜力。

(二)文化艺术特色鲜明，地方韵味浓厚

该区文化艺术多姿多彩，地方特色鲜明。陕西地方戏以秦腔最具代表性，激越高亢、节奏分明。民歌以信天游最具特色。陕北安塞腰鼓以其欢快奔放的表演展示了古朴淳厚的民风。山西被誉为中国戏曲艺术的摇篮，堪称我国戏曲黄金时代的元代杂剧最早兴盛

于此，而后转入大都(北京)。山西锣鼓粗犷、剽悍、雄奇、自然，表现出黄河儿女纯朴、率直、激昂、豪放的情怀，被称为"中国第一鼓"。晋剧、蒲剧、皮影、木偶等也是山西代表性的戏剧艺术。河南以豫剧为主要戏曲，具有浓厚的地方特色，成为文化交流的载体。山东地方戏有30多种，其中吕剧、山东梆子、山东快书和秧歌的影响力颇大。

(三)土特产品丰富多彩，民俗民风古朴淳厚

该旅游区工艺品做工精细，风格独特，以河南洛阳唐三彩、汝瓷、钧瓷、汴绣，山东淄博的陶器、潍坊风筝，陕西仿唐三彩、耀州的青瓷，山西新绛的云雕、平遥推光漆器等最为著名。饮食方面山东风味菜肴自成体系，鲁菜为我国四大菜系之一。山西的刀削面、陕西的泡馍、山东的煎饼、河南的烩面等都是典型的地方特色饮食代表。

黄河中下游旅游区在历史积淀中形成了独特的民俗。例如，山东潍坊的"千里民俗游"，河南巩义民俗文化村游，开封宋都御街游，少林寺武术节，三晋民俗游，关公故里游，西安古城民俗游，国际孔子文化节等都是比较有名的民俗旅游。

第二节 陕 西 省

一、概况

陕西省简称"陕"或"秦"，省会是西安。全省总面积为20.56万平方公里。中国大地原点就在陕西省泾阳县永乐镇。全省纵跨黄河、长江两大流域，是新亚欧大陆桥亚洲段和中国西北、西南、华北、华中之间的门户，周边与山西、河南、湖北、四川、甘肃、宁夏、内蒙古、重庆8个省区市接壤，是国内邻省数量最多的省份，具有承东启西、连接西部的区位之便。北山山脉、南山山脉(即秦岭)横断陕西，将全省分为三部分，即黄土高原、关中平原和秦巴山区。

陕西是中华民族的摇篮和中华文明的发祥地之一，著名古迹有周王朝都城遗址，秦始皇陵兵马俑，汉武帝茂陵及其石刻艺术，三国遗迹五丈原、武侯祠等文物群，唐代法门寺地宫珍宝和佛指舍利，女皇帝武则天与唐高宗李治的合葬墓乾陵，陕西历史博物馆，艺术价值最高的"石质图书馆"西安碑林，中国现存规模最大、最完整的古城垣建筑西安城墙，革命圣地延安及其中国现代革命文物群等。

专栏8-1　关中八大怪

第一怪，板凳不坐蹲起来；第二怪，房子半边盖；第三怪，姑娘不对外；第四怪，帕帕头上戴；第五怪，面条像裤带；第六怪，锅盔像锅盖；第七怪，油泼辣子一道菜；第八怪，秦腔不唱吼起来。

二、国家5A级旅游景区

截至2023年9月,陕西拥有12个国家5A级景区,分别为西安市秦始皇兵马俑博物馆(2007)、西安市华清池景区(2007)、延安市黄帝陵景区(2007)、陕西渭南华山景区(2011)、陕西西安大雁塔·大唐芙蓉园景区(2011)、法门寺佛文化景区(2014)、商洛市金丝峡景区(2015)、宝鸡市太白山旅游景区(2016)、西安市城墙·碑林历史文化景区(2018)、延安市延安革命纪念地景区(2019)、西安市大明宫旅游景区(2020)、黄河壶口瀑布旅游区(陕西省延安市·山西省临汾市)(2022)。

(一)西安市华清池景区

华清池位于西安市临潼区骊山北麓,具有6000年的温泉利用史和3000年的皇家园林建筑史。因其亘古不变的温泉资源、烽火戏诸侯的历史典故、唐明皇与杨贵妃的爱情故事、"西安事变"发生地而享誉海内外,成为中国唐文化旅游标志性景区。2007年被批准为国家5A级旅游景区。景区主要有唐御汤遗址博物馆、"西安事变"旧址、九龙湖与芙蓉湖风景区、唐梨园遗址博物馆,有飞霜殿、昭阳殿、长生殿等标志性建筑群。2007年推出的大型实景历史舞剧《长恨歌》开创了中国旅游文化创意产业的成功典范。

(二)延安市黄帝陵景区

黄帝陵,是中华民族始祖黄帝轩辕氏的陵墓,相传黄帝得道升天,故此陵墓为衣冠冢。黄帝陵古称"桥陵",为中国历代帝王和著名人士祭祀黄帝的场所。据记载,最早祭祀黄帝始于公元前442年。自唐大历五年(770年)建庙祀典以来,一直是历代王朝举行国家大祭的场所。1961年,国务院公布黄帝陵为全国第一批重点文物保护单位,编为"古墓葬第一号",号称"天下第一陵"。2007年被评为国家5A级旅游景区。

案例8-1

(三)陕西西安大雁塔—大唐芙蓉园景区

大雁塔被视为古都西安的象征,是全国重点文物保护单位。唐代永徽三年(652年),玄奘为藏经典而修建大雁塔,塔身七层,通高64.5米。大唐芙蓉园位于大雁塔东侧,是中国第一个全方位展示盛唐风貌的大型皇家园林式文化主题公园,建有紫云楼、仕女馆、御宴宫、杏园、芳林苑、凤鸣九天剧院、唐市等许多仿古建筑。大唐芙蓉园以"走进历史、感受人文、体验生活"为背景,展示了大唐盛世的灿烂文明。2011年西安大雁塔—大唐芙蓉园景区被评为国家5A级景区。

三、风物特产

(一)唐三彩

唐三彩是唐代低温彩釉陶器的总称,以黄、褐、绿为基本釉色,后来人们习惯地把这类陶器称为"唐三彩"。唐三彩的诞生已有1300多年的历史，它汲取了中国国画、雕塑等工艺美术的特点，采用堆贴、刻画等形式的装饰图案，线条粗犷有力。唐三彩主要分布在长安和洛阳两地。唐三彩的种类很多，有人物、动物、碗盘、水器、酒器、文具、家具、房屋等。

(二)陕北剪纸

陕北剪纸多以黄土高原为背景，风格粗朴豪放，单纯简练。剪纸多用红色这种象征喜庆、红火的纸来做，包括窗花、门笺、墙花、顶棚花、灯花、花样、喜花、春花等，特别是在过节时，将剪好的纸型贴在窗户或器具上，以烘托喜庆气氛。剪纸的内容多为娃娃、葫芦、莲花、家禽家畜、瓜果鱼虫等农民熟悉的对象。剪纸作为一种民间艺术，具有很强的地域风格。

(三)西凤酒

西凤酒为中国四大名酒之一，产于陕西省宝鸡市凤翔区柳林镇，已有3000多年的历史，有苏轼咏酒等诸多典故。西凤酒系凤香型白酒的典型代表，以当地特产高粱为原料，无色清亮透明，醇香芬芳，清而不淡，浓而不艳，集清香、浓香之优点于一体，醇香典雅、诸味协调，回味舒畅，风格独特，被誉为"酸、甜、苦、辣、香五味俱全又各不出头"。西凤酒曾多次荣获国际大奖，是我国最早的国家白酒之一，并为历届国家名优酒品。

专栏8-2　四大名酒

　　四大名酒是指在1952年的第一次全国评酒会上评选出的四个国家级名酒，分别为贵州茅台、山西汾酒、四川泸州老窖和陕西西凤酒。

　　此后在1963年、1978年、1983年和1989年，又先后举行了第二、三、四和五届全国评酒会，越来越多的中国名酒从评酒会上诞生，但首届中国四大名酒始终傲立酒界。

　　这四大名酒分别成为中国白酒最先确立的四大基本香型的典型代表。贵州茅台酒代表的是酱香型，山西汾酒代表的是清香型，四川泸州老窖代表的是浓香型，而陕西西凤酒则代表着凤香型。四大香型在这些企业不断的技术升华中得到进一步的确立和发展。茅台酒的生产标准被定为专门的国家标准。泸州老窖的浓香型酒工艺传播到川内川外大江南北，催生众多的浓香型白酒企业。清香型的汾酒则曾在上世纪九十年代最初三年雄踞中国白酒市场第一的宝座，产销量重又创历史同期最好水平。西凤酒独特的香型后来被国家评酒机构专门将其香型单独明确为凤香型。

(资料来源：百度百科—四大名酒，2023-09-12)

(四)临潼火晶柿子

临潼火晶柿子是陕西的特产(见图8-1)。火晶柿子果形扁圆，面为朱红色，细润而光滑，色泽艳丽，皮薄无核，果肉深红，浆汁丰满，鲜美甘珍。火晶柿子营养丰富，所含的胡萝卜素、维生素C和钙、磷、钾、碘等微量元素均超过苹果、梨、桃、杏等果品。特别是含糖量极高，多为葡萄糖、果糖、蔗糖，酸味极低，吃起来特别甜，在水果中居于首位。

图8-1 临潼火晶柿子

第三节 山 西 省

一、概况

山西省，简称"晋"，省会是太原。山西大部分位于太行山之西、吕梁山和黄河以东，自古被称为"表里山河"，总面积15.67万平方公里，山区面积约占全省总面积的80%以上。

山西疆域轮廓呈东北斜向西南的平行四边形，是典型的为黄土所广泛覆盖的山地高原，地势东北高，西南低。高原内部起伏不平，河谷纵横，地貌类型复杂多样，有山地、丘陵、台地、平原，山多川少，最高点为五台山主峰叶斗峰，海拔3061.1米，为华北最高峰。山西河流分属黄河、海河两大水系。汾河是山西境内第一大河。山西煤炭资源储量约占全国煤炭资源储量的20%，故而有"煤乡"之称。

山西是中华文明发祥地之一，有文字记载的历史达3000年，被誉为"华夏文明的摇篮"，素有"中国古代文化博物馆"之称。"华夏古文明，山西好风光"是对山西旅游的高度概括。著名景区包括北岳恒山、黄河壶口瀑布、五台山、悬空寺、晋祠、平遥古城、芮城永乐宫、解州关帝庙、云冈石窟、祁县乔家大院等。

案例8-2

二、国家5A级旅游景区

截至2023年9月，山西拥有10个国家5A级景区，分别为大同市云冈石窟(2007)、忻州市五台山风景名胜区(2007)、山西晋城皇城相府生态文化旅游区(2011)、晋中市介休绵山景区(2013)、晋中市平遥古城景区(2015)、忻州市雁门关景区(2017)、临汾市洪洞大槐树寻根祭祖园景区(2018)、长治市壶关太行山大峡谷八泉峡景区(2019)、临汾市云丘山景区(2020)、黄河壶口瀑布旅游区(陕西省延安市·山西省临汾市)(2022)。

(一)大同市云冈石窟

处于山西省大同市西郊的云冈石窟是我国古代雕刻艺术的瑰宝,也是世界著名的大型石窟群之一。云冈石窟开凿于北魏和平年间(460—465年),距今已有1500多年的历史,是中国第一处由皇室显贵主持开凿的大型石窟。云冈石窟依山开凿,东西绵延1公里,现存主要洞窟45个,石窟雕刻的题材内容基本上是佛像和佛教故事。石窟中最大的佛像是第五窟三世佛的中央坐像,高达17米。佛像形态端庄,是中原文化传统的表现手法;但其脸部形象额宽、鼻高、眼大而唇薄,却具有外域佛教文化的某些特征。云冈石窟于2007年被评为首批国家5A级旅游景区。

(二)忻州市五台山风景名胜区

五台山是中国佛教及旅游胜地,是大智文殊师利菩萨的道场。五台山位于山西省东北部的忻州市五台县和繁峙县之间,西南距省会太原市约230公里,现存有唐代以来7个朝代的寺庙68座,其中有全国重点文物保护单位9处,省级文物保护单位6处。五台山与四川峨眉山、安徽九华山、浙江普陀山共称"中国佛教四大名山",与尼泊尔蓝毗尼花园、印度鹿野苑、菩提伽耶、拘尸那迦并称为"世界五大佛教圣地"。在《2008中国避暑名山榜》上,五台山位列中国十大避暑名山之首。五台山于2007年被评为国家5A级旅游景区。

(三)晋城皇城相府生态文化旅游区

皇城相府(又称午亭山村)(见图8-2),是清文渊阁大学士兼吏部尚书加三级、《康熙字典》总阅官、康熙皇帝三十五年经筵讲师陈廷敬的故居。其建筑依山就势,随形生变,官宅民居,鳞次栉比,是一组别具特色的明清城堡式官宅建筑群。皇城相府整个建筑由内城和外城两部分组成。内城系明代遗构,外城为清代所建。内外城墙总长达780余米,平均高度12米左右,宽度在2.5~3米。"绿树村边合,青山郭外斜",皇城相府不仅是一幅古代"自然山水画",更是一座具有强烈人文精神的东方古城堡。皇城相府于2011年被评为国家5A级旅游景区。

图8-2 皇城相府

专栏8-3　走西口与闯关东

走西口、闯关东之高峰期，是在清代与民国时期。走西口是以山西籍人为主，经山西右玉县杀虎口到塞外蒙古地区谋生的活动。央视播放的《闯关东》电视剧则反映了以山东籍人为主，到山海关外的东北地方谋生活动。

山西人走口外，西口——杀虎口是一条途径，另外还有别的途径，如经张家口到塞外，故走张家口者又称走东口。闯关东，有陆水二路，陆路即经河北，越山海关到东北；山东有数千里海岸线，与辽东半岛隔海相望，从山东登州（蓬莱）乘船数日可达辽东，故水路为山东人赴东北又一重要途径。

山西人走口外，山东人闯关东，都是十分艰辛之路。杀虎口是到塞外的一条重要途径，但这里土匪盗贼甚多。有民谣云："杀虎口、杀虎口，没有钱财难过口，不是丢钱财，就是刀砍头，过了虎口还心抖。"到了口外，戈壁沙漠，严寒风雪，困难重重。山东人闯关东，水路有风浪之险、海盗之害。陆路不仅路遥山阻，且沿途蒙受土匪、土豪、乡霸、酷吏之害。所以，走西口、闯关东都是一次次生活、生命的搏杀。

尽管如此，人们为什么仍要冒着极大的风险走西口、闯关东呢？以山西来讲：一是地临蒙古，位处中原农工经济与蒙古畜牧区间，具有地理条件优势。二是山西土瘠民贫，十年九旱。尤其西北地区更为严重，有民谣云："河曲保德州，十年九不收，男人走口外，女人挖野菜"，为生活所迫，不得不外出谋生。三是清朝时对赴蒙古实行有限"开放"政策。明代，蒙古部落与明王朝是军事对峙状态，明王朝沿长城设九边镇，驻扎军队，防蒙古部落南下"骚扰"。清王朝对蒙古实行怀柔政策。清统一全国后，蒙古畜牧地区与中原农工地区物资急需通过交流，满足民生之需，使清朝不得不有限"开放"，经批准后允许中原人赴蒙古地方，山西人以地临之便，形成走口外之高潮。

山西人走口外，山东人闯关东，对于当时的社会经济发展都起到了积极的推动作用。首先，推动了塞内外、关内外的物资交流和商品经济的发展。清代的山西人，不仅垄断了旅蒙商业，而且开辟了一条从茶叶产地，经长江、黄河、蒙古戈壁沙漠、俄罗斯西伯利亚，直达欧洲腹地圣彼得堡的茶叶国际商路。山东人到东北经商，明代已初显。清军入关后，山东商人在营口、大连、长春、安东、盛京（沈阳）等地经济实力逐渐增强，东北商界几乎被山东商人所把持。其次，推动了塞外与关外城镇的发展。包头原非城镇，是山西祁县人乔姓先在此地开办复字号商店，逐渐繁盛，形成城镇，故有"先有复字号，后有包头城"之说。辽宁朝阳县，也是在晋商太谷曹氏的推动下得以发展，故有"先有曹氏商号，后有朝阳城"之说。山东人大量涌进东北，推动了辽河流域的开发，进而促使了沿河城镇的发展，形成了以盛京（沈阳）为中心，包括锦州、辽阳、海城、开原、铁岭等府州县在内的城镇布局。其三，开发了塞外与关外的农耕经济。明代已有山西人在蒙古南部开发农耕土地，住民称"板升"。清代归化（呼和浩特）一带已渐由牧区转为农耕区，塞外的千里沙漠，已出现数十万顷良田。东北辽河流域，适宜农耕经济发展，山东人在辽河流域的开发，又使得这一地区的农耕经济有了新的发展。

（资料来源：山西省人民政府门户网站，2023-09-12）

三、风物特产

(一)汾酒

汾酒是清香型白酒的典型代表,工艺精湛,源远流长,原料是优质高粱、大麦、豌豆。其特色是酒液晶亮、清香幽雅、醇净柔和、回甜爽口、饮后余香,在国内外消费者中享有较高的知名度、美誉度和忠诚度。汾酒有着4000年左右的悠久历史,曾被载入二十四史,杜牧的"借问酒家何处有?牧童遥指杏花村"更使其名扬天下。汾酒曾在巴拿马万国博览会上荣获甲等金质大奖章,为国争光,为中国酿酒行业的佼佼者。

(二)老陈醋

老陈醋是山西醋中的珍品,不仅调味上佳,还可消食、美容、杀菌。老陈醋具有一般醋的酸醇、味烈、味长等特点,同时,还具有香、绵、不沉淀的特点。另外,老陈醋储存的时间越长,越香酸可口,耐人品味;并且过夏不霉,过冬不冻,颜色深橙,为山西醋中独具一格、质地优良的佳品。

(三)清徐葡萄

清徐葡萄产地是太原清徐县,素有"葡萄之乡"的美称。清徐葡萄已有1000余年的栽培历史,这里生产的葡萄品质优良、味美香甜、色泽鲜艳、含糖量高。唐朝诗人刘禹锡来并州曾写有葡萄歌,赞美清徐葡萄。葡萄产地的土质、阳光、气候、水源都适宜葡萄的生长。经过多年的积累,已形成一套完整的栽培管理技术和种植经验。

(四)晋祠大米

晋祠大米产于太原晋祠镇一带,这种大米颗粒长,个头大,外形晶莹饱满,呈半透明状,米色微褐,做出饭来颗粒分明,香气扑鼻。吃到嘴里,味香甜,有韧性、黏性,有嚼头。晋祠大米之所以品质优良,是因为用晋祠难老泉水浇地,这种水水温低,含有明矾等矿物质,加之晋祠附近村庄土地肥沃,土壤呈黑色,有利于水稻生长。

第四节 河 南 省

一、概况

河南省简称"豫",省会是郑州。《尚书·禹贡》将天下分为"九州",豫州为天下九州之一,现今河南大部分地区属九州中的豫州,故有"中原""中州"之称。全省总面积为16.7万平方公里。地势西高东低,北、西、南三面由太行山、伏牛山、桐柏山、大别山沿省界呈半环形分布;中、东部为黄、淮海冲积平原;西南部为南阳盆地。河南横跨黄河、淮河、海河、长江四大水系。

案例8-3

河南是中华文明的核心发祥地、华夏历史文化的中心，在50万年前就有人类在这里繁衍生息。河南早期曾是中国政治、经济、文化、交通中心，更是诞生了洛阳、开封、安阳、郑州等举世闻名的古都。河南的汉字文化、姓氏文化、诗词文化、礼仪文化、戏曲文化等博大精深。河南也是道家、墨家、法家、名家、纵横家等思想的发源地。

河南旅游资源丰富。少林寺、龙门石窟、龙亭、相国寺、殷墟等历史人文资源享誉海内外，嵩山、云台山、黄河等名山大川纵横。以古(古文化)、河(黄河)、拳(少林寺、太极拳)、根(寻根觅祖)、花(洛阳牡丹、开封菊花)为特色的旅游资源，是河南旅游业发展的一大优势。

二、国家5A级旅游景区

截至2023年9月，河南拥有15个国家5A级景区，分别为：登封市嵩山少林景区(2007)，洛阳市龙门石窟景区(2007)，焦作市云台山－神农山·青天河景区(2007)，河南开封清明上河园(2011)，河南洛阳白云山景区(2011)，河南安阳殷墟景区(2011)，河南省平顶山市尧山·中原大佛景区(2011)，河南省洛阳栾川老君山·鸡冠洞旅游区(2012)，洛阳市龙潭大峡谷景区(2013)，南阳市西峡伏牛山老界岭·恐龙遗址园旅游区 (2014)，驻马店市嵖岈山旅游景区(2015)，安阳市红旗渠·太行大峡谷旅游景区(2016)，永城市芒砀山旅游景区(2017)，新乡市八里沟景区(2019)，信阳市鸡公山景区(2022)。

(一)焦作市云台山风景名胜区

云台山是国家级风景名胜区、国家首批5A级旅游景区和全球首批世界地质公园，位于河南焦作市修武县境内。云台山是一处以地质地貌景观为主，以自然生态和人文景观为辅，以峰谷交错、绝壁林立与飞瀑流泉、清溪幽潭为特色，集美学价值与科学价值于一身的综合性风景名胜区。景区内有世界独一无二的奇峡——红石峡；有亚洲最高落差的云台天瀑；有"华夏中原第一秀水"之称的潭瀑峡；有唐代大诗人王维写下千古名句"独在异乡为异客，每逢佳节倍思亲"的茱萸峰；还有历史上著名的"竹林七贤"隐居地——百家岩等精品景点。

(二)开封清明上河园

清明上河园是一处位于河南省开封市龙亭湖西岸的宋代文化主题公园，同时也是国家5A级旅游景区和中国非物质文化遗产展演基地。它以画家张择端的写实画作《清明上河图》为蓝本，按照《营造法式》为建设标准，以宋朝市井文化、民俗风情、皇家园林和古代娱乐为题材，以游客参与体验为特点的文化主题公园，再现了古都汴京千年繁华的胜景。2009年，清明上河园成为世界纪录协会中国第一座以绘画作品为原型的仿古主题公园。

(三)洛阳市龙潭大峡谷景区

洛阳龙潭大峡谷景区于2013年被评为国家5A级景区，国家地质公园，是洛阳黛眉山世界地质公园的核心景区，是一条以典型的红岩嶂谷群地质地貌景观为主的峡谷景区。景区内有六大自然谜团，即水往高处流、佛光罗汉崖、巨人指纹、石上天书、蝴蝶泉、仙人足迹。七大幽潭瀑布，即五龙潭、龙涎潭、青龙潭、黑龙潭、卧龙潭、阴阳潭、芦苇潭。八大自然奇观，即绝世天碑、石上春秋、阴阳潭瓮谷、五代波纹石、天崩地裂、通灵巷谷、喜鹊迎宾、银练挂天。

三、风物特产

(一)铁棍山药

铁棍山药产于河南省沁阳及焦作周边地带，是一味珍贵的中药材，因表皮蕴含铁锈色，故称为铁棍山药，为历代医家所推崇。作为中药，它可以制成多种丸药，如六味地黄丸等；作为食物蔬菜，它细腻滑爽，别具风味，如拔丝山药、枣泥山药等。1994年，铁棍山药获巴拿马万国博览会金奖。铁棍山药畅销韩国、日本、新加坡、美国、德国等国家，享誉海内外。

(二)密玉

密玉又称"河南玉"，以产于河南省新密市而得名。密玉在国际上被称为"河南翠"，在国内与新疆和田玉、辽宁岫玉、南阳独山玉并称四大名玉。密玉按色泽不同分绿、红、白、黑四种，显玻璃光泽、油脂光泽，质地致密、细腻、坚韧、光洁，以深绿为佳，多用于生产小型玉器和首饰。

(三)朱仙镇木版年画

朱仙镇木版年画有五大特点：线条粗犷，粗细相间；形象夸张，头大身小；构图饱满，左右对称；色彩艳丽，对比强烈；门神众多，严肃端庄。年画的品种有门神、灶画、中堂、对联等，多取材于人们熟悉的人物、故事和传说，其中最多的就是门神，门神中以秦琼、尉迟恭两位武将为主。朱仙镇木版年画与天津杨柳青年画、山东潍坊年画、江苏桃花坞年画并称中国四大年画。

(四)道口烧鸡

道口烧鸡是安阳市滑县道口镇"义兴张"世家烧鸡店所制，是我国著名的特产。由张炳始创于清顺治十八年(1661年)，至今已有360年的历史。道口烧鸡制作时采用多种名贵中药，辅之陈年老汤，其成品烧鸡色泽鲜艳，形如元宝，香味浓郁、酥香软烂、咸淡适口、熟烂离骨、肥而不腻，极具食疗和保健功能。

> **专栏8-4　少林武功**
>
> "中国功夫惊天下，天下功夫出少林"。少林武功是中国传统武术的一个重要组成部分，是正宗的中国功夫。
>
> 少林武功起源于古代嵩山少林寺，并因此而得名。相传北魏孝昌3年，印度高僧达摩，来到嵩山少林寺传授佛教的禅宗，由于终日面壁静坐，不免筋骨困倦，加上在深山老

林，野兽不断侵扰，为了驱倦防兽，健身护寺，达摩等人效仿我国古代劳动人民锻炼身体的各种动作，编成健身活动的"活身法"。达摩在空暇时间，练习了几手用链、棍杖、剑等防盗护身的动作，后人称之为"达摩链""达摩杖""达摩剑"。此后他又吸取鸟兽、虫鱼、飞翔腾跃之姿，发展活身法，创造了一套动静结合的"罗汉手"。

这套健身术，后经历代长期演练、综合、充实、提高，逐步形成了一套拳术，共达百余种，武术上总称"少林拳"。南北朝以后，随着社会的进步和形式的需要，要求少林武术向精湛的技击方面发展，开始实行了有组织的、严格的僧兵训练。每日晨光曦微，师僧们同起而习之，冬练三九、夏练三伏，四季不断。

隋唐之际，少林武术已享盛名。北宋时期，宋太祖赵匡胤喜爱拳术，而且不少拳法是他创造的，曾将他的拳书藏于少林寺。到了金末元初之际，少林拳有了较大的发展。少林派拳术大师白玉峰、觉远、李叟等人，精心研究少林拳法，并注意拳法的整理和传授。他们将少林拳中的"罗汉十八手"发展为七十二手，以后又发展到一百七十三手。五代十国时，高僧福居特邀28家著名武术家，到少林寺演练2年，传授拳法。

明清以来，少林寺演武之风极盛。凡来少林寺者，都要以观武作为游此古寺的高潮或结束。

(资料来源：河南省人民政府门户网站，2023-06-26)

第五节　山　东　省

一、概况

山东省简称"鲁"，省会是济南。山东境域东临海洋，西接大陆。陆地总面积15.79万平方公里，近海域面积15.96万平方公里。

山东地形分为半岛和内陆两部分，山东半岛突出于黄海、渤海之间。西部、北部是黄河冲积而成的鲁西北平原区，是华北大平原的一部分。山东省河流较多，分属黄河、海河、淮河流域或独流入海。著名的京杭大运河纵贯全省。较大的湖泊有南四湖(由南而北依次为微山湖、昭阳湖、独山湖、南阳湖)和东平湖。山东的大陆海岸线长3345公里，仅次于广东省、福建省，居全国第三位。山东省是全国重要的能源基地之一。胜利油田是中国第二大石油生产基地，中原油田的重要采区也在山东。

山东历史悠久，是我国古代儒家创始人孔子、孟子的故乡，又有山、泉、湖、海等众多旅游资源。同时，山东还推出了泰山国际登山节、淄博陶瓷琉璃艺术节、潍坊国际风筝会、烟台国际葡萄酒节、青岛国际啤酒节、国际孔子文化节、菏泽国际牡丹花会等专题旅游活动。丰富多彩的旅游活动加上享誉全国的特产(德州扒鸡、青岛啤酒、即墨老酒、潍坊风筝、淄博陶瓷等)，使旅游业形成绚丽多彩的局面。

二、国家5A级旅游景区

截至2023年9月,山东拥有14个国家5A级景区,分别为烟台市蓬莱阁旅游区(三仙山·八仙过海)(2007)、济宁市曲阜明故城(三孔)旅游区(2007)、泰安市泰山景区(2007)、山东青岛崂山景区(2011)、山东烟台龙口南山景区(2011)、山东威海刘公岛景区(2011)、枣庄市台儿庄古城景区(2013)、济南市天下第一泉景区(2013)、沂蒙山旅游区(2013)、潍坊市青州古城旅游区(2017)、威海市威海华夏城旅游区景区(2017)、东营市黄河口生态旅游区(2019)、临沂市萤火虫水洞·地下大峡谷旅游区(2020)、济宁市微山湖旅游区(2022)。

微课8-1 曲阜三孔

(一)崂山景区

崂山风景区位于青岛市区以东的黄海之滨,三围大海,背负平川,海拔1132.7米,是我国万里海岸线上的最高峰,自古有"海上名山第一"之称。崂山山脉连绵起伏,雄伟壮观。花岗岩地貌独具特色,被人们誉为"天然雕塑公园"。崂山风景名胜资源十分丰富,既是道教名山,同时佛教也源远流长。崂山景区主要包括巨峰、流清、太清、棋盘石、仰口、北九水、华楼几个游览区,其中,流清、太清、棋盘石、仰口在同一游览线上。

(二)台儿庄古城景区

台儿庄古城位于京杭大运河的中心点,坐落于枣庄市台儿庄区和鲁苏豫皖四省交界地带,为国家5A级景区。古城肇始于秦汉,发展于唐宋,繁荣于明清,有"天下第一庄"之称(清乾隆赐)。整个古城分11个功能区、八大景区和29个景点被世界旅游组织称为"活着的古运河""京杭运河仅存的遗产村庄"。城内(见图8-3)有古河道、古码头、中华古水城、台儿庄大战纪念馆、海峡两岸交流基地等,与波兰首都华沙同属因"二战"炮火毁坏而作为文化遗产重建的城市。

图8-3 台儿庄古城

> **专栏8-5　台儿庄大捷**
>
> 　　台儿庄大捷，又称台儿庄战役、鲁南会战或血战台儿庄。台儿庄战役的起止时间有几种说法，一般认为从1938年3月16日开始至4月15日结束。战役由滕县战斗、临沂附近战斗、台儿庄战斗和日军的溃退，中国军队的追击作战等部分组成。在历时1个月的激战中，中国军队约29万人参战，日军参战人数约5万人。中方伤亡约5万余人，毙伤日军约1万余人。
>
> 　　它打击了日本侵略者的嚣张气焰，坚定了全国军民坚持抗战的信心。这次战役鼓舞了全民族的士气，改变了国际视听，消灭了日本侵略者的威风，歼灭了日军大量有生力量。此次大捷是中华民族全面抗战以来，继长城战役、平型关大捷等战役后，中国人民取得的又一次胜利，是抗日战争以来取得的最大胜利，也是徐州会战中国民革命军取得的一次重大胜利。
>
> （资料来源：百度百科—台儿庄大捷，2023-09-13）

(三)黄河口生态旅游区

黄河口生态旅游区位于山东省东营市黄河入海口地域，区内拥有河海交汇、湿地生态、石油工业和海滨滩涂景观等黄河三角洲独具特色的生态旅游资源。黄河从这里入海，形成河海交汇的奇观；这里鸟类众多，有"鸟的乐园"之称，还有国内罕见的天然柽柳林和万亩人工刺槐林，是人们回归自然、进行科考、度假、观鸟、猎奇的理想场所；这里还有美丽的海滨景观，海滨滩涂平整、泥质细腻、生物丰富，是赶海、观潮、赏月、观日出的理想之地。2020年1月，被文化和旅游部确定为国家5A级旅游景区。

三、风物特产

(一)青岛啤酒

青岛啤酒选用优质大麦、大米、上等啤酒花和软硬适度、洁净甘美的崂山矿泉水为原料精心酿制而成，同时采用国内领先的啤酒保鲜技术，保持啤酒口味的新鲜。原麦汁浓度为12°，酒精含量3.5%～4%。酒液清澈透明、呈淡黄色，泡沫清白、细腻而持久。青岛啤酒远销美、日、德、法、英、意、加等世界70多个国家和地区。

(二)潍坊风筝

潍坊又称潍都、鸢都。潍坊制作风筝历史悠久，工艺精湛，选材讲究，造型优美，扎糊精巧，形象生动，绘画艳丽，起飞灵活。风筝用竹子扎制骨架，高档丝绢蒙面，手工绘画，其种类有软翅类、硬翅类、龙头串式类、板子类和立体桶子类等。它不仅被广泛用于放飞、比赛、娱乐，而且已经成为美化人们生活的时尚装饰品。潍坊风筝和京式风筝、津式风筝等交相辉映，鼎足而立。

(三)淄博陶瓷

淄博是位于鲁中部的新兴工业城市,是驰名世界的瓷都之一。这里生产的琉璃品和陶瓷制品不仅享誉国内外,而且有着悠久的历史传统。淄博美术陶瓷造型古朴,装饰新颖,色彩绚丽。在釉色的研究方面成就尤为可观,不仅恢复了早已失传的"雨点釉""茶叶米釉"和"云霞釉",还创造了新的"红金晶釉""鸡血红釉""金星釉"和几十种黑釉系窑变花釉。

(四)东阿阿胶

阿胶应用已有3000年历史,历来被誉为"补血圣药""滋补国宝",与人参、鹿茸一起被誉为"中药三宝"。阿胶的原产地是山东东阿县。"补血止血,润肺滋阴;美容养颜,调经安胎;强身健体,延缓衰老;健脑益智,提高免疫力",是阿胶功效的八句口诀。阿胶功效广泛,功能卓著,同时又药食两用,治病滋补皆宜。

本章小结

(1) 黄河中下游旅游区是我国北部中枢地区,该区的自然地理环境的特点主要是地貌形态复杂,有高原、平原、丘陵,名胜景点众多。属大陆性季风气候,旅游淡旺季分明。人文地理环境表现为华夏文化发祥地,历史悠久;水陆交通便利,农业发达;文化艺术、民俗风情特色鲜明;风味饮食与地方特产风格独特,别具一格。

(2) 黄河中下游旅游区包括陕西、山西、河南、山东四省。旅游资源种类丰富,价值高,分布相对集中,是我国主要的旅游区域。该旅游区旅游资源特征主要为文物古迹占有绝对优势;文化艺术特色鲜明,地方韵味浓厚;土特产品丰富多彩,民俗民风古朴淳厚。

(3) 黄河中下游地区物产丰富,具有地方特色,其代表性的物产包括陕西的唐三彩、陕北剪纸、西凤酒、临潼火晶柿子等;山西的汾酒、老陈醋、清徐葡萄、晋祠大米等;河南的铁棍山药、密玉、朱仙镇木版年画、道口烧鸡等;山东的青岛啤酒、潍坊风筝、淄博陶瓷、东阿阿胶等。

习 题

一、填空题

1. 河南省简称_____,是中原文化的发祥地。
2. 中国第一座佛寺是_____。
3. 五岳之一的西岳为_____。
4. 黄帝陵是祭祀华夏民族的祖先_____的地方。
5. 陕西省主要由_____、_____和_____三大地貌单元组成。

二、选择题

1. 第五窟中央端坐的释迦坐像，为云冈石窟（　　）像。
   A. 第一大　　B. 第二大　　C. 第三大　　D. 第四大
2. 下列不属于"中药三宝"的是（　　）。
   A. 三七　　B. 人参　　C. 鹿茸　　D. 阿胶
3. （　　）被誉为"世界第八大奇迹"。
   A. 秦始皇陵兵马俑　　　　B. 相国寺
   C. 少林寺　　　　　　　　D. 应县木塔
4. 山西省省会是（　　）。
   A. 西安　　B. 济南　　C. 太原　　D. 长沙
5. 我国古代神话传说中的三座仙山不包括（　　）。
   A. 蓬莱　　B. 须弥　　C. 方丈　　D. 瀛洲

三、简答题

1. 简述黄河中下游地区的地貌特征。
2. 简述黄河中下游的旅游资源特征。
3. 中国七大古都是哪些？
4. 简述汾酒的特征。
5. 黄河文明、华夏寻根——黄河中下游旅游区观赏哪些民俗风情？

习题答案

第九章

西北旅游区

📖 **学习目标**

通过学习，熟悉西北旅游区的地理环境特征及旅游资源特征；了解该区内各省的概况及风物特产；掌握主要的旅游景区景点的概况。

💡 **关键词**

高原　盆地　沙漠　丝绸之路

> **案例导入**

中国西北旅游协作区

中国西北旅游协作区是全国面积最大、旅游资源最富集的区域旅游协作组织，涵盖陕西省、甘肃省、青海省、宁夏回族自治区、新疆维吾尔自治区和新疆生产建设兵团，以"资源共享、客源互动、联合宣传、共树品牌、优势互补、共促发展"为协作宗旨，区域总面积约310万平方公里，总人口约1亿人。在这片神秘、神奇的沃土之上，诞生了华夏文明，踏出了丝绸之路，孕育了长江、黄河，挺立起了昆仑、祁连、天山、秦岭等诸多山脉，包容着绚丽多彩的民俗风情，延续着博大精深的中华文明。

西北旅游协作区决策机制为每年10月中旬举行的协作区年会，各省区文化旅游管理部门主要负责人参加。协作区常设机构为协作区秘书处；区域研究机构为西北旅游文化研究院。协作区建有多个联动信息共享平台。除每年联合举办中国西北旅游营销大会、中国黄河旅游大会、年度协作区会议、冬春季项目联合推广活动外，还将共同实施多个项目的联动合作。

2023年4月27日，第32届西北旅游协作区会议在张掖市召开，甘肃省文旅厅正式接旗担任第32届西北旅游协作区轮值主席。

（资料来源：百度百科—中国西北旅游协作区，2023-09-11）

国家正在实施的西部大开发、共建"一带一路"、黄河流域生态保护和高质量发展等重大战略，已经而且必将对大西北的发展产生历史性的深刻影响，对"你中有我、我中有你"的西北文旅行业实现抱团取暖、协同发展创造了巨大机遇，提出了更高要求。西北旅游协作区的发展对促进西北各省区共同致力于文旅工作高质量发展具有重要意义。

第一节　地理环境概况及旅游资源特征

西北旅游区包括甘肃省、新疆维吾尔自治区、宁夏回族自治区和内蒙古自治区四大省区，是我国北部和西北的边陲地区，总面积约334万平方公里，是一个少数民族聚居的区域。该区与蒙古、俄罗斯等国有着近万公里长的边境线，历史上长期是中西文化交往的纽带，是连接亚、欧、非大陆的著名"丝绸之路"的必经之地。

一、自然地理环境

（一）地貌多样

西北旅游区在自然地理上大致可分为东西两大地貌单元：西部为高山与盆地相间分布的地表结构；东部为坦荡的高原和河套平原地貌。

西部地区主要包括新疆全境及内蒙古和甘肃西部地区,高山与盆地相间分布,构成这一地区地表结构的基本特征。地貌单元主要包括新疆的"三山夹两盆"、阿拉善高原及河西走廊。在新疆大致横亘着三大山脉,即阿尔泰山、天山和昆仑山,其中间分别夹着我国两大盆地,即阿尔泰山与天山之间的准噶尔盆地,天山与昆仑山、阿尔金山之间的塔里木盆地。阿尔泰山在准噶尔盆地东北侧,走向西北—东南,山地西南坡气候比较湿润,有大片的山地草原和森林,为新疆主要牧场之一。天山横亘于新疆中部,西段地势险峻,东段山势较低,一些断裂谷地成为南北的重要通道,吐鲁番、哈密、伊犁谷地等都是天山中面积较大的谷地,形成发达的农牧业区。阿拉善高原位于内蒙古自治区的西部,东达贺兰山,西南至北山(包括合黎山、龙首山),北止国境线,大部分地区海拔在1000～1500米,地势由南向北缓倾,地面起伏不大。在甘肃境内,合黎山、龙首山与祁连山之间是东西狭长的平原,称之为"河西走廊"。平原是历史悠久的灌溉农业区,现为西北的粮棉基地之一。武威、张掖、酒泉、敦煌等城市都分布在这一地带,也是古代"丝绸之路"由古长安通向西域的必经之地。

东部包括内蒙古自治区的大部分和宁夏回族自治区的一部分,大致由内蒙古高原和河套平原组成。内蒙古高原海拔在1000～1500米,地势由西南向东北缓缓倾斜,地表起伏和缓,分割轻微,地形较单调。高原东部是大兴安岭,西部是贺兰山,阴山山脉横贯于中南部,成为我国内外流域的分水岭和气候上的分界线。河套平原西至贺兰山,东至呼和浩特市以西,北到阴山,南界鄂尔多斯高原,包括内蒙古河套平原和宁夏平原。平原地区地势平坦,土壤肥沃,灌溉便利,开发也较早。河套平原集中了内蒙古自治区90%的耕地和80%的农业人口,成为内蒙古重要的粮仓。宁夏平原气温较高,日照充足,昼夜温差大,无霜期较长,盛产稻麦,有"塞上江南"之称。

(二)温带大陆性干旱气候

该区深居内陆,远离大洋,属典型的温带大陆性干旱气候,特点是日照时间长,热量资源丰富,气温变化大,干燥少雨,风沙大,白天气温高,夜间气温低,平均日温差都高于11℃,沙漠地区日温差高达30℃,呈现出"早穿棉袄午穿纱,抱着火炉吃西瓜"的奇特景观。素有"火洲"之称的吐鲁番以炎热干燥闻名于世,被公认为我国气温最高的地方。历史上吐鲁番的最高温度曾达到49.6℃,地表温度高达75.8℃。当地民间流传着"沙窝里蒸熟鸡蛋,石头上烤熟面饼"的说法。

二、人文地理环境

(一)悠久的丝路文化

中国是世界上最早养蚕、缫丝并进行丝绸制造、刺绣的国家,随着大宗丝织物从长安出发,远销西亚、欧洲等地,形成了著名的"丝绸之路"。西北地区是古"丝绸之路"的主要通道。"丝绸之路"沿线地区的经济、文化、宗教等都曾出现了一时的繁荣昌盛,修建了较大的城池和众多的寺庙，拥有许多高艺术水平的雕塑、壁画等，形成了悠久漫长的丝路文化。

专栏9-1　"一带一路"

"一带一路"是"丝绸之路经济带"和"21世纪海上丝绸之路"的简称。

丝绸之路经济带战略涵盖东南亚经济整合、涵盖东北亚经济整合，并最终融合在一起通向欧洲，形成欧亚大陆经济整合的大趋势。21世纪海上丝绸之路经济带战略从海上联通欧亚非三个大陆和丝绸之路经济带战略形成一个海上、陆地的闭环。

依靠中国与有关国家既有的双多边机制，借助既有的、行之有效的区域合作平台，一带一路旨在借用古代丝绸之路的历史符号，高举和平发展的旗帜，积极发展与沿线国家的经济合作伙伴关系，共同打造政治互信、经济融合、文化包容的利益共同体、命运共同体和责任共同体。

2015年3月28日，国家发展改革委、外交部、商务部联合发布了《推动共建丝绸之路经济带和21世纪海上丝绸之路的愿景与行动》。

截至2023年6月底，中国已与152个国家、32个国际组织签署200多份共建"一带一路"合作文件。

（资料来源：百度百科——一带一路，2023-09-13）

(二) 多彩的民族风情

西北地区是我国少数民族分布最多的地区，居住着蒙古、回、维吾尔、哈萨克、乌孜别克等50多个少数民族。众多的民族、不同的民风民俗构成了不同的民族风情：维吾尔族能歌善舞，服饰鲜艳；哈萨克族的"姑娘追"、蒙古族的"那达慕"和哈萨克族的"叼羊"均为各自民族的盛会；回族清真食品别具风味，烤全羊是蒙古族宴客的最高礼节，手抓羊肉、抓饭是维吾尔族的特色食品；蒙古族的马头琴和维吾尔族的冬不拉是富有民族特色的乐器。所有这些，体现出西北地区少数民族热情、奔放、欢乐、勇敢、能歌善舞的民族风情。

三、旅游资源特征

(一) 沙漠雪山风光

该区干旱少雨，植被稀少，广布黄土、沙漠和戈壁，呈现出荒凉的大漠景观(见图9-1)。这个地区的主要沙漠包括塔克拉玛干沙漠、古尔班通古特沙漠、巴丹吉林沙漠、腾格里沙漠、库布齐沙漠和毛乌素沙地等。大漠戈壁，人迹罕至，没有水，只有黄沙漫漫，那苍凉雄奇的景象比之江南小桥流水则别有一番风趣，吸引着大量的旅游者。

西北旅游区拥有众多巍峨险峻、气势磅礴的雪峰，并在内陆盆地周围的高大山岭上发育了成千上万条现代冰川，昆仑山、天山、祁连山等西北名山争相将瑰丽壮观的雪峰、冰川展现在游人眼前，成为人们登山探险、科学考察、猎奇观光的主要选择。

图9-1 沙漠风光

(二)草原绿洲风情

该区内蒙古高原东北部和中部属典型的温带草原,其中,呼伦贝尔草原(见图9-2)就是典型的温带大草原。草原宽广辽阔、水草肥美、景色宜人,季相变化显著,羊群如流云飞絮,呈现出"天苍苍,野茫茫,风吹草低见牛羊"的美丽画卷。在绿草如茵的草原上骑马、骑骆驼,到牧民帐篷里做客,参加牧民的各种赛马、骑射等娱乐活动,体验牧民生活,是该区新奇的旅游活动。

图9-2 呼伦贝尔草原

在西北地区盆地边缘的冲积平原，由于高山冰川积雪融水滋润，水源充足，土壤肥沃，水草肥美，农业发达，形成了片片绿洲，为荒凉的景观平添了无限生机。新疆天山南北的阿克苏、阿拉尔、库车、吐鲁番、乌鲁木齐、塔城、伊宁、喀什、和田，河西走廊的武威、永昌、酒泉、敦煌等都是西北著名的绿洲。

(三)文物古迹遍布

随着"丝绸之路"的开辟和繁荣，沿途许多地方得到了开发，曾盛极一时，并留下了数量巨大、种类丰富的历史遗物和遗迹，有着很高的历史价值和艺术价值。在军事设施方面，以秦长城遗址，汉代阳关、玉门关，明代的嘉峪关等最为著名。宗教方面，石窟艺术最为突出，著名的有敦煌莫高窟、麦积山石窟、炳灵寺石窟、克孜尔千佛洞、榆林石窟等。在历史上，西北还分布着大量古城，由于自然条件的变化和疾病、战争等原因，曾经盛极一时的城池已经变为废墟，主要有楼兰古城遗址、高昌古城遗址、交河古城遗址等。此外，丝路沿途还遍布古墓，每年都有惊人的珍贵文物出土，如出土于武威雷台汉墓的铜铸奔马(见图9-3)，创意大胆、造型奇特，已被定为中国旅游的标志。

图9-3 出土于武威雷台汉墓的铜铸奔马"马踏飞燕"

第二节 新疆维吾尔自治区

一、概况

新疆维吾尔自治区，简称"新"，首府乌鲁木齐。全区总面积为166万平方公里，是中国陆地面积最大、陆地边境线最长、毗邻国家最多的省区。新疆是一个多民族聚居的地区，共有47个民族，其中少数民族人口占总人口的近58%。

新疆地形以山地与盆地为主，地形特征为"三山夹两盆"，从北至南依次为阿尔泰山脉、准噶尔盆地、天山山脉、塔里木盆地及昆仑山脉。新疆是典型的温带大陆性干旱气候，集中表现为降水稀少，相对湿度低，日照长，温差大。新疆盛产小麦、玉米、棉花、油菜、甜瓜、哈密瓜、葡萄、香梨等农产品，自古以来就有"瓜果之乡"的美誉。

新疆著名的景区有高山湖泊——天山天池、人间仙境——喀纳斯、绿色长廊——吐鲁番葡萄沟、空中草原——那拉提、地质奇观——可可托海等。在5000多公里古"丝绸之路"的南、北、中三条干线上，分布着数以百计的古文化遗址、古墓群、千佛洞等人文景观。其中，交河古城、楼兰遗址、克孜尔千佛洞等蜚声中外。新疆民族风情浓郁，各民族在文化艺术、体育、服饰、居住、饮食习俗等方面各具特色。新疆素有"歌舞之乡"的美称，维吾尔族的赛乃姆舞、刀郎舞，塔吉克族的鹰舞，蒙古族的沙吾尔登舞等民族舞蹈绚丽多姿。

案例9-1

二、国家5A级旅游景区

截至2023年9月，新疆拥有17个国家5A级景区，分别为新疆天山天池风景名胜区(2007)、吐鲁番市葡萄沟风景区(2007)、阿勒泰地区喀纳斯景区(2007)、新疆伊犁那拉提旅游风景区(2011)、阿勒泰地区富蕴可可托海景区(2012)、泽普金湖杨景区(2013)、天山大峡谷景区(2013)、博斯腾湖景区(2014)、喀什噶尔老城景区(2015)、伊犁州喀拉峻景区(2016)、巴音州和静巴音布鲁克景区(2016)、喀什地区帕米尔旅游区(2019)、克拉玛依市世界魔鬼城景区(2020)、博尔塔拉蒙古自治州赛里木湖景区(2021)、昌吉回族自治州江布拉克景区(2022)、新疆生产建设兵团第十师白沙湖景区(2017)、新疆生产建设兵团阿拉尔市塔克拉玛干·三五九旅文化旅游区(2021)。

(一)天山天池风景名胜区

天山天池风景名胜区位于新疆阜康市境内，是以高山湖泊为中心的自然风景区，风景区囊括了高山冰川、湿地草甸、森林峡谷、湖泊山岳和戈壁沙滩等自然景观，形成完整的植物垂直景观带谱。天池在天山北坡三工河上游，湖面海拔1900多米，最深处103米，湖畔森林茂密，绿草如茵。以远古瑶池神话及宗教和民族风情为文化内涵的人文景观是景区珍贵的文化遗存。天池景区是联合国教科文组织批准的"博格达峰人与生物圈"国际保护区，同时景区被评为国家5A级景区，并列入《中国湿地保护名录》。

(二)阿勒泰地区喀纳斯景区

喀纳斯景区(见图9-4)位于布尔津西北部、我国阿尔泰山西北端的深山密林中，因自然生态景观和人文景观始终保持着原始风貌而被誉为"人间净土"。景区包括喀纳斯国家级自然保护区、喀纳斯国家地质公园、白哈巴国家森林公园、贾登峪国家森林公园、布尔津河谷、禾木河谷、禾木草原及禾木村、白哈巴村、喀纳斯村三个原始图瓦村落等国内外享有盛名的七大自然景观区和三大人文景观区，其中喀纳斯湖湖面群峰倒影，湖面还会随着季节和天气的变化而时时变换颜色，是有名的"变色湖"，被誉为"世界上最美丽的湖泊"。喀纳斯景区先后荣获国家5A级景区、国家地质公园、国家森林公园，并首批入选《中国国家自然遗产、国家自然与文化双遗产预备名录》。

图9-4 喀纳斯景区——月亮湾

(三)富蕴可可托海景区

可可托海风景区位于新疆北部阿勒泰地区富蕴县境内，面积788平方公里，景区主要由卡拉先格尔地震断裂带、可可苏里、伊雷木湖、额尔齐斯大峡谷组成。由于特殊的地质构造、风雨侵蚀和流水切割，可可托海形成许多深沟峡谷，成为集山景、水景、草原、奇石、温泉等奇观于一体的自然景观区，同时融合了草原游牧文化、西域民族风情、地域特色民俗等人文景观。这里不仅是新疆的"冷极"，也是全国少有的"宝石之乡"，还是世界罕见的"天然矿物陈列馆"。2012年，可可托海景区被评为国家5A级旅游景区。

三、风物特产

(一)和田美玉

和田美玉产自新疆维吾尔自治区南部的和田，玉石质地细腻，色如凝脂，洁白无瑕，堪称玉石中的极品。和田玉的采用有着悠久的历史，早在春秋战国时期，人们就将和田玉经由玉门关运往内地，雕琢成各种精美的礼器和装饰品。历朝历代，和田玉制品都被当作价值连城的宝物。在和田玉中，采自昆仑玉河中的"羊脂玉"以其质地细腻、状似鹅卵、洁白滑润、宛若羊脂的特点，被公认为白玉中的上品，极为珍贵难得。

(二)天山雪莲

天山雪莲别名雪荷花，主要生长于天山南北坡、阿尔泰山及昆仑山雪线附近的高寒冰碛地带的悬崖峭壁之上，是新疆特有的珍奇名贵中草药。雪莲具有多种药用价值，全草入药，性味甘苦、温。入肝、脾、肾三经，有清热解毒、通经活络、壮阳补血之功效。现代科学研究证明，天山雪莲含有多种对人体机能有益的成分，能对人体起到极好的调理和保健作用。

(三)骆驼奶

骆驼奶是生长在新疆阿尔泰山的双峰驼的奶,被称为"沙漠白金"。牛奶由于营养丰富而备受青睐,是许多人每日的重要营养来源。骆驼奶的营养成分绝不亚于牛奶,可以为广大牧民带来巨大的经济收益。骆驼奶含钙高,饱和脂肪酸低,甚至还具有医疗价值。骆驼奶是非常健康的食品,它可以协助糖尿病患者减少对胰岛素的需求,对新生儿有益,因为它不含过敏源。骆驼奶还对消化性溃疡病患者有益,对高血压患者也有帮助。

(四)吐鲁番葡萄

新疆吐鲁番是葡萄的故乡,也是葡萄的王国,这里气温高、日照时间长、昼夜温差大,因此特别适合葡萄的生长和糖分的积累。吐鲁番的葡萄似珍珠,像玛瑙,晶莹剔透,甜嫩多汁,令人垂涎欲滴。这里的葡萄品种繁多,现有无核白、红葡萄、黑葡萄、玫瑰香、白布瑞克等多个优良品种,堪称"世界葡萄植物园"。利用热风自然阴干的葡萄干碧绿甘美、酸甜可口,备受人们的青睐,畅销国内外。

微课9-1 吐鲁番葡萄

第三节 甘 肃 省

一、概况

甘肃简称"甘"或"陇",是取甘州(今张掖)、肃州(今酒泉)二地的首字而得名,省会是兰州。甘肃地处黄土高原、青藏高原和内蒙古高原三大高原的交界地带,是古"丝绸之路"的锁匙之地和黄金路段。全省总面积为42.59万平方公里。

甘肃是个多山的省份,地形以山地、高原为主。北有合黎山、龙首山;东为岷山、秦岭、六盘山和子午岭;西接阿尔金山和祁连山;南毗青泥岭。甘肃是山地型高原地貌,省内的森林资源多集中在这些山区,大多数河流都从这些山脉发源。甘肃省气候干燥,气温日差较大,光照充足,光能资源丰富,自东南向西北增多。敦煌是日照最多的地区,因此敦煌的瓜果甜美,罗布麻、锁阳等药材非常地道。

甘肃历史悠久,是中华文化的发祥地之一,传说华夏始祖伏羲氏在这里推八卦、授渔猎,马可·波罗东游中国时也曾在此停留。同时,作为我国中原通向西北的交通要道、汉唐"丝绸之路"的必经之地,甘肃大地上散布着上千处人文景观,其中有堪称世界石窟壁画艺术宝库的敦煌莫高窟、万里长城最西端的嘉峪关、以泥塑著称于世的天水麦积山石窟等。

二、国家5A级旅游景区

截至2023年9月,甘肃拥有7个国家5A级景区,分别为嘉峪关市嘉峪关文物景区(2007)、平凉市崆峒山风景名胜区(2007)、甘肃天水麦积山景区(2011)、鸣沙山月牙泉风景名胜区(2015)、张掖市七彩丹霞景区(2019)、临夏州炳灵寺世界文化遗产旅游区(2020)、陇南市官鹅沟景区(2022)。

(一)嘉峪关文物景区

嘉峪关在嘉峪关市区西南6公里处,位于嘉峪关最狭窄的山谷中部,城关两侧的城墙横穿沙漠戈壁,北连黑山悬壁长城,南接天下第一墩,是明代万里长城最西端的关口,因地势险要、建筑雄伟而有"天下第一雄关""边陲锁钥"之称。整个关城分为外城、瓮城和内城三层,耸立在城台上的三层三檐式柔远楼、光化楼、嘉峪关楼高达17米。关城上还建有箭楼、敌楼、角楼、阁楼、闸门楼10余座。城内建有游击将军府、井亭、文昌阁、关帝庙、牌楼、戏台等。嘉峪关先后在1987年被联合国教科文组织列入世界遗产,2007年被授予国家5A级旅游景区称号。

(二)崆峒山风景名胜区

崆峒山景区位于甘肃省平凉市,自古就有"西来第一山""西镇奇观""崆峒山色天下秀"之美誉。崆峒山属六盘山支脉,主峰海拔2123米,是天然的动植物王国,森林覆盖率达90%以上。其间峰峦雄峙,危崖耸立,林海浩瀚,烟笼雾锁,集奇险灵秀的自然景观和古朴精湛的人文景观于一身,具有极高的观赏、文化和科考价值。2007年,崆峒山风景区成为国家首批5A级旅游景区,2003年国家邮政局发行了以崆峒山最具代表性的景观——皇城、弹筝峡、塔院和雷声峰组成的"崆峒山"特种邮票。

(三)鸣沙山月牙泉风景名胜区

景区距敦煌市南郊5公里,主要景点有鸣沙山、月牙泉,荣获"中国最美的五大沙漠之一"等荣誉称号。鸣沙山因沙动有声而得名。鸣沙山为流沙积成,东西长约40公里,南北宽约20公里,最高海拔1715米。其山沙垄相衔,峰如刀刃,甚为壮观。沙分红、黄、绿、白、黑五色,如遇摩擦震动,便会殷殷发声,有鼓角之声,轻若丝竹,重若雷鸣,故"沙岭晴鸣"为"敦煌八景"之一。月牙泉处于鸣沙山环抱之中,因其形酷似一弯新月而得名。月牙泉有四奇,即月牙之形千古如旧,恶境之地清流成泉,沙山之中不掩于沙,古潭老鱼食之不老。数千年来沙山环泉,泉映沙山,在沙山深谷中,"风夹沙而飞响,泉映月而无尘"。2015年,该景区被批准为国家5A级景区,2018年入围"神奇西北100景"榜单。

案例9-2

三、风物特产

(一)武山玉雕

武山素有"众山皆藏玉"的称誉,武山玉因含有多种化学成分,形成斑斓的色彩,有翠绿、墨绿、淡绿,以及古褐红等。武山玉雕以"武山夜光杯"最为有名。武山夜光杯纹理天然,晶莹细润,造型优美,薄如蛋壳,且不爆不裂,耐高温,抗严寒,容易保管,能长久保持光彩色泽,用后不必洗涤,用干布轻轻擦拭即可。武山玉雕在以生产"夜光杯"为主的同时,还生产玉雕人物、花卉山水、飞禽走兽、炉瓶、文房用品、茶具等旅游纪念品和实用工艺品，产品远销日本、东南亚和西欧。

(二)兰州百合

兰州百合味极甜美，纤维很少，毫无苦味，闻名全国。兰州百合色泽洁白如玉、肉质肥厚香甜，具有润肺、祛痰、止咳、健胃、安心定神、促进血液循环、清热利尿等功效，尤其对肺结核、气管炎的滋养、缓解作用甚佳，故有"佳蔬良药"之誉，备受东南沿海地区的消费者的喜爱。

(三)阳关葡萄

古阳关下盛产葡萄，主要品种有无核白珍珠、白水晶、马奶子、喀什红、玫瑰香等，近年来又引进了红提、黑提等名优新品种。因阳关周围属沙漠型气候，光照时间长，昼夜温差大，长出的葡萄皮薄、色鲜、清香多汁、酸甜可口、品质优良。阳关葡萄既可鲜食，又可风干，还可酿酒。如今，古阳关下的南湖乡已成为葡萄生产基地，新建的1000米葡萄长廊，内设石凳、石桌，游人可步入葡萄长廊，一边观赏，一边品尝。

(四)陇南天麻

甘肃陇南山区具有丰富多彩的生物资源，堪称"陇原宝地"，珍贵中药材天麻就生长于此。天麻(见图9-5)是多年生腐生直立草本植物，全株无绿叶，不含叶绿素，地下有肉质肥厚的块茎，块茎呈长形、椭圆、略扁，皱缩而弯曲，大小不一。天麻含有维生素A、天麻素、香夹兰醇和多种生物碱，具有祛风镇痉、止痛提神、益气养肝、降低血压的功效。

图9-5 天麻

第四节 宁夏回族自治区

一、概况

宁夏回族自治区简称"宁"，首府是银川。宁夏回族自治区位于黄河中游、蒙古高原南部，总面积为6.64万平方公里。宁夏自古以来就是内接中原、西通西域、北连大漠，各民族来往频繁的地区。

宁夏东西窄南北长,地势北低南高。北部是宁夏平原,经济发展水平相对较高。南部属于黄土高原和荒漠化草原,以丘陵、山地为主,面积占宁夏全区的59%。这里严重缺水,生态环境脆弱,西海固被称为"苦瘠甲天下"。

宁夏既有边塞风光的雄浑,又有江南景色的秀丽,素有"塞上江南、回族之乡"的美誉,悠久的历史留下了丰富多彩的名胜古迹,宁夏人民也创造了灿烂鲜活的人文景观,其中,灵武水洞沟遗址是中华史前文明的缩影。神秘奇特的西夏王陵、风光旖旎的沙湖旅游区、治沙典范的沙坡头风景区吸引着众多的中外游客。

二、国家5A级旅游景区

截至2023年9月,宁夏拥有4个国家5A级景区,分别为石嘴山市沙湖旅游景区(2007)、中卫市沙坡头旅游景区(2007)、宁夏银川镇北堡西部影视城(2011)、银川市灵武水洞沟旅游区(2015)。

(一)沙湖旅游景区

沙湖旅游景区位于宁夏回族自治区北部石嘴山市境内,是一处融江南水乡与大漠风光为一体的"塞上明珠"。旅游区占地面积80.1平方公里,其中有平均深度2.2米的水域45平方公里,沙漠22.52平方公里。湖泊、沙丘、远山、芦苇、飞鸟、游鱼六大要素有机结合,构成了独具特色的秀丽景观。1996年沙湖被列为全国35个王牌景点之一,并于2007年被国家旅游局首批评定为国家5A级旅游景区。

(二)沙坡头旅游景区

沙坡头旅游景区(见图9-6)位于宁夏中卫市,以沙坡头黄河两岸山水田园,以及北部的腾格里沙漠为核心,这里集大漠、黄河、高山、绿洲于一处,既具西北风光之雄奇,又兼江南景色之秀美。自然景观独特,人文景观丰厚,被旅游界专家誉为世界垄断性旅游资源。作为黄河和沙漠交汇的地方,沙坡头凭借黄河与沙漠两大得天独厚的旅游资源,成功地开发了独具特色的精品旅游项目——黄河漂流游、沙漠探险游和治沙成果游。沙坡头旅游区是国家首批5A级旅游景区、国家级沙漠生态自然保护区,因为丰硕的治沙成果于1994年被联合国授予"全球环保500佳单位"的光荣称号,被世人称为"沙都"。

(三)镇北堡西部影视城

镇北堡西部影视城地处雄浑的贺兰山东麓,是在一个原始古堡的基础上修建的,被誉为"东方好莱坞"。在中国众多的影视城中,西部影视城以其古朴、原始、粗犷、荒凉、民间化为特色,是中国三大影视城之一,也是中国西部唯一的著名影视城。目前,镇北堡西部影视城已逐步将单纯参观型的旅游点发展成既有观光价值,又有为游客制作影视片及餐饮、购物、陶艺、骑射等多样化服务的娱乐型旅游区。它最突出的服务是让游客充当明星自由表演,录制成碟,在个人的家庭影院中欣赏,这在世界各地影视城中也是独一无二的。镇北堡西部影视城于2011年获得国家5A级旅游景区称号。

图9-6 沙坡头旅游景区

三、风物特产

独特的自然地理条件，使宁夏拥有许多独具特色的农副畜产品，其中最主要的是被誉为"红、黄、蓝、白、黑"宁夏"五宝"的枸杞、甘草、贺兰石、滩羊皮、发菜。

(一)宁夏枸杞

宁夏是枸杞的原产地，是世界上种植枸杞最好、种植时间最长的地方。宁夏枸杞富含18种氨基酸、30余种微量元素，以及多种生物活性碱，其中 β-胡萝卜素、维生素E和枸杞多糖的含量比其他产地的枸杞高出10%～70%。宁夏枸杞具有润肺、清肝、滋肾、益气、生精、助阳、补虚劳、祛风、明目等功效。特别是对人体有医疗保健作用的多糖含量和有益于人体智力开发的有机锗含量均高于中国其他省区，是一种名贵的滋补药材。

(二)贺兰砚

贺兰石结构均匀，质地细腻，刚柔相宜，是一种十分难得的石料。用其刻制的贺兰砚，具有发墨、存墨、护毫、耐用的优点。构成贺兰石的矿物非常微细，只有头发丝的几十分之一，而相互聚结又特别紧密。贺兰砚发墨迅速，不郁结，又耐用，带盖的贺兰砚如同密封器一般，素有"存墨过三天"之誉，深受书法家和画家的喜爱。

(三)甘草

宁夏雨量稀少，光照充沛，温寒兼容，土质深厚，正与甘草主要生长在干旱、半干旱的荒漠草原、沙漠边缘和黄土丘陵地带的品性相适宜。因此，宁夏出产的甘草以色红皮细、骨重粉足、条干顺直、口面新鲜的特质而更合药理，驰名中药界，故又有"西镇甘草""西正草"之称。宁夏甘草具有解毒、祛痰、止痛、解痉、抗癌等功能，并有补脾益气、滋阴润肺、缓急解毒、调和百药的效果。

(四)滩羊皮

宁夏滩羊皮在世界裘皮中独树一帜，其白色皮张毛色洁白，光泽如玉，皮板薄如厚纸，但质地坚韧，柔软丰匀。毛穗呈现出特有的波浪弯，好像一湖涟漪，轻盈柔软，美观大方，保温性极佳，实为各类裘皮中之佼佼者，很早以来就是传统的名牌出口商品。滩羊毛纤维细长均匀，绒毛轻柔蓬松，富弹性，也是制作毛毯、披肩、围脖等装饰品的高级原料。

第五节 内蒙古自治区

一、概况

内蒙古自治区简称"内蒙古"，位于中国北部边疆，首府是呼和浩特。内蒙古土地总面积为118.3万平方公里，北与蒙古国、俄罗斯接壤，国界线长达4200公里，是我国跨经度最大的省份。内蒙古是一个以蒙古族和汉族为主，还有回、满、达斡尔、鄂温克、鄂伦春等民族的多民族聚居地区。

全区基本是一个高原型的地貌区，大部分地区海拔1000米以上。除了高原以外，还有山地、丘陵、平原、沙漠、河流、湖泊。主要山脉有大兴安岭、贺兰山、乌拉山和大青山。东部草原辽阔，西部沙漠广布。有呼伦湖、贝尔湖等著名湖泊，黄河流经内蒙古西南部。草原面积居全国前列，大兴安岭林区木材蓄积量大。

内蒙古旅游资源丰富，概括起来有十大景观，即草原、森林、沙漠、河流、湖泊、温泉、冰雪、边境线、民族风情、历史古迹。其中不乏世界级精品，如成吉思汗陵、昭君墓、古长城、阴山古刹五当召、五塔寺、贝子庙等。呼伦贝尔草原是中国最美的天然草原，克什克腾旗世界地质公园、阿尔山火山遗址地质公园等景观独特，科学价值高。此外，内蒙古那达慕、蒙古族服装服饰艺术节、额济纳金秋胡杨节、满洲里中俄蒙三国旅游节等一批高品位的旅游节庆活动已成为内蒙古旅游名牌产品。

专栏9-2 那达慕

"那达慕"是蒙古语的音译，意思是"娱乐"和"游戏"，以表示丰收的喜悦之情，在蒙古族人民的生活中占有重要地位。

每年农历六月初四开始的为期5天的那达慕，是蒙古族人民的盛会。那达慕大会的内容主要有摔跤、赛马、射箭、套马、下蒙古棋等民族传统项目，有的地方还有田径、拔河、篮球等体育项目及歌舞表演。大会期间，各地农牧民骑着马，赶着车，带着皮毛、药材等农牧产品。成群结队的汇集于大会的广场，并在会场周围的绿色草原上搭起彩色蒙古包。

2006年5月20日，那达慕经国务院批准列入第一批国家级非物质文化遗产名录。

(资料来源：百度百科—那达慕，2023-09-13)

二、国家5A级旅游景区

截至2023年9月，内蒙古拥有6个国家5A级景区，分别为内蒙古鄂尔多斯响沙湾旅游景区(2011)、内蒙古鄂尔多斯成吉思汗陵旅游区(2011)、满洲里市中俄边境旅游区(2016)、兴安盟阿尔山·柴河旅游景区(2017)、赤峰市阿斯哈图石阵旅游区(2018)、阿拉善盟胡杨林旅游区(2019)。

(一)响沙湾旅游景区

响沙湾位于库布齐沙漠的最东端，又名"银肯"响沙。这里沙丘高大，比肩而立，瀚海茫茫，一望无际。沙坡高110米，宽400米，坡度为45°，形成一个巨大的沙山回音壁。顺着沙山往下滑，沙响的声音轻则如青蛙呱呱的叫声，重则像飞机汽车的轰鸣声，犹如惊雷贯耳，吸引着中外游客。神秘莫测的响沙连绵不绝，堪称"世界罕见，中国之最"。响沙湾以绿色、生态、环保、节能、低碳为开发理念，开沙漠度假之首，领低碳旅游之先，引未来休闲之路。2011年，响沙湾成功加入国家5A级旅游景区行列。

(二)成吉思汗陵旅游区

成吉思汗陵旅游区位于鄂尔多斯市东南部伊金霍洛旗的甘德尔草原上。现今的陵园建于1954年。成吉思汗陵(见图9-7)，以具有蒙古民族建筑风格的三座相连接的金碧辉煌的陵宫大殿为主体，由苏勒德祭坛、祭祀文化展览馆、成吉思汗出征铜像、甘德尔敖包、成吉思汗鄂尔多(行宫)等诸多文物景点组成。陵园里松柏耸立，树木成林，绿草如茵，与美丽富饶的巴音昌霍格草滩连为一体，营造出了独特的草原风光和人文景观，表现出丰厚的历史文化内涵，再现了蒙古民族波澜壮阔的历史和成吉思汗当年的风采。成吉思汗陵旅游区先后被评为中国旅游胜地四十佳、全国文化产业示范基地、国家国防教育示范基地、国家5A级旅游景区。

(三)中俄边境旅游区

满洲里是中国最大的陆运口岸城市，融合中、俄、蒙三国风情，素有"东亚之窗""亚欧大陆桥"之称。满洲里中俄边境旅游区主要由国门景区及套娃景区组成。国门景区是满洲里标志性旅游景区和全国红色旅游重点景区，景区包括国门、41号界碑、满洲里红色展览馆、中共六大展览馆、满洲里红色秘密交通线遗址等景观。其中第五代国门是目前中国陆路口岸最大的国门，与俄罗斯国门相对而立，是来满游客必到之处。套娃景区是以满洲里和俄罗斯相结合的历史、文化、建筑、民俗风情为理

微课9-2　内蒙古马头琴

念，集吃、住、行、游、购、娱于一体的大型俄罗斯特色风情园，内部设有套娃世界、欢乐地带、套娃剧场、俄罗斯民俗体验馆、俄蒙演艺剧场、极限乐园六大功能区。2016年被评为国家5A级旅游景区。

图9-7　成吉思汗陵

三、风物特产

(一)巴林石雕

巴林右旗的羊山巴林石与以石雕闻名于世的福建寿山石、浙江青田石、昌化石齐名。巴林石呈块状，细腻润滑，晶莹如玉，自然色彩柔和协调，是名贵的石雕材料。内蒙古的巴林石刻选题新颖、雕工精细，为人所称道。雕刻的古今人物、亭台楼阁、山水花卉、鱼鸟虫兽、烟茶酒具，以及文房四宝、印章戳料等，是根据石料的色泽、质地、形状因材施艺，一石一题雕刻而成的。巴林石雕最擅长塑造鸟羽、马鬃、牛蹄、羊眼、草坪、花瓣等。巴林石刻出的鸡血图章被行家们称作各类印章中的珍品。

(二)内蒙古麝香

麝香是雄麝香腺中的分泌物干燥而成的香料，干后为红棕至暗棕色的颗粒状物质，具有令人不快的臭味，但经高度稀释后放出特有的香气。主要香成分为巨环麝香酮，保香力极强，是极名贵的香料。中医学以其入药，性温，味辛，主治中风痰厥、神志昏迷、心腹暴痛、恶疮肿毒、跌打损伤等症。麝香腺中成粒的称"当门子"，功用相同，效力更佳。内蒙古自治区的麝香以阿拉善盟为最多，其次是呼伦贝尔市林区。

(三)木灵芝

木灵芝属于多孔菌的真菌,是一种极为稀少的珍贵草药,产于内蒙古自治区大兴安岭地区甘河、呼玛尔河、多布库尔河流域被采伐过的林区迹地上。木灵芝扁圆形,紫红色,样子很引人喜爱。木灵芝具有促进新陈代谢,增强大脑神经功能,抗疲劳、抗癌的作用,可用于补心肾、调节血压,是一种难得的珍贵药材。

(四)蒙古刀

富有美丽装饰效果的蒙古刀和蒙古碗是蒙古族人民喜爱的两件用品。蒙古刀是蒙古族牧民们宰畜、吃肉不可缺少的用具,牧民将其随身携带,既是实用品,又是装饰品。蒙古刀还可挂于蒙古包内作为陈设。刀身一般采用优质钢打制而成,刀柄和刀鞘有钢制、银制、木制、牛角制、骨头制等,表面有精美花纹,或填烧珐琅,镶嵌宝石。工艺珍品驼骨彩绘鞘蒙古刀,构思新颖,色彩绚丽,行销海外。

本章小结

(1) 西北旅游区地貌单元主要包括西部的"三山夹两盆"、阿拉善高原、河西走廊及东部的内蒙古高原和河套平原。该区除渭河流域、秦岭以南分属半湿润气候和湿润气候类型外,其他大部分地区为温带大陆性干旱、半干旱气候,该区因是信仰佛教、伊斯兰教和喇嘛教的少数民族的世代聚居地,使该区形成了以石窟、清真寺、古佛塔和庙宇等宗教建筑为载体、绚丽多彩的宗教艺术旅游资源。

(2) 西北旅游区包括内蒙古、宁夏、甘肃、新疆四省区。"母亲河"黄河和"丝绸之路"穿过该区,孕育、形成了古老而独特的历史文化,人文旅游资源丰富、珍贵,异域文化氛围浓郁。其旅游资源特征主要体现为沙漠雪山风光、草原绿洲风情及众多的文物古迹。

(3) 西北地区物产丰富,具有地方特色,代表性的物产包括天山雪莲、骆驼奶、库尔勒香梨、兰州百合、陇南天麻、阳关葡萄、宁夏枸杞、滩羊皮、发菜、木灵芝、阿拉善白山羊绒等。

习 题

一、填空题

1. 新疆的地形可以概括为"三山夹两盆",三山是指_____、_____和_____。

2. 宁夏"五宝"是_____、_____、_____、_____和_____。

3. 骆驼奶因为营养丰富,具有医疗价值,被称为_____。

4. _____是我国高原面貌表现最明显、保存最完整的高原。

5. _____被称为"草原钢城"。

二、选择题

1. 沙湖景区位于(　　)，是一处融江南水乡与大漠风光为一体的"塞上明珠"。
   A. 甘肃　　　　B. 内蒙古　　　C. 宁夏　　　　D. 新疆

2. 崆峒山景区位于(　　)。
   A. 甘肃　　　　B. 新疆　　　　C. 宁夏　　　　D. 内蒙古

3. 有"瓜果城"之称的城市是(　　)。
   A. 乌鲁木齐　　B. 兰州　　　　C. 敦煌　　　　D. 银川

4. 堪称世界上最大的佛教艺术宝库是(　　)。
   A. 敦煌莫高窟　　　　　　　B. 西藏布达拉宫
   C. 云冈石窟　　　　　　　　D. 麦积山石窟

5. 下列哪个地区被称为中国电影的"圣地"(　　)。
   A. 银川　　　　B. 兰州　　　　C. 无锡　　　　D. 镇北堡

三、简答题

1. 简述西北旅游区的地貌特征。
2. 简述新疆地形地貌的特点。
3. 简述西北旅游区的主要旅游胜地。
4. 塞北风光、游牧草原——蒙宁旅游区的旅游资源有哪些特点？
5. 简述宁夏枸杞的特点及医疗保健功效。

习题答案

第十章

长江中下游旅游区

学习目标

通过学习，熟悉长江中下游旅游区的地理环境特征及旅游资源特征；了解该区内各省市的概况及风物特产；掌握主要的旅游景区景点的概况。

关键词

长江中下游　河流　山地　园林　平原　湖泊

案例导入

长江国家文化公园建设稳步推进（推进文化自信自强）

长江，我国第一大河流，造就了从巴山蜀水到江南水乡的千年文脉，是中华民族的代表性符号和中华文明的标志性象征。如何把长江文化保护好、传承好、弘扬好，延续历史文脉，坚定文化自信，建设中华民族现代文明，长江沿线省区市以长江国家文化公园建设为契机，生动作答这一时代课题。

谋篇新时代"长江之歌"

从雪山走来，向东海奔去，长江6300余公里，形成了羌藏、巴蜀、滇黔、荆楚、湖湘、赣皖、吴越等文化区，为中华文明的生生不息提供了不竭的源头活水。

擘画壮美山川，彰显文化气度。新时代，党中央、国务院作出建设长城、大运河、长征、黄河、长江五大国家文化公园的战略部署。2021年底，长江国家文化公园建设正式启动，旨在激活长江丰富的历史文化资源，系统阐发长江文化的精神内涵，深入挖掘长江文化的时代价值，做大做强中华文化重要标志。

长江国家文化公园建设范围综合考虑长江干流区域和长江经济带区域，涉及上海、江苏、浙江、安徽、江西、湖北、湖南、重庆、四川、贵州、云南、西藏、青海13个省份。

加强顶层设计，"一盘棋"谋篇布局。一年多来，国家文化公园建设工作领导小组加强统筹协调，文化和旅游部牵头建立工作机制，制定建设实施方案和建设保护规划，指导相关省份编制分省份规划，着力形成布局合理、特色鲜明、功能衔接、开放共享的长江国家文化公园建设格局。

2022年4月，江苏出台《长江国家文化公园（江苏段）建设推进方案》。目前，正在编制《长江国家文化公园（江苏段）建设保护规划》，将统筹沿线8市形成"一主八支四片"的长江国家文化公园（江苏段）建设布局。

上海明确了涵盖崇明世界级生态岛和一江一河（黄浦江、苏州河）中心城段的长江国家文化公园（上海段）规划范围，将结合打造黄浦江"世界会客厅"、苏州河"城市文化生活休闲带"、崇明世界级生态岛的战略部署，形成具有国际影响力的长江国家文化公园（上海段）特色品牌。

湖北地处长江中游，争创长江国家文化公园示范区、建设长江国家博物馆，被列为湖北重大文化工程。

盛夏时节，站在湖南省岳阳市临湘市临湘塔旁，但见长江碧水清波，奔腾不息。

曾经，这里是杂草丛生的荒滩，沿线码头林立、砂石堆场密布。如今，融历史文化的厚重与自然生态和谐之美于一体的临湘塔生态文化园，已成为临湘最美长江岸线网红打卡地。

"我住长江头，君住长江尾……"一首流传近千年的宋词，道出长江流域各民族命运与共的内涵所在。

赓续长江千年文脉

三星堆是四川盆地目前发现夏商时期规模最大、等级最高的中心性遗址,充分体现了古蜀文明、长江文化对中华文明的重要贡献,是中华文明多元一体发展模式的重要实物例证。

以"三星伴月"为建筑设计灵感的三星堆博物馆新馆7月27日试运行,数百件新出土"重器"首次展出,AI算法实现文物复原,裸眼3D还原考古"方舱"……新馆利用新出土文物、新研究成果、新科技等,全面提升观展体验,开启了一场三星堆历史文化"盛宴"。

见证长江文化源远流长,彰显长江文化智慧与精神。目前,长江国家文化公园沿线13个省份拥有世界文化遗产、世界灌溉工程遗产和全球重要农业文化遗产42处,全国重点文物保护单位2038处、国家级非物质文化遗产代表性项目841项、历史文化名城名镇名村465个,国家级烈士纪念设施118处,国家一级博物馆91家,是中华优秀传统文化、革命文化和社会主义先进文化高度富集的区域。

厘清长江文化脉络,揭示水脉背后的文明密码,长江沿线各地开展文物资源调查、深入推进文化遗产保护,为长江国家文化公园建设奠定坚实基础。

青海是长江发源地,是古代东西方交通和文化交流的要冲。2023年5月,历时一年的长江流域(青海段)文物资源专项调查全面完成。新发现岩画、墓葬(石棺葬、石堆墓)、古城、洞穴、古塔等135处文物遗存。

巫山龙骨坡遗址、涪陵小田溪墓群、奉节白帝城遗址……重庆依托三峡考古研究和保护成果,完善构建三峡文化历史序列。重庆与湖北联合申报创建长江三峡国家考古遗址公园,旨在打造长江国家文化公园在长江三峡的重要标识,实现全民共享大遗址保护利用成果。

长江波涛澎湃,赓续千年文脉;长江奔流不息,传承红色基因。

赤水河是长江上游支流。位于赤水河中游的贵州仁怀,是红军四渡赤水战役的发生地。

让文物说话、让历史说话、让文化说话。近20家博物馆发起成立长江流域博物馆联盟,扩大长江文化"朋友圈";湖北主办"沿着长江读懂中国——万里长江行"等活动,让人们读懂长江、读懂中国;江苏推出"智"说长江名家专栏,会聚智库专家,加强对重大理论问题、现实问题、实践经验的研究总结……沟通历史与现实、连接传统与现代,长江文化正在新时代的创新实践中焕发出新光彩。

(资料来源:人民日报,2023-08-03)

长江在中华文明的起源和发展过程中扮演着极其重要的角色,也是中华文明多元融合的典型代表。长江文化带的建设相对于长江经济带的建设来说是落后的。长江国家文化公园的建设,对丰富、健全国家文化公园体系、做大做好中华文化的重要标志、提高中华文化品牌的传播和影响力、将中华文明展现给世人,有着十分重要而深远的意义。

第一节　地理环境概况及旅游资源特征

长江中下游旅游区东濒黄海和东海，大部分地区处于秦岭—淮河和南岭之间，包括江苏、浙江、安徽、湖南、湖北、江西、上海六省一市，是我国自然条件最优越、经济最发达和人口最稠密的地区之一。全区旅游资源丰富，基础条件优越，组合优势显著，在全国旅游业中占有重要地位。

一、自然地理环境

(一)平原与丘陵相间分布

该区地处我国地势三大阶梯的最低一级，呈现平原与低山丘陵相间分布的地形特征，自北向南依次为黄淮平原、淮南山地、长江中下游平原及三角洲平原、江南丘陵。黄淮平原位于安徽、江苏两省淮河以北地区，是华北大平原的南部，主要由黄河、淮河下游泥沙冲积而成，地形平坦，仅徐州地区略见小丘。淮南山地主要指大别山向东的延伸部分，属于长江与淮河的分水岭。长江中游平原处于洞庭和鄱阳两大盆地之中，比较开阔，包括两湖平原(江汉平原和洞庭湖平原)和鄱阳湖平原。两湖平原分布在湖北省南部和湖南省北部，以长江干流(荆江)为界，其北称江汉平原，主要由长江和汉水冲积而成。荆江以南称为洞庭湖平原，由长江及湘、资、沅、澧四水带来的泥沙冲积而成。鄱阳湖平原位于江西北部，为鄱阳湖水系冲积而成，是富庶的鱼米之乡。著名的石钟山和庐山分别坐落在鄱阳湖的东西，是鄱阳湖风景名胜荟萃之所。长江下游平原亦称苏皖平原，指由江西湖口以下到镇江之间的长江冲积平原。平原上河漫滩、河曲、天然堤、堆积阶地，以及残丘、湖泊、江心沙洲星罗棋布，其中以巢湖面积最大。长江在镇江以下，江面迅速展宽，三角洲西起镇江、北至通扬运河、南临杭州湾，包括江苏省东南部、浙江省杭州湾以北地区和上海市，面积5万平方公里。以太湖为中心的太湖平原是三角洲的主体。江南丘陵指长江中下游以南的广大地区，主要为海拔1000米以下的低山丘陵，西起武陵山，东至武夷山。该区有许多东北走向、略具脉络的山脉和比较高大的山岭，如武夷山、雪峰山、衡山、罗霄山、九华山、黄山、天目山、天台山、会稽山、雁荡山等。黄山、九华山、衡山等都由花岗岩或其他坚硬岩石构成，相对高度大，雄伟秀丽，是我国著名的旅游避暑胜地。

(二)河湖水系密布

该旅游区河网密布，湖泊众多，水资源极为丰富，呈现出江南水乡泽国的景色。该区分属淮河、长江和钱塘江三大水系，主要河流有长江、淮河、钱塘江、京杭大运河等。这些河流在流经地区的沿江河岸塑造出丰富多彩的自然景观，并孕育了各具特色的人文旅游资源。该区的湖泊众多，我国五大淡水湖(见图10-1)均在该区，即洞庭湖、鄱阳湖、太湖、洪泽湖、巢湖。另外,该区还拥有众多较高旅游价值的湖泊,如杭州西湖、南京玄武湖、扬州瘦西湖、嘉兴南湖、淳安千岛湖和绍兴东湖等。该区的瀑布、泉水资源也毫不逊色。著名的瀑布有黄山的人字瀑、九龙瀑,雁荡山的大、小龙湫瀑布,庐山的三叠泉瀑布及庐山瀑布。该区的名泉有镇江冷泉、无锡惠山泉、苏州虎丘泉、杭州的虎跑泉及南京汤山温泉等。该区东部濒临海洋,具有发展海洋旅游业的良好条件。

图10-1 中国五大淡水湖

(三)气候温暖湿润

该区除淮河以北属暖温带外,其余均为亚热带湿润性季风气候,具有四季分明、冬温夏热、雨量充沛、热量资源丰富的气候特征。温暖湿润的气候使该区长江以南的植被发育为常绿阔叶林,长江以北发育为常绿阔叶和落叶阔叶混交林。植物种类繁多,森林覆盖率高,形成山清水秀的明媚景色。该区春秋两季气候温和,春季无大风沙,秋季降水较少,多晴日,是旅游活动的最好季节。盛夏各地普遍高温,南京、南昌、九江等城市成为全国夏季高温中心,有江南"火炉"之称。但该区的山地气温仍凉爽宜人,是避暑度假的最佳去处。冬季气温较低,但由于许多盛大的传统节日正值冬季,使该区成为冬季城市旅游的旺盛地区。

二、人文地理环境

(一)经济发达

长江中下游旅游区土壤肥沃、河网密布、气候适宜、人口众多,开发历史悠久,自然条件极为优越,是我国重要的农耕区,素有"鱼米之乡"的美誉。该区物产丰富,粮、棉、麻、蚕丝、茶叶等产品在全国均占有十分重要的地位。粮食作物以水稻为主,其次是小麦。长江三角洲平原、鄱阳湖平原、洞庭湖平原等都是我国重要的商品粮基地,两湖平原是我国重要的棉产区之一。太湖流域植桑养蚕历史悠久,自唐宋以来,已发展成为我国三大蚕丝产地之一。该区水资源丰富,淡水鱼种类繁多,产量大。沿海盛产各种海洋鱼类和其他海产。该区民族工业发展较早,基础雄厚,部门齐全,发展水平较高,许多产品畅销海内外。机电、纺织、化工、电子等部门的生产占全国首位,上海是全国最大的工商业中心。

(二)区域文化特色明显

长江中下游旅游区主要包括吴越文化和楚文化。吴越文化区以太湖流域为中心,其范围大致包括今日的苏南、江西东北的上饶地区、皖南、浙江省北部及上海市,基本与整个吴语方言区相吻合。其深刻内涵与精神特质可概括为海纳百川、兼容并蓄;聪慧机敏、灵动睿智;经世致用、务实求真;敢为人先、超越自我。楚文化是先秦时代一种历史悠久的区域文化,现今的河南省西南部、湖北省大部为早期楚文化的中心地区。楚文化有浓厚的浪漫主义情调和神话色彩,崇尚自由,富有激情,善于想象,善歌好舞,但也信鬼好祠,重神厚巫,原始文化的味道甚浓。从文化构成来看,楚文化又有鲜明的地方特点,表现为楚国的铁器与青铜冶铸、陶器、丝织品、漆器、老子的道家学说、屈原的楚辞及发达的巫风和乐舞等物质与精神文化。

(三)交通便捷

长江中下游旅游区拥有以铁路、水运为主,公路和航空为辅的旅游交通网,是我国交通最发达的地区之一。铁路以上海为中心,通过京沪、沪昆等线路连接区内各主要城市和旅游景区。河运和海运相辅相成,构成完整的水上运输网。其中,长江大动脉为该区东西水运干线,连通南通、南京、镇江、马鞍山、九江、武汉等长江沿岸重要的旅游城市。京杭运河江南段至今仍为主要物资运输线,连接镇江、苏州、嘉兴、湖州等多个旅游城市。上海是我国最大的港口和世界重要的港口之一,连接国内外众多海港旅游城市。航空运输以上海为中心,与全国多个城市有直飞航班,与世界各地的100多个城市有定期航班,是洲际旅游的主要通道。区内其他大中城市也有航班与全国各重要城市相通。

案例10-1

三、旅游资源特征

(一)园林荟萃

该区自古就是钟灵毓秀之地,人才辈出,许多富商大贾、文人墨客云集于此,修建了许多私家园林。该区的古典园林归属江南园林(私家园林),规模不大,以精取胜。素雅精致的格调与北方园林(皇家园林)的华丽壮观形成鲜明的对照。该区园林不仅数量丰富,而且构园造诣极高。江南园林十分擅长叠石理水,园林中的建筑小巧玲珑、素雅精致,配以花木,更显清新洒脱之意,"虽由人作,宛自天开",自然之趣盎然。苏州的沧浪亭、狮子林、拙政园、留园,无锡的寄畅园、蠡园,扬州的个园、何园,上海的豫园,绍兴的沈园等为江南园林的代表。

(二)名山众多

长江中下游旅游区风景名山众多，不仅景色优美，形象丰富，百态千姿，生态完整，而且人文景观荟萃，大多是著名的避暑旅游胜地，旅游活动开发得较好。新"三山五岳"中的三山(安徽黄山、江西庐山、浙江雁荡山)和五岳中的南岳衡山均位于本旅游区。我国宗教名山中也有很多位于该区，如四大佛教名山中的普陀山和九华山及四大道教名山中的武当山、龙虎山及齐云山。此外，该区的风景名山和宗教名山还包括莫干山、张家界、天柱山、天台山、三清山等。

(三)旅游产品丰富多样

该区的工艺品种类繁多，历史悠久，具有浓厚的地方风格，有很高的艺术价值。传统工艺品有苏州的刺绣、杭州的织锦、南京的云锦、惠山泥人、扬州漆器、上海玉雕等。此外，景德镇的陶瓷制品、宜兴的紫砂陶制品、芜湖的铁画也享誉海外。该区的物产极为丰富，尤以茶叶最负盛名，西湖龙井、太湖碧螺春、黄山毛峰、洞庭君山银针为我国著名的绿茶，安徽的祁门红茶是红茶中的上品。该区的土特产丰富多样，如上海的梨糖膏、金华的火腿、绍兴的黄酒、杭州的藕粉、安徽亳州的古井贡酒等。

第二节 上 海 市

一、概况

上海简称"沪"，别称"申"，是中国第一大城市，国家中心城市，地处长江三角洲前缘。全市土地面积为6340.5平方公里，境内辖有崇明、长兴、横沙3个主要岛屿，崇明岛是中国的第三大岛。上海是长江三角洲冲积平原的一部分，平均海拔高度4米左右。大金山为上海境内最高点，海拔高度103.4米。上海河网大多属黄浦江水系。黄浦江流经市区，终年不冻，是上海的水上交通要道。淀山湖是上海的最大湖泊。

上海是中国最著名的工商业城市和国际都会，是全国最大的综合性工业城市，亦为中国的经济、交通、科技、工业、金融、贸易、会展和航运中心。GDP总量居中国城市之首，在亚洲仅次于东京。上海港货物吞吐量和集装箱吞吐量均居世界第一，是一个良好的滨江滨海国际性港口。上海博物馆、上海城市规划展示馆、东方明珠广播电视塔、上海大剧院、上海豫园、豫园商城、上海外滩风景区、上海新天地娱乐休闲街、陆家嘴金融贸易区等为上海市国际文化交流基地。

专栏10-1　世界级城市群

世界级城市群，是指世界上最大的数个城市群。城市群是城市发展到成熟阶段的最高空间组织形式，是指在特定地域范围内，以1个以上特大城市为核心，由至少3个以上大城市为构成单元，依托发达的交通通信等基础设施网络所形成的空间组织紧凑、经济联系紧密、并最终实现高度同城化和高度一体化的城市群体。城市群一般是在地域上集中分布的若干大城市和特大城市集聚而成的庞大的、多核心、多层次城市集团，是大都市区的联合体。

在全球范围内的普遍承认的大型世界级城市群有六个，分别是：美国东北部大西洋沿岸城市群、北美五大湖城市群、日本太平洋沿岸城市群、英伦城市群、欧洲西北部城市群、长江三角洲城市群。

地 区	城 市 群
美国	以纽约为中心的美国东北部大西洋沿岸城市群，包含波士顿、纽约、费城、巴尔的摩、华盛顿等城市
美国、加拿大	以芝加哥为中心的北美五大湖城市群，包含芝加哥、底特律、克利夫兰、多伦多、渥太华、蒙特利尔、魁北克等城市
中国	以上海市为中心的长江三角洲城市群，包含江苏省南京、无锡、常州、苏州、南通、扬州、镇江、盐城、泰州、浙江省杭州、宁波、温州、湖州、嘉兴、绍兴、金华、舟山、台州、安徽省合肥、芜湖、马鞍山、铜陵、安庆、滁州、池州、宣城27个城市
日本	以东京、名古屋和大阪为中心的日本太平洋沿岸城市群，包含东京、横滨、静冈、名古屋、京都、大阪、神户等城市
英国	以伦敦为中心的英伦城市群，包含伦敦、利物浦、曼彻斯特、利兹、伯明翰、谢菲尔德等城市
法国、比利时、荷兰、德国	以巴黎为中心的欧洲西北部城市群，包含巴黎、布鲁塞尔、安特卫普、阿姆斯特丹、鹿特丹、海牙、埃森、科隆、多特蒙德、波恩、法兰克福、斯图加特等城市

（资料来源：百度百科——世界级城市群，2023-09-16）

二、国家5A级旅游景区

截至2023年9月，上海拥有4个国家5A级景区，分别为：上海东方明珠广播电视塔(2007)，上海野生动物园(2007)，上海科技馆(2010)，上海市中国共产党一大•二大•四大纪念馆景区(2021)。

（一）上海科技馆

上海科技馆以"自然、人、科技"为主题，以提高公众科技素养为宗旨，是上海重要的科普教育和休闲旅游基地，位于花木行政文化中心区。上海科技馆设有地壳探秘、生物万象、智慧之光、设计师摇篮、彩虹乐园、自然博物馆、蜘蛛展等八个展区和巨幕影院、球幕影院、四维影院、太空影院及会馆等配套设施。上海科技馆融展示与参与、教育与科研、合作与交流、收藏与制作、休闲与旅游于一体，以学科综合的手段及寓教于乐的方式，使每个来参观的观众能在赏心悦目的活动中接受现代科技知识的教育和科学精神的熏陶。2001年，APEC领导人非正式会议就是在此举行的。上海科技馆于2010年被评为国家5A级旅游景区。

(二)野生动物园

上海野生动物园位于上海浦东新区，占地153公顷(近2300亩)，距上海市中心约35公里，2007年被评为国家5A级旅游景区。园内汇集着世界各地具有代表性的动物和珍稀动物200余种，上万余头(只)，其中既有来自国外的长颈鹿、斑马、羚羊、白犀牛等，也有我国特产的一级保护动物大熊猫、金丝猴、华南虎等。游客游园时，分车入和步入两大参观区，可以与驼羊、骆驼、斑马、象等动物合影，还可以到小动物乐园，抱抱小动物，喂喂小猴，亲自当一回饲养员(见图10-2)。在动物表演场，游客可观看人与兽大型广场艺术表演，精彩纷呈；大型驯兽表演，惊险刺激；海狮表演馆里的海狮表演更给人带来联想与惊奇。

图10-2 上海野生动物园内零距离喂食狮子

(三)东方明珠广播电视塔

东方明珠广播电视塔坐落于上海黄浦江畔、浦东陆家嘴嘴尖，高468米。东方明珠塔集观光餐饮、购物娱乐、浦江游览、会务会展、历史陈列、旅行代理等服务功能于一身，成为上海标志性建筑和旅游热点之一。东方明珠塔凭借其穿梭于三根直径9米的擎天立柱之中的高速电梯，以及悬空于立柱之间的世界首部360°全透明三轨观光电梯，让游客充分领略现代技术带来的无限风光。东方明珠塔于2007年被评为国家5A级旅游景区。

三、风物特产

(一)崇明白山羊

崇明白山羊是长江三角洲地区羊种之一，为肉、皮、毛兼用型品种。羊肉及内脏不但味道鲜美，而且具有暖脾胃、补身虚、强身壮骨之功效。未经阉割的幼龄公羊，全身羊毛是制笔的好材料，尤其是颈背部的领鬣毛，被称为"细光锋"，是制造高级毛笔、油画笔及精密仪器刷子的特种原料。羊皮质地纤细,柔软光滑,属优质皮革。

(二)松江鲈鱼

松江鲈鱼是松江特产,自魏晋以来就闻名全国,仅产于松江区西门外秀野桥下。据松江县志记载,天下鲈鱼皆两鳃,唯松江鲈鱼为四鳃,且巨口细鳞,鳍棘坚硬,其肉质洁白似雪,肥嫩鲜美,少刺无腥,营养价值很高。用鲈鱼制作的名菜,有被誉为"东南佳味"的鲈鱼脍、鲈鱼羹等。

(三)上海面塑

上海面塑已有百余年历史。开创者当推被称为"面人赵"的上海著名面塑艺术家赵阔明。他的创作题材广泛,内容以传统戏剧和神话传说为主。作品人物形象逼真,神态生动,色彩鲜艳丰富,被称为"立体的画,无声的戏",在国内外享有很高的声誉。面塑体积小、携带方便,且经久不霉不裂、不变形褪色,因而成为旅游者赠送亲友、留作纪念之佳品。

(四)上海牙雕

上海牙雕的主要品种有镂雕细花、皮雕、圆雕人物三类,其中以镂雕细花景物最具特色。上海牙雕的镂雕细花所表现的题材丰富,形式多样,构图丰满,形象生动,富有画意。作品的刀工干净利索,工艺精巧细腻。特别是镂空雕,把内景与外景融为一体,充满了江南地方特色。

第三节 江 苏 省

一、概况

江苏简称"苏",省会是南京。江苏位于长江下游,东濒黄海,东南与浙江和上海毗邻,西接安徽,北接山东。面积10.32万平方公里,2020年人口普查,全省常住人口8474.8万人。

江苏跨江滨海,平原辽阔,水网密布,湖泊众多。海岸线954公里,长江横贯东西,京杭大运河纵贯南北。全国五大淡水湖中,江苏的太湖和洪泽湖分别居第三和第四位。江苏地势平坦,地形以平原为主。平原、水域面积分别占69%和17%,比率之高居全国首位。低山丘陵面积占14%,集中分布在西南和北部。连云港云台山玉女峰是全省最高峰,海拔624.4米。

江苏历史悠久,经济、文化发达,旅游资源极为丰富。江苏是中国历史文化名城最多的省份,文化古迹非常丰富,南京的"石头城"、明孝陵、中山陵,徐州的汉代兵马俑,常州的"东南第一丛林"天宁禅寺,苏州的虎丘塔、寒山寺等堪称代表,更有与长城齐名的古运河。江苏多有名山秀水,如钟山、云台山、惠山、金山、太湖、玄武湖等,为构筑园林提供了良好的基础，故名园荟萃，形成了诸多风景园林名城，苏州、扬州、无锡等皆以园林闻名世界。

二、国家5A级旅游景区

截至2023年9月，江苏拥有25个国家5A级景区，分别为：南京市钟山风景名胜区—中山陵园风景区(2007)，中央电视台无锡影视基地三国水浒景区(2007)，苏州园林(拙政园、虎丘山、留园)(2007)，苏州市周庄古镇景区(2007)，无锡市灵山景区(2009)，南京市夫子庙—秦淮风光带景区(2010)，扬州市瘦西湖风景区(2010)，苏州市同里古镇景区(2010)，常州市环球恐龙城休闲旅游区(2010)，江苏省姜堰市溱湖旅游景区(2012)，苏州市金鸡湖景区(2012)，南通市濠河景区(2012)，镇江市金山•焦山•北固山旅游景区(2012)，无锡市鼋头渚景区(2012)，苏州市吴中太湖旅游区(2013)，常熟沙家浜•虞山尚湖旅游区(2013)，常州市天目湖景区(2013)，镇江市句容茅山景区(2014)，淮安市周恩来故里旅游景区(2015)，盐城市大丰中华麋鹿园景区(2015)，徐州市云龙湖景区(2016)，连云港市花果山景区(2016)，常州市春秋淹城旅游区(2017)，无锡市惠山古镇景区(2019)，宿迁市洪泽湖湿地景区(2020)。

(一)钟山风景名胜区—中山陵园风景区

钟山风景名胜区位于江苏省南京市，以钟山(紫金山)和玄武湖为中心。钟山风景名胜区蜿蜒起伏，宛如游龙，包括紫金山、明代城垣、玄武湖，山、湖的连接地带及环湖的富贵山、覆舟山、鸡笼山等若干低丘和城垣、城堡。其特点是山光与水色齐收，山、水、城、林融为一体，相得益彰。

中山陵是中国近代伟大的政治家孙中山先生的陵墓。它坐北朝南，面积共8万余平方米。主要建筑有牌坊、墓道、陵门、碑亭、祭堂和墓室等。从空中往下看，中山陵像一座平卧在绿绒毯上的"自由钟"，既有深刻的含义，又具纪念的功能，更有宏伟的气势，设计非常成功，因此被誉为"中国近代建筑史上的第一陵"。

2007年两景区被联合评为国家5A级旅游景区。

(二)灵山景区

灵山大佛位于江苏省无锡市马山国家风景名胜区的山水之间，大佛所在位置系唐玄奘命名的小灵山，故名灵山大佛(见图10-3)。在三山环抱中，88米高的露天青铜释迦牟尼佛立像巍然屹立，气势雄伟壮观。大佛南面太湖，背倚灵山，左挽青龙(山)，右牵白虎(山)，地灵形胜，风水绝佳，为难得之佛国宝地。灵山大佛铸铜约700吨，由于高科技的运用，大佛能抵御14级台风和8级地震的侵袭。除大佛外，主要景点还包括九龙灌浴、梵宫、五印坛城等。目前，灵山大佛已经成为无锡的城市标志之一，对无锡的社会文化和经济发展具有重大意义，2009年被评为国家5A级旅游景区。

图10-3 无锡灵山大佛

(三)环球恐龙城休闲旅游区

环球恐龙城位于常州市新北区,以"一心、二轴、十园"为规划格局,涵盖了主题公园、旅游配套、旅游地产等功能业态,完美结合恐龙文化与旅游休闲、科普知识及特色文化,打造出集观光、游乐、休闲、文化、商业、人居于一体的复合型休闲旅游城。它依托既有的中华恐龙园、香树湾高尔夫酒店、恐龙谷温泉养生度假中心、三河三园亲水之旅、新北中心公园,以及迪诺水城等旅游设施,逐渐实现旅游造城,打造出"休闲、动感、时尚"的国内外知名特色旅游品牌。环球恐龙城于2010年荣膺国家5A级旅游景区。

三、风物特产

(一)苏绣

苏绣是苏州地区刺绣产品的总称,是我国的四大名绣之一。苏绣具有图案秀丽、构思巧妙、绣工细致、针法活泼、色彩清雅的独特风格,地方特色浓郁。绣技具有"平、齐、细、密、和、光、顺、匀"的特点。苏绣装饰性与实用性兼备。在种类上,苏绣作品主要可分为零剪、戏衣、挂屏三大类,其中以"双面绣"作品最为精美。苏绣经常被作为馈赠外国元首的礼品,在近百个国家和地区展出,被誉为东方的明珠。

专栏10-2　　中国四大名绣

中国四大名绣,是指中国中部湖南省的"湘绣"、中国西部四川省的"蜀绣"、中国南部广东省的"粤绣"和中国东部江苏省的"苏绣"的合称。

中国的刺绣工艺在秦汉时期便已达到较高水平,是历史上"丝绸之路"运输的重要商品之一。中国四大名绣是中国刺绣的突出代表。

苏绣具有图案秀丽、构思巧妙、绣工细致、针法活泼、色彩清雅的独特风格，地方特色浓郁。绣技具有"平、齐、细、密、和、光、顺、匀"的特点。"平"指绣面平展；"齐"指图案边缘齐整；"细"指用针细巧，绣线精细；"密"指线条排列紧凑，不露针迹；"和"指设色适宜；"光"指光彩夺目，色泽鲜明；"顺"指丝理圆转自如；"匀"指线条精细均匀，疏密一致。在种类上，苏绣作品主要可分为零剪、戏衣、挂屏三大类，装饰性与实用性兼备。其中以"双面绣"作品最为精美。

湘绣主要以纯丝、硬缎、软缎、透明纱、尼纶等为原料，配以各色的丝线、绒线绣制而成。它以中国画为神，充分发挥针法的表现力，达到构图严谨，形象逼真，色彩鲜明，质感强烈，形神兼备的艺术境界。绣品中既有名贵的欣赏艺术品，也有美观适用的日用品。

蜀绣由于受地理环境、风俗习惯、文化艺术等方面的影响，逐渐形成了严谨细腻、光亮平整、构图疏朗、浑厚圆润、色彩明快的独特风格。蜀绣作品的选材丰富，有花草树木、飞禽走兽、山水鱼虫、人物肖像等。绣品的种类繁多，包括被面、枕套、衣、鞋和画屏等，既有巨幅条屏，又有袖珍小件，是观赏性与实用性兼备的精美艺术品。

粤绣在兼收并蓄、融会贯通的基础上，逐渐形成了自身独特的艺术风格。绣品主要取材于龙凤、花鸟等，图案构图饱满、均齐对称、色彩对比强烈、富丽堂皇。在种类上粤绣可分为绒绣、线绣、金银线绣三类，品种包括戏服、厅堂装饰、联帐、采眉、挂屏和各种日用绣品等。

(资料来源：百度百科—中国四大名绣，2023-09-16)

(二)宜兴紫砂陶

宜兴紫砂陶器始于宋代，元朝时，紫砂陶器的烧制工艺逐渐成熟，已开始在器物上题词雕刻。明代中期，宜兴紫砂陶茶具极为盛行，被誉为各种茶具中的上品。清代时，宜兴紫砂陶工艺愈益精湛，开创了采用篆刻、书法和绘画作装饰的新风格。宜兴紫砂陶(见图10-4)有茶壶、茶杯、花瓶、花盆、砂锅、人物雕塑等上千个品种，造型大方，色彩古雅。用紫砂茶壶泡菜不变味，贮茶不变色，盛暑不易馊，持握不烫手，使用年代越久，色泽越发光润。

(三)金陵盐水鸭

南京出产的以谷喂养的鸭，膘肥色白，肉质鲜嫩，宋代南京城里盛行用鸭制作菜肴，曾有"金陵鸭馔甲天下"的美誉。明朝建都金陵(今南京)后出现"金陵烤鸭"，紧接着又出现了"金陵盐水鸭"。此鸭煮制后，鲜嫩味美，风味独特，与明末出现的"南京板鸭"一同在当时名扬大江南北。清代时曾作为宫廷贡品。500多年来，"金陵盐水鸭"一直盛名不衰，现已成为江南一带民众普遍喜爱的佐酒佳肴。

图10-4　宜兴紫砂壶

(四)洞庭碧螺春茶

产于太湖洞庭东、西山的碧螺春茶,芽多、嫩香、汤清、味醇,是我国的十大名茶之一。碧螺春茶已有1000多年的历史。民间最早叫"洞庭茶",又叫"吓煞人香"。后来康熙皇帝南巡品尝后大加赞赏,认为茶名欠雅,因而易名为"碧螺春"。碧螺春茶的特点是条索紧结,卷曲如螺,白毫毕露,银绿隐翠,叶芽幼嫩,冲泡后茶味徐徐舒展,上下翻飞,茶水银澄碧绿,清香袭人,口味凉甜,鲜爽生津,早在唐末宋初便被列为贡品。

第四节　浙　江　省

一、概况

浙江省简称"浙",省会是杭州。浙江地处中国东南沿海长江三角洲南翼,东临东海。境内最大的河流钱塘江,因江流曲折,称之江,又称浙江,省以江名。浙江陆域面积10.43万平方公里,海域面积26万平方公里。2020年人口普查,全省常住人口6456.75万人。浙江地形复杂,有"七山一水两分田"之说。地势由西南向东北倾斜,龙泉市境内的黄茅尖,海拔1929米,为本省最高峰。省内有钱塘江、瓯江、京杭大运河(浙江段)等八条水系;有杭州西湖、绍兴东湖、嘉兴南湖、宁波东钱湖四大名湖及人工湖泊千岛湖。

浙江旅游景点数量众多,类型丰富,主要包括以杭州西湖、普陀山、天台山、灵隐寺、钱塘潮等为代表的风景名胜区,以乌镇、西塘、南浔等为代表的水乡古镇,以西溪国家湿地公园、南麂列岛、清凉峰、天目山等为代表的自然保护区,以千岛湖、溪口、安吉竹乡、钱江源等为代表的国家森林公园,以及雁荡山世界地质公园和临海、常山两处国家地质公园。

二、国家5A级旅游景区

截至2023年9月，浙江拥有20个国家5A级景区，分别为：杭州市西湖风景名胜区(2007)，温州市雁荡山风景名胜区(2007)，舟山市普陀山风景名胜区(2007)，杭州市千岛湖风景名胜区(2010)，宁波市奉化溪口--滕头旅游景区(2010)，嘉兴市桐乡乌镇古镇旅游区(2010)，金华市东阳横店影视城景区(2010)，浙江省嘉兴市南湖旅游区(2011)，浙江省杭州西溪湿地旅游区(2012)，浙江省绍兴市鲁迅故里沈园景区(2012)，衢州市开化根宫佛国文化旅游区(2013)，湖州市南浔古镇景区(2015)，台州市天台山景区(2015)，台州市神仙居景区(2015)，嘉兴市西塘古镇旅游景区(2017)，衢州市江郎山•廿八都旅游景区(2017)，宁波市天一阁•月湖景区(2018)，丽水市缙云仙都景区(2019)，温州市刘伯温故里景区(2020)，台州市台州府城文化旅游区(2022)。

(一)千岛湖风景名胜区

千岛湖又叫新安江水库，位于浙江淳安境内(部分位于安徽歙县)，是1959年为建新安江水力发电站而拦坝蓄水形成的人工湖，因湖内拥有星罗棋布的1078个岛屿而得名。千岛湖碧波浩瀚，湖水清澈，湖中大小岛屿形态各异，群岛分布有疏有密，罗列有致。岛屿上森林覆盖率达95%，有"绿色千岛湖"之称。地貌景观丰富，石灰岩、丹霞地貌、薄层灰岩、花岗岩等组合变化，多彩多姿。四周群山连绵，林木繁茂，鸟语花香，生态环境佳绝。2009年，千岛湖以1078个岛屿入选世界纪录协会世界上岛屿最多的湖，创造了世界之最，2010年被评为国家5A级旅游景区。

(二)东阳横店影视城景区

横店影视城(见图10-5)位于中国东阳市横店镇境内，自1996年以来，横店集团累计投入30个亿的资金兴建横店影视城，现已建成广州街、香港街、明清宫苑、秦王宫、清明上河图、梦幻谷、屏岩洞府、大智禅寺、明清民居博览城等13个跨越几千年历史时空，汇聚南北地域特色的影视拍摄基地和两座超大型的现代化摄影棚，已成为全球规模最大的影视拍摄基地，被美国《好莱坞》杂志称为"中国好莱坞"。横店影视城于2010年被评为国家5A级旅游景区。

(三)西溪湿地旅游区

杭州西溪国家湿地公园距离杭州西湖5公里，在杭州天目山路延伸段，是罕见的城中次生湿地。曾与西湖、西泠并称杭州"三西"，是目前国内唯一的集城市湿地、农耕湿地、文化湿地于一体的国家湿地公园，具有"杭州之肾"和"副西湖"之美誉。园区约70%的面积为河港、池塘、湖漾、沼泽。整个园区六条河流纵横交汇，水道如巷、诸岛棋布，形成了西溪独特的湿地景致，在2012年被评为国家5A级旅游景区。

图10-5 横店影视城景区

三、风物特产

(一)杭州丝绸

杭州有"丝绸之府"之称。杭州丝绸历史悠久，质地轻软，色彩绮丽，品种繁多。杭州常年生产绸、缎、棉、纺、绉、绫、罗等14个大类，200多个品种，2000余个花色，图案新颖，富丽华贵，花卉层次分明，人物栩栩如生，许多产品荣获国家部优或省级优质产品奖，远销世界上100多个国家和地区。

(二)金华火腿

金华火腿是浙江金华特色风味食品。金华火腿皮色黄亮、形似琵琶、肉色红润、香气浓郁、营养丰富、鲜美可口，素以色、香、味、形"四绝"闻名于世，在国际上享有盛誉。由于所用原料、加工季节及腌制方法的不同，金华火腿又有许多不同的品种，如在隆冬季节腌制的，叫正冬腿；挂在锅灶间，经常受到竹叶烟熏烤的，称熏腿；用白糖腌制的，叫糖腿；还有与狗腿一起腌制的，称戌腿。

(三)西湖龙井茶

龙井茶为中国十大名茶之首。龙井茶的产地在西湖龙井村狮子峰四周的秀山峻峰，故名西湖龙井。尤以龙井村产的狮峰龙井为珍。龙井茶以明前茶和雨前茶为上品。龙井茶按一芯两叶的标准采摘，以精巧的手工炒制而成。外形扁平挺秀，光滑匀齐；翠绿略黄，香馥若兰；泡在杯中，嫩匀成朵，交错相映，芽芽直立，栩栩如生，汤色明亮，滋味甘鲜。淡而远，清而香，独树一帜，别具风格。龙井茶以"色绿、香郁、味醇、形美"四绝著称于世。

(四)五芳斋粽子

五芳斋粽子号称"江南粽子大王",以糯而不烂、肥而不腻、肉嫩味美、咸甜适中而著称。五芳斋粽子按传统工艺配方精制而成,选料十分讲究,肉粽采用上等白糯、后腿瘦肉、徽州伏箬,甜粽则用上等赤豆"大红袍",通过多道工序精制而成。嘉兴五芳斋粽子有肉粽、豆沙、蛋黄等几十个花色品种。如今,嘉兴五芳斋粽子因其滋味鲜美、携带方便、食用方便备受广大旅游者厚爱,有"东方快餐"之称。

第五节 安 徽 省

一、概况

安徽简称"皖",省会是合肥。安徽地处长江下游、淮河中游,土地面积14万平方公里。安徽地跨长江、淮河、新安江三大流域,世称江淮大地。长江、淮河横贯东西,将全省分为淮北平原、江淮丘陵、皖南山区三大自然区域。境内巢湖是全国五大淡水湖之一,面积780平方公里。境内有黄山、九华山、天柱山、齐云山、琅琊山和大别山等山脉,最高峰黄山莲花峰海拔1864.8米。2020年人口普查,安徽常住人口为6102.7万人。

安徽是中国旅游资源最丰富的省份之一。黄山、西递和宏村古民居群等为世界文化遗产。安徽拥有黄山、九华山、天柱山、琅琊山、齐云山等10处国家级重点风景名胜区,以及歙县、寿县、亳州、安庆、绩溪和黟县6座国家级历史文化名城。地方文艺底蕴深厚:徽剧是京剧的主要源流之一,黄梅戏是中国四大戏曲门类之一,池州的傩戏号称"戏剧活化石",淮河两岸流行的花鼓灯被誉为"东方芭蕾"。

二、国家5A级旅游景区

截至2023年9月,安徽拥有12个国家5A级景区,分别为:黄山市黄山风景区(2007),池州市九华山风景区(2007),安徽省安庆市天柱山风景区(2011),安徽省黄山市皖南古村落—西递宏村(2011),六安市天堂寨旅游景区(2012),安徽省宣城市绩溪龙川景区(2012),阜阳市颍上八里河景区(2013),黄山市古徽州文化旅游区(2014),合肥市三河古镇景区(2015),芜湖市方特旅游区(2016),六安市万佛湖景区(2016),马鞍山市长江采石矶文化生态旅游区(2020)。

(一)天柱山风景区

天柱山风景区位于安庆市潜山市境内,因主峰如"擎天一柱"而得名,在2011年被评为国家5A级旅游景区,同年还荣膺"天柱山世界地质公园"称号。全山分为八大景区和三个外围景点,海拔1100米的炼丹湖为全国第三大高山平湖。纵观天柱山,奇峰凌云,巍峨峥嵘;断崖绝壁,雄浑厚重;怪石林立,状人状物;奇洞异景,妙趣横生。层峦叠嶂之中,飞瀑流泉,溪涧遍布。天柱山夏季最高气温不超过28℃,是避暑休闲、旅游观光的理想胜地。天柱山还是一座宗教名山,三祖寺是佛教禅宗的发祥地之一,同时还被道教尊为第十四洞天、五十七福地。

(二)皖南古村落——西递、宏村

西递、宏村古民居位于安徽省黟县境内的黄山风景区,是安徽南部民居中最具有代表性的两座古村落,它们以世外桃源般的田园风光、保存完好的村落形态、工艺精湛的徽派民居和丰富多彩的历史文化内涵而闻名天下,2011年被评为国家5A级旅游景区。

西递村坐落于黄山南麓,素有"桃花源里人家"之称,距今已近千年历史。西递自古文风昌盛,到明清年间,一部分读书人弃儒从贾,他们经商成功,大兴土木,建房、修祠、铺路、架桥,将故里建设得非常舒适、气派、堂皇。历经数百年,虽半数以上的建筑已毁,但仍保留下数百幢古民居,从整体上保留下明清村落的基本面貌和特征。

宏村位于黟县东北部,有八百多年历史。古宏村人独出机杼开"仿生学"之先河,规划并建造了堪称"中华一绝"的牛形村落和人工水系,全村就像一只昂首奋蹄的大水牛,成为当今"建筑史上一大奇观"。全村现保存完好的明清古民居有140余幢,如承志堂富丽堂皇,可谓皖南古民居之最。造型独特并拥有绝妙田园风光的宏村被誉为"中国画里乡村"(见图10-6)。

图10-6 宏村

(三)绩溪龙川景区

龙川,又称坑口,距绩溪县城约10公里,是一个古老的徽州村落。龙川山环水绕,景色秀丽,地形如靠岸之船,自古文风昌盛、人才荟萃,是徽州出名的"进士村"。村内现有"龙川胡氏宗祠""奕世尚书坊""徽商胡炳衡宅"和"胡宗宪故居"等。村东的龙须山因盛产造纸原料龙须草而得名。山中多奇松怪石，珍禽异兽，山岭陡峭，古道崎岖，飞瀑流泉，是文化旅游、生态旅游和宗教旅游的绝好去处。龙川于2012年被评为国家5A级旅游景区。

三、风物特产

(一)黄山毛峰

黄山毛峰属于绿茶，产于安徽省黄山。黄山山高林密，日照短，云雾多，茶树得到云雾的滋润，没有寒暑的侵袭，孕育出良好的品质。每年清明谷雨，选摘初展的肥壮嫩芽，手工炒制。该茶外形微卷，状似雀舌，绿中泛黄，银毫显露，且带有金黄色鱼叶。入杯冲泡雾气结顶，汤色清碧微黄，叶底黄绿有活力，滋味醇甘，香气如兰，韵味深长。由于新制茶叶白毫披身，芽尖锋芒，且鲜叶采自黄山高峰，遂将该茶取名为黄山毛峰。

专栏10-3　中国十大名茶

中国十大名茶代表了中国茶叶品种品质与生产制作工艺之最，也显现出中国独特的茶文化魅力，其中每一大名茶都蕴涵了渊源的历史和动人的传说。

尽管人们对名茶的概念尚不十分统一，但综合各方面情况，茶必须具有以下几个方面的基本特点：其一，名茶之所以有名，关键在于有独特的风格，主要在茶叶的色、香、味、形四个方面。茶以"色绿、香郁、味醇、形美"四绝著称于世，也有一些名茶往往以其一二个特色而闻名。

名茶，有传统名茶和历史名茶之分，所以中国的"十大名茶"在过去也有多种说法：

时间	评选机构	名单
1915年	巴拿马万国博览会	碧螺春、信阳毛尖、西湖龙井、君山银针、黄山毛峰、武夷岩茶、祁门红茶、都匀毛尖、铁观音、六安瓜片
1959年	中国"十大名茶"评比会	西湖龙井茶、洞庭碧螺春、黄山毛峰、庐山云雾茶、六安瓜片、君山银针、信阳毛尖、武夷岩茶、安溪铁观音、祁门红茶
1999年	解放日报	江苏碧螺春、西湖龙井、安徽毛峰、安徽瓜片、恩施玉露、福建铁观音、福建银针、云南普洱茶、福建云茶、庐山云雾茶
2001年	美联社和纽约日报	黄山毛峰、洞庭碧螺春、蒙顶甘露、信阳毛尖、西湖龙井、都匀毛尖、庐山云雾、安徽瓜片、安溪铁观音、苏州茉莉花
2002年	香港文汇报	西湖龙井、江苏碧螺春、安徽毛峰、福建银针、信阳毛尖、安徽祁红、安徽瓜片、都匀毛尖、武夷岩茶、福建铁观音

(资料来源：百度百科—中国十大名茶，2023-09-16)

(二)祁门红茶

祁门红茶主产于安徽省黄山市祁门县，是我国传统工夫红茶的珍品。祁门地处安徽南端，80%左右的茶园分布在海拔100～350米的峡谷地带，森林面积占80%以上，早晚温差大，常有云雾缭绕，且日照时间较短，构成茶树生长的天然佳境。祁门红茶条索紧秀、金毫显露、色泽乌黑鲜润泛灰光，俗称"宝光"；香气浓郁高长，似蜜糖香，又蕴藏有兰花香，滋味醇厚，味中有香，香中带甜，回味隽永，汤色红艳，叶底嫩软红亮。国际市场将"祁红"与印度大吉岭茶、斯里兰卡乌伐的季节茶并列为世界三大高香茶。

(三)宣纸

宣纸原产于安徽泾县，当时泾县为宁国府管辖，宁国府治在今宣城，宣城为宣纸集散地，因此这里生产的纸被称为"宣纸"。宣纸具有"韧而能润、光而不滑、洁白稠密、纹理纯净、搓折无损、润墨性强"等特点。再加上宣纸耐老化、不变色、少虫蛀、寿命长，故有"纸中之王、千年寿纸"的称誉。19世纪在巴拿马国际纸张比赛会上获得金牌。宣纸除了题诗作画外，还是书写外交照会、保存高级档案和史料的最佳用纸。我国流传至今的大量古籍珍本、名家书画墨迹大都用宣纸书写。

(四)徽墨

徽墨是安徽文房四宝之一，因产于古徽州府而得名，绩溪为其主要产地，历史悠久，起于南唐，盛于两宋、明、清。徽墨享有"落纸加深，万载存真"之誉，具有色泽黑润、入纸不晕、历久不褪色、馨香浓郁、防腐防蛀、造型美观、装潢典雅等特色，为书画家必备之佳品。徽墨原料名贵，工艺精细、品质优良，为历代贡品。

第六节 江 西 省

一、概况

江西简称"赣"，因公元733年唐玄宗设江南西道而得省名，又因为江西最大河流为赣江而得简称，省会是南昌。全省面积16.69万平方公里，2020年人口普查，全省常住人口总数为4518.86万人。境内除北部较为平坦外，东西南部三面环山，中部丘陵起伏，成为一个整体向鄱阳湖倾斜而往北开口的巨大盆地。全境有大小河流2400余条，赣江、抚河、信江、修河和饶河为江西五大河流。

江西的历史悠久，风景秀丽，名胜古迹众多，有庐山、井冈山、龙虎山、三清山等著名的风景名胜区，有全国最大的淡水湖鄱阳湖和风景如画的柘林湖、浓淡相宜的仙女湖等，有南昌、景德镇、赣州等国家级历史文化名城，中国革命"红色"旅游资源非常丰富，仅"红都"瑞金就有红井等180多处革命遗址。

二、国家5A级旅游景区

截至2023年9月，江西拥有14个国家5A级景区，分别为：江西省庐山风景名胜区(2007)，吉安市井冈山风景旅游区(2007)，江西省上饶市三清山旅游景区(2011)，江西省鹰潭市龙虎山旅游景区(2012),上饶市婺源江湾景区(2013),景德镇古窑民俗博览区(2013),瑞金共和国摇篮景区(2015),宜春市明月山旅游区(2015),抚州市大觉山景区(2017),上饶市龟峰景区(2017),南昌市滕王阁旅游区(2018),萍乡市武功山景区(2019),九江市庐山西海景区(2020),赣州市三百山景区(2022)。

(一)三清山旅游景区

三清山又名少华山,位于江西省德兴市与玉山县交界处。因玉京、玉虚、玉华三座山峰峻峭挺拔,宛如道教玉清、上清、太清三仙境而得名。主峰玉京峰海拔1819.9米。三清山集奇特的自然景观和神秘的道教文化于一身,素有"江南第一仙峰、天下无双福地"的美誉。三清山东险、西奇、南绝、北秀,兼有"泰山之雄伟、华山之峻峭、衡山之烟云、匡庐之飞瀑"的特点,尤以奇峰、古松、响云、彩瀑、神光最为奇特。被誉为三清三绝的是巨蟒出山、司春女神、观音听琵琶。景区于2011年被评为国家5A级旅游景区。

(二)井冈山风景旅游区

井冈山(见图10-7)位于江西省西南部赣湘两省交界的罗霄山脉中段,属山岳型风景名胜区。井冈山气候宜人,夏无酷暑,冬无严寒,为避暑疗养回归大自然的理想之地。井冈山建有中国第一个农村革命根据地,目前还较好地保存着29处革命遗址。风景区分为茨坪、黄洋界、龙潭、主峰、桐木岭、湘洲、笔架山、仙口八大景区。景观分为八大类,即峰峦、山石、瀑布、气象、溶洞、温泉、珍稀动植物及高山田园风光。景区先后入选国家级重点风景名胜区、中国旅游胜地四十佳、全国百家爱国主义教育示范基地和全国十佳优秀社会教育基地,2007年被评为国家5A级旅游景区。

图10-7 井冈山风景区

(三)婺源江湾景区

江湾位于江西省婺源县东部,被誉为"中国最美的乡村"。江湾的建筑布局卓具特色,一街六巷,纵横交错,新旧有序,千年延展,不乱方阵,且每条巷道各有个性,不见雷同,古朴幽雅,自成一景。江湾文风鼎盛、群贤辈出。江湾现有很多保存完好的古建筑,著名的有培心堂、敦崇堂、三省堂、德庆堂、江仁庆古宅、"一府六院"遗址,还有许多古井、古亭、古桥,处处透着古徽州文化的神韵。后龙山满山古木,遮天蔽日,给依山而建的江湾古村增添了不少神韵。2013年该景区被评为国家5A级旅游景区。

三、风物特产

(一)景德镇瓷器

景德镇瓷器造型优美,品种繁多,装饰丰富,风格独特。景德镇瓷雕制作远在隋代就开始了。当代的景德镇,瓷雕工艺精湛,工艺种类齐全,有圆雕、捏雕、镂雕、浮雕等。造型千姿百态、栩栩如生,艺术表现力强,有的庄重浑厚,有的典雅清新,有的富丽堂皇,鲜艳夺目。青花、玲珑、粉彩、颜色釉合称景德镇四大传统名瓷,薄胎瓷被称为神奇珍品,雕塑瓷为我国传统工艺美术品。

(二)庐山云雾茶

庐山云雾茶是我国十大名茶之一,始产于汉代,宋代列为"贡茶"。庐山云雾茶的品质特点是芽壮叶肥,白毫显露,色泽翠绿,幽香如兰,滋味深厚,鲜爽甘醇,经久耐泡,汤色明亮,饮后回味香绵,是绿茶中的精品。其特点也可简单概括为味醇、色秀、香馨、液清。庐山云雾茶久负盛名,畅销国内外。若用庐山的山泉沏茶焙茗,就更加香醇可口。

(三)南丰蜜橘

南丰蜜橘迄今已有1300多年的栽培历史,从唐朝开始就被历代列为皇室贡品,因而南丰蜜橘获得"贡橘"的美称,成为水果中的稀有珍品,驰名中外。南丰蜜橘皮薄核小、汁多无渣、色泽金黄、风味浓甜、香气醇厚,且营养丰富。果汁含柠檬酸、多种维生素、糖分、氨基酸和磷、铁、钙等元素,橘皮健脾化痰,橘络通经活血,橘核理气散结,多次被评为全国优质水果。1995年南丰县被授予"中国南丰蜜橘之乡"的称号。

(四)万年贡米

万年贡米起源于南北朝,因"代代耕种,岁岁纳贡"而得名。万年贡米产于江西省万年县荷桥一带,该地位于怀玉山北麓的丘陵峡谷地带,土壤属偏酸性黏土,土层深,山泉涌流,水温在15℃左右,水质富含多种微量元素。这样的优质生长环境,使万年贡米中的蛋白质含量为普通大米的数倍,B族维生素、微量元素的含量亦高于普通大米。万年贡米颗粒大,体细长,颗形如梭,米色似玉。用其做饭,质软不腻,味道浓香;以贡米为原料酿酒,浓而不烈,堪称米中极品。

第七节 湖南省

一、概况

湖南省位于长江中游,省境绝大部分在洞庭湖以南,故称湖南;湘江贯穿省境南北,故简称"湘",省会是长沙。全省土地面积21.18万平方公里,2020年人口普查,常住人口为6644.48万人。

湖南省的地貌轮廓是东、南、西三面环山,中部丘岗起伏,北部平原、湖泊展布,沃野千里,形成了朝北开口的不对称马蹄形地形。"三湘四水"是湖南的又一称谓,"三湘"因湘江流经永州时与"潇水"、流经衡阳时与"蒸水"和入洞庭湖时与"沅水"相汇而得名,分别称"潇湘""蒸湘""沅湘"。四水则指湘江、资江、沅江和澧水。湖南雨水充沛、空气湿润、物产富饶,俗有"湖广熟,天下足"之谓,是著名的"鱼米之乡"。

湖南人杰地灵,有着丰富的旅游资源,品类齐,品位高,品牌好,既有鬼斧神工的自然风光,又有巧夺天工的人文景观,还有独具神韵的民俗风情。世界自然遗产武陵源风景名胜区,堪称国之瑰宝;五岳独秀、佛道共存的南岳衡山,是著名的佛教圣地和避暑胜地;湘西、怀化山水风光充满诗情画意,风土人情蕴含山野情趣;五大淡水湖之一的洞庭湖及江南三大名楼之一的岳阳楼相互辉映;马王堆汉墓更是轰动世界的考古发现。

二、国家5A级旅游景区

截至2023年9月,湖南拥有11个国家5A级景区,分别为:衡阳市南岳衡山旅游区(2007),张家界武陵源—天门山旅游区(2007),湖南省岳阳市岳阳楼—君山岛景区(2011),湖南省湘潭市韶山旅游区(2011),长沙市岳麓山·橘子洲旅游区(2012/2017),长沙市花明楼景区(2013),郴州市东江湖旅游区(2015),邵阳市崀山景区(2016),株洲市炎帝陵景区(2019),常德市桃花源旅游区(2020),湖南省湘西土家族苗族自治州矮寨·十八洞·德夯大峡谷景区(2021)。

(一)张家界武陵源—天门山旅游区

武陵源风景名胜区位于湖南省西北部,由张家界市的张家界森林公园、慈利县的索溪峪自然保护区、桑植县的天子山自然保护区和杨家界新景区组合而成。武陵源风景名胜区到处是石柱石峰、断崖绝壁、古树名木、云气烟雾、流泉飞瀑、珍禽异兽,置身其间,犹如到了一个神奇的世界和趣味天成的艺术山水长廊。溶洞数量多、规模大,其中以索溪峪的"黄龙洞"最为著名。

天门山景区是资江漂流最精华的地段,因自然奇观天门洞而得名。其总面积96平方公里,山形峻秀,岩壑争奇,源于典型的丹霞地貌,有三十八岩、十九涧、二潭、八石等。

在海拔630米的神仙寨顶有方圆56亩的原始森林，属国内罕见。美若仙界的景观群落，加之回廊曲榭、亭台楼阁、群体雕塑、名家题词，使这幽静、灵秀之地自成避暑休闲的上佳去处。

(二)韶山旅游区

韶山是毛泽东的故乡，中国四大革命纪念地之一。以毛泽东故居为核心保留与新建了一批文化与自然旅游景点，组成了韶山旅游区，2011年被评为国家5A级旅游景区。主要景点包括毛泽东故居、滴水洞、清溪与黑石寨。韶山冲毛主席故居是位于韶山冲南岸上屋场的一座普通江南农舍，是毛泽东祖父以下三代人的家业，毛泽东在此度过了童年与少年时代。1993年毛泽东100周年诞辰之际，在其故居旁开辟了毛泽东广场，树立有毛泽东铜像。建成后，成为相关纪念活动的主要场所。毛泽东纪念馆兴建于1964年，2008年被评为国家一级博物馆。故居景区相关景点还包括南岸私塾、毛氏宗祠等。

(三)崀山景区

崀山景区坐落在湘桂边陲，是世界自然遗产、国家级风景名胜区、国家地质公园。南与桂林相连，北与张家界呼应，是国内最为典型的丹霞地貌风景区，曾被《中国地理杂志》之"选美中国"板块评选为中国最美丹霞，有"丹霞之魂，国之瑰宝"的美誉。景区总面积108平方公里，地质结构奇特，山、水、林、洞浑然一体，辖八角寨、辣椒峰、天一巷、扶夷江、紫霞峒、天生桥六大景区。"崀山六绝"是指天下第一巷、鲸鱼闹海、辣椒峰、骆驼峰、天生桥、将军山。景区有如下几大特征，即奇特的石景峰景、险峻的岩壁石巷、迷人的江流瀑布、幽深的峡谷深山、神秘的山寨文化、悠久的宗教传说、淳朴的民风民俗。2016年被评为国家5A级景区。

三、风物特产

(一)长沙棕编

长沙棕编是以棕叶编制而成的小工艺品。棕榈为常绿乔木，长沙县农村各地都有种植，民间艺人采集棕叶，编织成鸟、虫、虾、鹤、蛇、青蛙等各种动物，形象逼真，栩栩如生。因其多为鲜叶编织，易枯变形，艺人研究改进，将鲜叶进行处理，编后染漆，颜色经久不变，色彩鲜明，形态更为逼真。长沙棕编曾参加德国莱比锡世界博览会，获得好评。

(二)长沙铜官陶器

铜官镇素称"十里陶城"，是我国古代五大陶都之一。铜官陶器以精陶土做坯，用制瓷工艺加工，外施彩釉，产品质地细腻如瓷，坚固如石，装饰洗练，以古朴雅致，工艺细致，品种繁多，釉色丰富，造型别具一格而闻名遐迩。现今的铜官陶器不但有人们熟悉的缸、坛、罐，而且有五光十色、款式新颖的杯、碟、壶、盆，以及配套齐全的茶具、餐具、啤酒具等各种日用精陶制品。尤其成套的石瓷餐具、茶具大量出口，深受外商欢迎。

(三)永丰辣酱

永丰辣酱始于明代，产于双峰县永丰镇。它以本地所产的一种肉质肥厚、辣中带甜的灯笼椒为主要原料，掺拌一定分量的小麦、黄豆、糯米，依传统配方、科学办法晒制而成，其色泽鲜艳，味道鲜美，辣中带甜，芳香可口，具有开胃健脾、增进食欲、帮助消化、散寒祛湿等功效。永丰辣酱多次被评为省优、部优产品，畅销全国20个省和港澳地区，并出口日本、美国、马来西亚等国家。

(四)凤凰姜糖

凤凰特产——姜糖采用家传秘方和民间工艺精制而成，有祛寒散热、润肺暖胃、化痰止咳之功效，经济实惠，便于携带，是旅途中不可多得的地方特产、保健食品和馈赠佳品。姜糖大致可分为由白糖、冰糖、核桃粉、薄荷再加少量姜制作的清淡味和较多姜、核桃粉、红糖制作的浓香味两种。

第八节 湖 北 省

一、概况

湖北省简称"鄂"，因位于洞庭湖以北而得名，省会是武汉。湖北古称荆楚，荆楚，是楚国的发源地，楚文化的核心影响区域。湖北面积为18.59万平方公里，2020年人口普查，常住人口为5775万人。湖北处于中国地势第二级阶梯向第三级阶梯过渡的地带，地貌类型多样，最高处为神农架最高峰——神农顶，海拔达3106.2米。全省西、北、东三面山地环绕，丘陵广布，中南部为江汉平原，与湖南洞庭湖平原连成一片。长江自西向东贯穿全省。汉江是长江的最大支流，自西北向东南汇入长江，在湖北中部形成江汉平原。

湖北的旅游资源非常丰富。自然景观有长江三峡、武当山、丹江口水库、九宫山、闯王陵、隐水洞、神农架等。文物古迹与革命胜迹遍布全省，主要有秭归的屈原故里、随州炎帝庙、宜昌的三游洞、纪南故城、昭君故里、明显陵、黄冈东坡赤壁、襄阳古隆中、襄阳城、马跃檀溪、武汉古琴台、黄鹤楼、三国赤壁、武昌起义军政府旧址、京汉铁路工人运动"二七"纪念馆和武汉民国政府旧址等。

案例10-2

二、国家5A级旅游景区

截至2023年9月，湖北拥有14个国家5A级景区，分别为：武汉市黄鹤楼公园(2007)，宜昌市三峡大坝—屈原故里旅游区 (2007)，十堰市武当山风景区(2011)，湖北省宜昌市三峡人家风景区(2011)，湖北省恩施州神龙溪纤夫文化旅游区(2011)，湖北省神农架旅游区(2012)，宜昌市长阳清江画廊景区(2013)，武汉市东湖景区(2013)，武汉市黄陂木兰文化生态旅游区(2014)，恩施大峡谷景区(2015)，咸宁市赤壁市三国赤壁古战场景区(2018)，襄阳市古隆中景区(2019)，恩施州腾龙洞景区(2020)，宜昌市三峡大瀑布景区(2022)。

(一)神农架生态旅游区

神农架林区位于湖北省西部边陲，以茫茫的林海、完好的原始生态系统、丰富的生物多样性、宜人的气候条件、原始独特的内陆高山文化共同构成了绚丽多彩的山水画卷。神农架是我国内陆保存完好的唯一一片绿洲和世界中纬度地区唯一的一块绿色宝地。它所拥有的在当今世界中纬度地区唯一保持完好的亚热带森林生态系统，是最富特色的垄断性的世界级旅游资源，动植物区系成分丰富多彩、古老、特有而且珍稀。神农尝百草的传说、"野人"之谜、汉民族神话史诗《黑暗传》、川鄂古盐道、土家婚俗、山乡情韵都具有令人神往的诱惑力。2012年被评为国家5A级景区，2016年成功列入世界自然遗产。

(二)三峡大坝旅游区

三峡大坝位于宜昌市三斗坪镇，整个工程由拦江大坝、水力发电厂和通航船闸组成。三峡水利枢纽是综合治理与开发长江的关键性工程，发挥着防洪、发电、航运、养殖、旅游、保护生态、净化环境、开发性移民、南水北调、供水灌溉十大效益，年均发电量可达849亿度。景区拥有壮丽的高峡平湖风光、雄伟的三峡大坝、5000年遗存的三峡文化等世界垄断性旅游资源，具有"近坝、靠港、便路"的独特区位优势。于2007年被评为国家5A级景区。

(三)长阳清江画廊景区

长阳是巴人发祥地、土家族的摇篮、"长阳人"的故乡。19万年前的"长阳人"在这里点燃了长江流域人类文明的第一堆篝火。清江是土家族的母亲河，洋洋洒洒800余里，宛如一条蓝色飘带穿山越峡，两岸独特的喀斯特地貌层峦叠嶂，直刺苍穹，湖内数百翡翠般的岛屿星罗棋布、灿若绿珠。人称清江有长江三峡之雄、桂林漓江之清、杭州西湖之秀。该景区于2008年荣膺全国民族文化旅游十大新兴品牌，2013年成功跻身于国家5A级景区。

三、风物特产

(一)房县黑木耳

湖北省房县是驰名中外的"木耳之乡"。房县地处南北交替气候带，雨量充沛，气候温和，再加上山峦起伏、树林茂密，为黑木耳生产提供了十分有利的条件。在国际贸易市场上，因其色鲜、肉厚、朵大、质优、营养丰富，赢得了"房耳"的盛誉。这里的黑木耳"形似燕，状如飞"，又被称为燕耳，有"山珍之王"的美称。

(二)武汉鸭脖子

鸭脖子又名酱鸭脖或酱鸭脖子，属于酱汁类食品(主要是酱板鸭，包括酱鸭翅、酱鸭脖、酱鸭拐、酱鸭掌等)，最早流传于清朝洞庭湖区的常德，经湖南流传至四川和湖北，近年来风靡全国。酱汁类食品通过多种香料浸泡，然后经过风干、烤制等工序精制而成，成品色泽深红，具有香、辣、甘、麻、咸、酥、绵等特点，是一道佐酒佳肴。

> **专栏10-4　楚菜**
>
> 　　楚菜，湖北风味，以水产为本，鱼馔为主，汁浓芡亮，香鲜辣，注重本色，菜式丰富，筵席众多，擅长蒸、煨、炸、烧、炒等烹调方法，具有滚、烂、鲜、醇、香、嫩、足七美。
> 　　葱烧武昌鱼、红烧鮰鱼、珊瑚桂鱼、荆沙甲鱼、砂锅鱼糕鱼圆、沔阳三蒸、黄州东坡肉、潜江油焖小龙虾、腊肉炒菜薹、莲藕排骨汤是十大楚菜名菜。
> 　　蔡林记热干面、四季美汤包、三鲜豆皮、襄阳牛肉面、恩施炕土豆、谈炎记水饺、孝感米酒、油饼包烧麦、公安锅盔、糊汤米粉是十大楚菜名点。
> 　　2018年8月，湖北省政府办公厅发布《关于推动楚菜创新发展的意见》，文件明确提出，将湖北菜简称统一规范为"楚菜"。
>
> （资料来源：百度百科—楚菜，2023-09-16）

(三) 孝感米酒

　　孝感米酒是具有千年历史的地方名吃，它以孝感出产的优质糯米为原料，以孝感历史传承的风窝酒曲用传统方式发酵酿制而成，属于纯天然绿色饮品。由于选料考究、制法独特，孝感米酒白如玉液，清香袭人，甜润爽口，浓而不黏，稀而不流，食后生津暖胃，回味深长。

(四) 云梦鱼面

　　云梦鱼面主产于古泽云梦，始产于清道光年间，历史悠久。云梦鱼面选用"白鹤分流"之鱼、桂花潭中之水、新磨上等面粉及芝麻香油等为主要原料精制而成，白如银，细如丝，故又称"银丝鱼面"。该产品营养丰富，风味独特，鲜美可口。1915年，云梦鱼面在巴拿马万国博览会参加特产比赛获优质银牌奖，产品畅销全国及国际市场。

本章小结

　　(1) 长江中下游旅游区的自然地理环境为平原和低山丘陵相间分布的地形结构，自北向南依次为黄淮平原、淮南山地、长江中下游平原及三角洲平原、江南丘陵。河网稠密，湖泊众多，气候温暖湿润、冬暖夏热，四季分明，降水丰沛且较均匀。人文地理环境表现为经济发达，城市化水平较高；吴越文化、楚文化特色明显；旅游区位良好，旅游交通便捷。长江中下游旅游区的主要旅游资源特征是旅游资源种类多样，园林、名山资源丰富，旅游产品种类丰富多样，旅游城市数量众多。
　　(2) 长江中下游旅游区旅游资源丰富，基础条件优越，其中国家5A级景区数量众多，其旅游资源的总体特征为园林荟萃、名山众多，以及旅游产品丰富多样。

(3) 长江中下游旅游区物产丰富，具有地方特色，代表性的物产包括上海的崇明白山羊、上海牙雕、江苏的苏绣、宜兴紫砂陶、浙江的杭州丝绸、金华火腿，安徽的黄山毛峰、祁门红茶，江西的景德镇瓷器、庐山云雾茶，湖南的长沙棕编、长沙铜官陶器等。

习 题

一、填空题

1. 江苏省_____市曾是"六代帝王国，三吴佳丽城"的金粉之地，史称建邺。
2. 我国三大绿茶通常指的是_____、_____和_____。
3. "长江三鲜"是_____、_____和_____；"太湖三珍"是_____、_____和_____。
4. 世界三大红茶为_____、_____和_____。
5. 我国五大淡水湖是_____、_____、_____、_____和_____。

二、选择题

1. (　　)构图饱满，繁而不乱，装饰性强，色彩浓郁鲜艳，绣制平整光滑，题材广泛，多为百鸟朝阳、龙凤等图案。
   A. 苏绣　　　B. 湘绣　　　C. 蜀绣　　　D. 粤绣
2. 我国第一部茶书——《茶经》的作者是(　　)。
   A. 关羽　　　B. 项羽　　　C. 陆羽　　　D. 颜真卿
3. 楚文化的核心影响区域、国家"中部崛起"战略的支点、中心，指的是(　　)。
   A. 湖北省　　B. 湖南省　　C. 江西省　　D. 安徽省
4. 苏州四大名园为(　　)。
   A. 沧浪亭、寄畅园、狮子林、留园　　B. 沧浪亭、狮子林、拙政园、留园
   C. 拙政园、留园、个园、狮子林　　　D. 拙政园、个园、寄畅园、狮子林
5. (　　)是我国四大佛教名山之一，也是唯一的海岛佛教名山。
   A. 普陀山　　B. 峨眉山　　C. 五台山　　D. 九华山

三、简答题

1. 简述长江中下游的自然地理环境。
2. 简述江南园林的特征，并列出代表性园林。
3. 简述张家界武陵源—天门山旅游区的景观特色。
4. 宜兴紫砂壶有什么优点？
5. 列举湖北省的主要游览胜地。

习题答案

第十一章

东南旅游区

📖 学习目标

通过学习，熟悉东南旅游区的地理环境特征及旅游资源特征；了解该区内各省的概况及风物特产；掌握主要的旅游景区景点的概况。

💡 关键词

东南旅游区　丘陵地形　岭南　侨乡

案例导入

"海南放心游"平台全面提供消费投诉先行赔付服务

遇到缺斤短两怎么办？服务态度不好怎么投诉？哪些是值得信赖的诚信商家？在海南旅游遇到问题，就找"海南放心游"！

2023年8月25日，海南旅游消费投诉先行赔付"海南放心游"微信公众号、微信小程序、支付宝小程序已全面上线运行，"赔付原则统一、受理流程统一、办理时限统一"的海南旅游消费投诉先行赔付工作机制建立，打造高品质旅游消费环境。

截至9月19日，全省先行赔付诚信商家共84057家，各市县诚信商家正在陆续新增。"海南放心游"平台承接投诉总量共487次，其中投诉入驻放心游保障商家168次，符合先行赔付条件工单10次，启用先行赔付资金共24936.3元，最终商家与消费者达成一致，先行赔付资金收回资金池。未执行先行赔付，但通过"海南放心游"投诉促进快速处理，解决问题工单40次，追回消费者损失21976.88元。

"海南放心游"平台可为游客和市民提供当地诚信商家查阅、在线投诉、先行赔付、产品购买、商家评价、免税、打车、权益领取等功能。目前，可通过微信公众号、小程序和支付宝小程序搜索"海南放心游"进入平台，后续平台将陆续覆盖"抖音""快手"等生态圈，全面提供旅游消费投诉先行赔付服务。

省旅文厅相关负责人介绍，下一步，平台将围绕涉旅消费领域全覆盖的目标，不断扩大入驻行业类型和商家数量，综合运用正向激励和反向惩戒措施，让涉旅经营主体以入驻平台为荣。同时，线上将与"金椰分""芝麻信用分"等信用体系结合，打造"诚信商圈"，缩短先行赔付资金冻结时间，快速高效解决消费者投诉，提升消费者满意度；线下推广使用"放心消费码"，实现"码上查""码上评""码上管""码上付"的功能闭环，构筑"政府主抓、部门监管、企业诚信、公众监督、行业自律"的旅游消费正向管制长效机制，打造涉旅社会共治体系，让"放心游海南"成为常态。

（资料来源：海南省人民政府门户网站，2023-09-21）

诚信是社会主义核心价值观的重要范畴，"海南放心游"平台的上线全面提升海南旅游服务质量，全力打造安心、舒心、放心的旅游消费环境，在全省文旅行业内形成守信践诺的良好社会氛围，更好守护海南旅游金字招牌。

第一节 地理环境概况及旅游资源特征

东南旅游区包括福建、广东和海南三省，位于我国东南部，东临太平洋，对外交往频繁，国际旅游发达。本旅游区自然资源和人文资源都有其独特之处，与其他各区差异较大。自然资源主要以海滨风光、名山温泉、热带植物为主；人文资源则侧重于岭南文化、华侨故里和现代风貌。这个区域是我国旅游经济最发达的地区之一。

一、自然地理环境

(一)破碎的低山丘陵地形

东南旅游区地形以海拔500米左右的低山丘陵为主,既没有高大的山脉,也没有大面积的平原。武夷山和南岭两条山脉构成东南地形的骨架。武夷山以东北—西南走向绵延于闽、赣二省之间,位于福建西北部与江西省交界的黄岗山,海拔2160.8米,是武夷山最高峰,也是东南丘陵地区第一高峰。武夷山构成福建诸水与长江水系的分水岭,也是自然地理上的重要界线。南岭横亘在广东北部至广西东北部,东接武夷山,西接云贵高原,最高峰猫儿山,海拔2141米,位于广西东北部。南岭是我国自然地理上一条重要的分界线,南岭以南终年草木青翠,呈现出南亚热带景观。南岭还是长江水系和珠江水系的分水岭。武夷山和南岭多红层盆地和丹霞地貌,碧水丹山,形成著名的风景观赏胜地。除以上两大山地外,该区还有城云山、耽眉山、罗浮山、大云雾山、云开大山等。山地受岩性构造和气候的影响,侵蚀切割作用强烈,地表显得支离破碎。

全区没有大面积的平原,平原只限于河流两侧和河口三角洲。河谷平原面积都很小,与丘陵交错分布,形成丘陵与宽谷交错的地貌。面积较大的珠江三角洲平原有1.1万平方公里,韩江三角洲平原仅2000平方公里,此外还有泉州平原、湛江平原等。平原面积虽占比例很小,但水热条件好,农业发达,是东南的"鱼米之乡"。珠江三角洲是我国商品粮生产基地之一。

东南大陆海岸线长达9000多公里,而且十分曲折,曲折率居全国首位,这是地表切割破碎在海岸形态上的反映。大部分海岸属山地型,由花岗岩构成,多溺谷港。

海南岛是我国第二大岛,山地占全岛面积的1/3,主要分布在中南部。五指山因五峰耸立、形似五指而得名,是海南著名的山峰。

(二)高温多雨的热带、亚热带季风气候

该区纬度低,濒临海洋,长期受夏季季风影响,因此高温多雨、长夏无冬的亚热带和热带季风气候是其自然气候的重要特征。东南地区约有1/3的陆地面积处于太阳直射范围内,故终年气温较高,大部分地区年平均温度高于20℃,最冷月的平均温度也在10℃以上,因而东南地区四季交替不明显,夏季长达八九个月,没有真正的冬季,一般年份冬季不见霜雪,特别是南部。东南旅游区一年四季皆可旅游,冬季更是我国避寒、冬泳的好地方。降水丰沛,大部分地区年降水量在1500毫米以上,夏秋之交多台风。

(三)丰富的水热资源

东南旅游区水系多,水网密度大,汛期长,河流水量丰富,含沙量小。区内主要河流属于珠江、闽江和韩江三大水系。珠江按流量是我国第二大河流,沿途景色秀丽。闽江沿途多崇山峻岭,人文景观广布。此外,该区内主要河流还有广东的榕江、黄岗溪、螺河、漠阳江,福建的漳江、九龙江、木兰溪,海南的万泉河等。该区许多湖泊与水库由于景色

秀丽成为重要的旅游景点,如肇庆星湖、广州南湖、潮州西湖、惠州西湖等。该区温泉和地热资源极为丰富,区内有各类温泉近500处,如福建福州、古田、长汀河田等都是我国著名的温泉旅游地,景区内风景秀丽,是旅游和疗养之佳地。

二、人文地理环境

(一)著名的侨乡

该区是我国著名的侨乡,是华侨密集区。闽、粤、琼是我国早期对外贸易的前沿阵地,也是历史上海外劳工最大的输出地,因此,成为华人华侨祖籍集中的地区。广东的潮汕、梅州地区、珠江三角洲地区,海南的文昌、琼海、万宁、琼山,福建的厦门、晋江、泉州、南安、漳州、永春、福清等都是著名的侨乡。海外华侨的分布以东南亚最多,每年都有大批华侨回国观光、寻根祭祖、探亲访友,成为该区入境旅游的稳定客源之一。

(二)发达的社会经济

东南是我国最早对外开放的地区之一,经济发展迅速、对外贸易繁荣,雄厚的经济基础和繁荣的贸易,对旅游业有极大的促进作用,如每年春秋两季的广交会吸引了世界各国和我国各地的商人前往洽谈,促进了商务旅游和购物旅游的发展。该区城市建设新颖别致,环境优美,广州、深圳等都是现代化的国际性大都市,市内耸立着各种风格的高楼大厦,车水马龙,人流如潮,夜晚的都市更是以璀璨的夜景迷醉了无数的游客,城郊各种旅游度假、休闲、娱乐设施齐全,现代城市文化成为人文旅游资源最大的亮点。

(三)多样的民族风情

特殊的自然与人文环境形成了该区独有的岭南文化、客家文化,表现在语言、饮食、音乐、舞蹈、戏剧等方面。代表性的文化艺术有福建梨园戏、广东粤剧等。该区是我国少数民族聚居的重要地区之一,有黎族、苗族、瑶族、壮族、回族等,各民族丰富多彩的文化构成了该地区民俗文化的多样性,如黎族干阑式的船形或金字形民居、"竹筒饭",苗族的精美服装,瑶族的耍歌堂,均具有浓郁的民族风情。

三、旅游资源特征

(一)热带、亚热带自然景观突出

东南旅游区的自然植被为终年常绿热带雨林、季雨林和常绿阔叶林,种类繁多,成分复杂。尤其是棕榈科植物,叶片巨大、密集,高高地耸立在海滨、村落,构成特殊外貌,成为东南热带景观的标志。菠萝蜜、木奶果、青果榕等植物多有分布。鹅掌楸、银杉、银杏、罗汉松等古老的植物和水仙、木兰等花卉分布甚广。该区自然保护区众多,武夷山自然保护区被称为研究亚洲两栖和爬行动物的钥匙。鼎湖山自然保护区是北回归线附近的明珠,主要保护南亚热带常绿阔叶林。福建屏南县鸳鸯溪是我国第一个鸳鸯保护区。

(二)地貌旅游资源丰富

东南旅游区地貌资源丰富,既有"丹山碧水"的丹霞地貌,又有奇岩怪石的花岗岩地貌,还有岩溶地貌和海岸地貌,可谓样样俱全。丹霞地貌在该区发育非常典型,广东的丹霞山和福建的武夷山都是这一地貌的杰出代表。花岗岩地貌在该区分布也非常广,福建福鼎太姥山、东山岛风动石、海南东山岭均属此列。岩溶地貌主要以仪态万方的溶洞为主,广东肇庆的星湖、福建永安的鳞隐石林等是其典型景观。海岸地貌是该区非常独特的景观,海南三亚的大东海、亚龙湾海滩被誉为世界最佳浴场之一,厦门、深圳等均有迷人的海滨风光和海岸地貌。

第二节 福 建 省

一、概况

福建简称"闽",省会是福州。福建位于我国东南沿海,全省土地面积为12.4万平方公里,海域面积为13.6万平方公里。2020年人口普查,常住人口为4154万人。福建又是著名的侨乡和台胞祖籍地,旅居海外的华人、华侨达800多万人,台湾同胞中80%祖籍福建。

福建地势总体上从西北向东南下降,在西部和中部形成北东向斜贯全省的两列大山带:西列是以武夷山脉为主体的闽西大山带;东列是由鹫峰山、戴云山、博平岭等山脉组成的闽中大山带。这两大山带之间为互不贯通的河谷、盆地。东部沿海为丘陵、台地、平原地带。福建省海域辽阔,水质肥沃,浮游生物多,水产资源相当丰富,是我国主要产鱼区。

福建山清水秀,人文荟萃。著名的武夷山、湄洲岛、太姥山、鼓浪屿、桃源洞、玉华洞、古寺庙、古塔、古桥、古城堡,以及王审知、郑成功、林则徐、陈嘉庚等名流英杰的旧居遗迹等,都是独具特色的旅游胜地。

案例11-1

二、国家5A级旅游景区

截至2023年9月,福建拥有国家5A级景区10家,即厦门市鼓浪屿风景名胜区(2007)、南平市武夷山风景名胜区(2007)、福建省土楼(永定•南靖)旅游景区(2011)、三明市泰宁风景旅游区(2011)、宁德市白水洋—鸳鸯溪旅游区(2012)、泉州市清源山景区(2012)、福鼎太姥山旅游区(2013)、三坊七巷景区(2015)、龙岩市古田旅游区(2015)、莆田市湄洲岛妈祖文化旅游区(2020)。

(一)鼓浪屿风景名胜区

鼓浪屿风景名胜区位于厦门岛西南隅,与厦门市区隔海相望,四面碧海环绕。鼓浪屿气候宜人,四季如春,无车马喧嚣,处处鸟语花香,宛如一颗璀璨的"海上明珠",整个景区具海、山、岛、礁、滩、岩、寺、花、木诸多神秀,兼备民族风格、侨乡风情、闽台特色,并蓄西方异域情调。景区主要的观光景点有日光岩、菽庄花园、皓月园、海底世界、毓园、环岛路、鼓浪石、天然海滨浴场等。鼓浪屿于2007年被评为国家5A级旅游景区,并于2017年入选世界文化遗产。

(二)武夷山风景名胜区

武夷山风景名胜区地处福建省西北部,属典型的丹霞地貌,素有"碧水丹山""奇秀甲东南"之美誉。景区东部是山与水的完美结合、人文与自然的有机相融,以秀水、奇峰、幽谷、险壑等诸多美景、悠久的历史文化和众多的文物古迹而享有盛誉。中部是联系东西部并涵养九曲溪水源、保持良好生态环境的重要区域。西部是全球生物多样性保护的关键地区,分布着世界同纬度带现存最完整、最典型、面积最大的中亚热带原生性森林生态系统。武夷山风景名胜区是"世界自然与文化双重遗产",2007年入选为国家5A级旅游景区(见图11-1)。

图11-1 武夷山大峡谷

(三)清源山景区

清源山风景名胜区位于福建省泉州市北郊,名胜古迹遍布,包括清源山、九日山、灵山圣墓和西北洋四大景区。清源山自然景色秀丽,人文景观荟萃,又以山上泉眼众多别称"泉山",因山高入云称"齐云山",因位于城市北郊又称"北山",因山上有三峰亦称"三台山"。景区属花岗岩地貌的山地丘陵,地势起伏、岩石突兀,主景区最高海拔498米,与泉州市山城相依,相互辉映,犹如名城泉州的一颗璀璨明珠,闪烁着耀眼的光芒,吸引了众多的海内外游客。2012年,景区被正式批准为国家5A级旅游景区。

三、风物特产

(一)大红袍

大红袍茶叶产于福建武夷山,属武夷岩茶,是中国十大名茶之一。茶园大部分在岩壑幽涧之中,四周皆有山峦为屏障,日照较短,更无风害。优越的自然条件孕育出岩茶独特的韵味。茶水无明显苦涩,有质感(口中茶水感觉黏,有稠度),润滑,回甘显,回味足。色泽高贵,色调丰富,有三节色、蛤蟆背和三红七青等色。武夷岩茶可分为岩茶与洲茶。在山者为岩茶,是上品;在麓者为洲茶,次之。

(二)福州茉莉花茶

福州是茉莉花茶的发源地,已有近千年历史,选用优质的烘青绿茶,用茉莉花窨制而成。福建茉莉花茶的外形秀美,毫峰显露,香气浓郁,鲜灵持久,泡饮鲜醇爽口,汤色黄绿明亮,叶底匀嫩晶绿,经久耐泡。在福建茉莉花茶中,最为高档的要数茉莉大白毫,其制作工艺特别精细,生产出的成品外形毫多芽壮,色泽嫩黄,香气鲜浓,纯正持久,滋味醇厚爽口,是茉莉花茶中的精品。

(三)福州脱胎漆器

福州脱胎漆器是具有独特民族风格和浓郁地方特色的艺术珍品,与北京的景泰蓝、江西的景德镇瓷器并称为中国传统工艺的"三宝",享誉国内外。它质地坚固轻巧,造型别致,装饰技法丰富多样,色彩明丽和谐,可谓集众美于一体,具有非凡的艺术魅力,产品有磨漆画、屏风、花瓶、茶具、烟具、文具等。自1898年以来多次在巴拿马、芝加哥、巴黎等国际博览会上获金奖。

(四)福州角梳

福州角梳曾在巴拿马、芝加哥、加拿大举办的"万国博览会"上展出过,荣获金牌奖和金盾奖。福州角梳以中国南方水牛角和北方的绵羊角为原料。角梳的加工工艺精细。一把角梳从原料制成产品,需经过25道工序,使每支角梳都色泽莹亮,光润如镜。现在角梳又增加了新品种,在制成的角梳上运用传统漆画工艺技法,精心绘制虎、豹、狮、象等10多种飞禽走兽和南国花草的图案花样,画面生动,永不褪色,深受国内外顾客的欢迎。

第三节 广 东 省

一、概况

广东省简称"粤",省会是广州。广东是我国大陆南端沿海的一个省份,珠江三角洲东西两侧，分别与香港、澳门特别行政区接壤，西南部雷州半岛隔琼州海峡与海南省相望。全省陆地面积为17.97万平方公里，其中岛屿面积为1592.7平方公里。2020年人口普查，全省常住人口为12601万人，继续居全国首位。少数民族以壮、瑶、畲、回、满等为主。

广东省地势北高南低，境内山地、平原、丘陵交错。低山丘陵分布广泛，平原仅限河谷及沿海地带，南岭山脉横亘于北部边境。广东省海岸线长，海域辽阔，气候温暖，红树林分布广、面积大。广东省旅游资源丰富：仁化县的丹霞山、南海区的西樵山、博罗县的罗浮山、肇庆市的鼎湖山为广东四大名山；西江上的羚羊峡(肇庆)、北江上的飞来峡(清远)和被誉为"有桂林之山，西湖之水"的肇庆七星岩均为国内著名风景区。

案例11-2

二、国家5A级旅游景区

截至2023年9月，广东拥有15个国家5A级景区，即广州市长隆旅游度假区(2007)、深圳华侨城旅游度假区(2007)、深圳市观澜湖休闲旅游区(2011)、梅州市雁南飞茶田景区(2011)、广东省广州市白云山风景区(2011)、广东省清远市连州地下河旅游景区(2011)、广东省韶关市丹霞山景区(2012)、佛山市西樵山景区(2013)、惠州市罗浮山景区(2013)、佛山市长鹿旅游休博园(2014)、阳江市海陵岛大角湾海上丝路旅游区(2015)、中山市孙中山故里旅游区(2016)、惠州市惠州西湖旅游景区(2018)、肇庆市星湖旅游景区(2019)、江门市开平碉楼文化旅游区(2020)。

(一)白云山风景区

白云山位于广州市区北部，为南粤名山之一，自古就有"羊城第一秀"之称。白云山风景区(见图11-2)，是新"羊城八景"之首、国家5A级景区和国家重点风景名胜区。景区分为七个游览区，即明珠楼游览区、摩星岭游览区、鸣春谷游览区、三台岭游览区、麓湖游览区、飞鹅岭游览区、荷依岭游览区。景区内峰峦重叠，溪涧纵横，林木葱茏，鸟语花香，景观多样，四季如春。

(二)丹霞山景区

丹霞山景区主要分为丹霞景区、韶石景区、巴寨景区、仙人迹景区与锦江画廊游览区。锦江画廊和巴寨景区是以自然山水观光为主，集科普、攀岩、考察、探险、休闲度假于一体的风景区。其中丹霞山主峰景区分上、中、下三个景观层。下层为锦石岩景层，中层为别传寺景层，有岭南十大禅林之一的别传寺，还有一线天、双池碧荷等景点，登丹梯铁索即上至顶层，是登高望远，饱览丹霞秀色，也是观日出、赏晚霞的大好去处。丹霞山景区不仅是国家5A级旅游景区，更是全球首批世界地质公园，素有"露天地质博物馆"之称。

案例11-3

(三)西樵山景区

西樵山风景名胜区位于广东省佛山市南海区的西南部，西樵山主峰是海拔346米的大秤峰，整个峰群在珠江三角洲百里平川的平原上拔地而起，直耸空庭，清幽秀丽。西樵山上还有42洞和无数的奇崖怪壁，比较有名的是九龙岩、冬菇石、燕岩等。西樵山林深苔厚，岩石裂隙纵横，储水丰富，拥有众多泉眼和瀑布，比较有名的是"云崖飞瀑"和"飞叶清泉"。清朝的时候，"云崖飞瀑"是广州的"羊城八景"之一，被称为"两樵云瀑"。西樵山不但自然风光秀丽，而且文化底蕴深厚，有"珠江文明的灯塔""南粤理学名山"等美誉。西樵山景区2013年被正式批准为国家5A级旅游景区。

图11-2　白云山风景区

专栏11-1　羊城八景

羊城八景特指广州市的景点，从古至今，八景的选取各不相同。

宋代——扶胥浴日、石门返照、海山晓霁、珠江秋月（色）、菊湖云影、蒲间濂泉、光孝菩提、大通烟雨。

元代——扶胥浴日、石门返照、大通烟雨、蒲间濂泉、粤台秋月、景泰僧归、白云晚望、灵洲鳌负。

明代——（越秀）粤秀松涛、穗石洞天、番山云气、药洲春晓、琪林苏井、珠江静澜、象山樵歌、荔湾渔唱。

清代——（越秀）粤秀连峰、琶洲砥柱、五仙霞洞、孤兀禺山、镇海层楼、浮丘丹井、两樵云瀑、东海渔珠。

1963年版——白云松涛、罗岗香雪、越秀远眺、珠海丹心、红陵旭日、双桥烟雨、鹅潭夜月、东湖春晓。

1986年版——红陵旭日、黄埔云樯、云山锦绣、珠海晴波、黄花浩气、越秀层楼、流花玉宇、龙洞琪林。

2002年版——云山叠翠、珠水夜韵、越秀新晖、天河漂绢、古祠流芳、黄花皓月、五环晨曦、莲峰观海。

2011年版——塔耀新城、珠水流光、云山叠翠、越秀风华、古祠流芳、荔湾胜境、科城锦绣、湿地唱晚。

(资料来源：百度百科—羊城八景，2023-09-21)

三、风物特产

(一)端砚

端砚产于中国南部广东省的肇庆市。它是中国传统的实用工艺美术品，与安徽歙砚、甘肃洮砚和澄泥砚并称中国"四大名砚"。端石石质细腻纯净，用其加工成的端砚研墨不滞，发墨快，研出之墨汁细滑，书写流畅不损毫，字迹颜色经久不变，好的端砚，无论是酷暑还是严冬，用手按其砚心，砚心湛蓝墨绿，水汽久久不干，古人有"哈气研墨"之说，因此端砚历来被人们视为文房至宝。

(二)潮州金漆木雕

金漆木雕最初是中国古代的一种建筑装饰艺术，流传到南方后又受到某些地方特色的影响，形成一种木雕流派。潮州金漆木雕多以樟木或杉木为基本原料，加以生漆和金箔。雕刻形式有浮雕、立体雕和通雕等。表现内容多为"三国""水浒"的情节、"二十四孝图"及一些民间故事，体现当地人的忠孝、趋利避害意识，有较强烈的地方文化特点。

(三)佛山木版年画

佛山木版年画因在广东佛山生产而得名，它以浓郁的乡土气息和淳朴鲜明的艺术风格成为珠江三角洲地区家家户户年节必备之物，在东南亚及世界各国华人聚居地都有一定的影响。佛山民间木版年画包括门画(俗称门神)、年画与神像画。明清两代，木版年画进入巅峰时期，并逐步形成了天津杨柳青、苏州桃花坞、山东潍坊、广东佛山"四大木版年画"。

(四)粤绣

粤绣(见图11-3)是以广州市为生产中心的手工丝线刺绣的总称，是中国四大名绣之一，最初创始于黎族。其特色一是用线多样，除丝线、绒线外，也用孔雀羽毛捻缕做线，或用马尾缠绒做线；二是用色明快，对比强烈，讲求华丽效果；三是多用金线做刺绣花纹的轮廓线；四是装饰花纹繁缛丰满，热闹欢快；五是绣工多由男工担任。绣品品种丰富，有被面、枕套、床楣、披巾、头巾、绣服、鞋帽、戏衣等，也有镜屏、挂幛、条幅等。

图11-3 粤绣

第四节 海 南 省

一、概况

海南省简称"琼",省会是海口。海南位于中国最南端,行政区域包括海南岛、西沙群岛、中沙群岛、南沙群岛的岛礁及其海域,是全国面积最大的省。全省陆地(主要包括海南岛和西沙、中沙、南沙群岛)总面积3.4万平方公里,海域面积约200万平方公里。海岸线总长1823公里,有大小港湾68个。2020年人口普查,全省常住人口为1008万人,世居海南岛的少数民族有黎族、苗族、回族。

海南岛四周低平,中间高耸,由山地、丘陵、台地、平原构成环形层状,地貌梯级结构明显。山地和丘陵是海南岛地貌的核心,占全岛陆地面积的38.7%,山地主要分布在岛中部偏南地区,丘陵主要分布在岛内陆和西北、西南部等地区。海南岛地处热带北缘,属热带季风气候,素来有"天然大温室"的美称,这里长夏无冬,年平均气温22℃～26℃,雨量充沛,年平均降雨量为1639毫米。海南的生物资源十分丰富,素有"绿色宝库"之称,是我国最大的热带自然博物馆、最丰富的物种基因库。海南岛生长着丰富多彩的热带林木、热带花卉、热带水果和天然药材。

二、国家5A级旅游景区

截至2023年9月,海南拥有国家5A级景区6家,即三亚市南山文化旅游区(2007)、三亚市南山大小洞天旅游区(2007)、海南呀诺达雨林文化旅游区(2012)、分界洲岛旅游区(2013)、槟榔谷黎苗文化旅游区(2015)、三亚市蜈支洲岛旅游区(2016)。

(一)南山文化旅游区

南山文化旅游区共分为三大主题公园：南山佛教文化园是一座展示中国佛教传统文化，富有深刻哲理寓意，能够启迪心智、教化人生的园区；中国福寿文化园是一座集中华民族文化精髓，突出表现和平、安宁、幸福、祥和之气氛的园区；南海风情文化园是一座凭借南山一带蓝天碧海、阳光沙滩、山林海礁等景观的独特魅力，突出展现中国南海之滨的自然风光和黎村苗寨的文化风情，同时兼容一些西方现代化文明的园区。南山文化旅游区于2007年经国家旅游局正式批准为国家5A级旅游景区。

微课11-1　南山文化旅游区

(二)呀诺达雨林文化旅游区

呀诺达雨林景区位于海南省三亚市，是中国唯一地处北纬18°的热带雨林，是海南岛五大热带雨林精品的浓缩，堪称中国钻石级雨林景区。呀诺达雨林景区集观光度假、体验参与、休闲娱乐于一体，坚持天人合一的生态开发理念，以天然自然景观为基础，保护和强化景区优美的自然生态环境，融合"原始生态绿色文化、黎苗文化、南药文化、民俗文化"等优秀文化理念。该景区于2012年被正式批准为国家5A级旅游景区。

(三)槟榔谷黎苗文化旅游区

海南槟榔谷黎苗文化旅游区创建于1998年，位于保亭县与三亚市交界的甘什岭自然保护区境内，坐落在万余棵亭亭玉立、婀娜多姿的槟榔林海，并置身于古木参天、藤蔓交织的热带雨林中。2015年7月，槟榔谷荣膺国家5A级旅游景区称号。此外，槟榔谷还是国家非物质文化遗产生产性保护基地、十大最佳电影拍摄取景基地。

槟榔谷因其两边森林层峦叠嶂，中间是一条绵延数公里的槟榔谷地而得名。景区由非遗村、甘什黎村、雨林苗寨、田野黎家、《槟榔·古韵》大型实景演出、兰花小木屋、黎苗风味美食街七大文化体验区构成，风景秀丽。景区内还展示了十项国家级非物质文化遗产，其中"黎族传统纺染织绣技艺"被联合国教科文组织列入《非物质文化遗产急需保护》。槟榔谷还是海南黎、苗族传统"三月三"及"七夕嬉水节"的主要活动举办地之一。槟榔谷文化魅力十足，是海南民族文化的"活化石"。

三、风物特产

(一) 澄迈苦丁茶

澄迈苦丁茶是海南省澄迈县特产(见图11-4)，中国国家地理标志产品。澄迈苦丁茶园分布区域山高雾大，而且处于高雷区，空气中富含臭氧负离子，对茶树的生长和各种营养成分的形成十分有利，所生产的苦丁茶具有香气足、耐冲泡、含油量高的特点。苦丁茶是中国古代药、饮兼用的名贵保健珍品，有清热解毒、消炎利便、减肥抗癌，清肝明目的功效，对高血压、动脉硬化、糖尿病、咽喉炎等疾病有明显的疗效。

图11-4 澄迈苦丁茶

(二)椰子

海南是我国热带亚热带农林特产基地,椰子广布全省,文昌有"椰乡"之称。椰子全身是宝,椰肉可制椰蓉,是糕点馅料。椰汁是清凉解暑的好饮料,椰树干是坚硬的用材,椰壳可嵌雕成各种椰雕工艺品,是古时"天南贡品"。海南椰子制成的特色食品有天然椰子汁、椰子糖、椰蓉月饼等。

(三)野黄牛

海南五指山海拔1867米,原始森林茂密,空气湿润,牧草丰富茂盛,当地黎族、苗族农民把黄牛放养在海拔700米以上的荒坡上,常年不圈养,任其自由自在地牧食,因人为饲养少,故黄牛呈野牧生长状态,其肉质肥美、鲜嫩爽口、多吃不腻,烧烤、火锅味道俱佳,风味独特。

(四)大安剪纸

大安镇位于海南省乐东县城东北部。大安镇的黎族剪纸艺术闻名省内外,素有"民间艺术之乡"的美称。据乐东县志等资料记载,大安剪纸最早始于明代,受中原汉族艺术的影响,以黎族的生产、生活为主要素材,逐步发展和流传开来。与内地的剪纸相比,其地域特色鲜明,民族风情浓郁,风格粗犷质朴,生活气息浓厚。

本章小结

(1) 东南旅游区位于我国南部沿海,地近东南亚,地形以丘陵、山地为主,有南岭山脉、武夷山脉等。珠江和闽江是该区最大的两条河流。长夏无冬,秋去春来,季节交替不明显,是东南气候的一大特点。该区南海诸岛位于亚洲至欧、非和大洋洲的航道要冲,地理位置优越,因此,该区是华侨华人归国回乡的必经之地,有利于中外合资开发旅游资源,是我国发展对外旅游条件最优越的地区。

(2) 东南旅游区包括广东、福建、海南三省。该旅游区旅游资源丰富，其特征主要包括热带、亚热带自然景观突出，地貌旅游资源丰富。

(3) 东南地区物产丰富，具有地方特色，代表物产包括大红袍、福州茉莉花茶、福州脱胎漆器、福州角梳、纸伞、端砚、佛山木版年画、粤绣、澄迈苦丁茶、椰子、野黄牛、大安剪纸等。

习 题

一、填空题

1. 福建省简称"闽"，省会是_____。
2. _____与宣纸、徽墨和湖笔并称"文房四宝"。
3. _____风景名胜区地处中国福建省西北部，属典型的丹霞地貌，素有"碧水丹山""奇秀甲东南"之美誉。
4. _____省是全国海域面积最大的省。
5. _____产于福建武夷山，是中国十大名茶之一。

二、选择题

1. 我国被划分为九大一级旅游区，下列属于东南旅游区的是（　　）。
   A. 云南　　　B. 贵州　　　C. 广东　　　D. 湖北
2. 广东省简称（　　）。
   A. 粤　　　　B. 琼　　　　C. 豫　　　　D. 鄂
3. 下列名砚中，（　　）产于广东省的肇庆市。
   A. 歙砚　　　B. 洮砚　　　C. 端砚　　　D. 澄泥砚
4. 我国最大的岛屿是（　　）。
   A. 海南岛　　B. 台湾岛　　C. 崇明岛　　D. 香港岛
5. （　　）位于广州市区北部，为南粤名山之一，自古有"羊城第一秀"之称。
   A. 齐云山　　B. 白云山　　C. 武夷山　　D. 五指山

三、简答题

1. 简述东南旅游区的自然地理环境。
2. 简述东南旅游区旅游资源的特色。
3. 2002年版"羊城八景"分别指什么？
4. 简述澄迈苦丁茶的特点及功效。
5. 简述海南岛的自然地理环境。

习题答案

第十二章

西南旅游区

📖 **学习目标**

通过学习，熟悉西南旅游区的地理环境特征及旅游资源特征；了解该区内各省区市的概况及风物特产；掌握主要的旅游景区景点的概况。

💡 **关键词**

西南　高原　山地　喀斯特地貌　少数民族

> **案例导入**

跨越群山万壑 独揽壮美风光 贵南高铁为我国西南新增交通大动脉

8月31日，贵南高铁南宁至荔波段正式开通运营，标志着贵南高铁实现全线贯通运营。至此，广西14个设区市全面实现"市市通高铁动车"。贵南高铁为贵州、广西两省区首条设计时速350公里的高铁，沿线分布毛南族、瑶族、布依族等30多个少数民族聚居区，是连接大西南少数民族地区的新干线铁路。

跨越群山万壑，独揽壮美风光。贵南高铁穿越贵州高原、苗岭山脉，横跨清水河、澄江河、红水河等多条河流，途经广西河池市环江毛南族自治县、都安瑶族自治县等风光秀美的少数民族地区，形成了一条融合高原、山区、河流、田园为一体的壮美高铁线路，将多方面促使黔桂地区联系更加紧密。

(资料来源：央广网，2023-09-01)

贵南高铁的全线贯通，为祖国西南新增交通大动脉，将为沿线地区产业、文旅等发展带来新机遇，助力沿线群众实现高铁出游，大力推动民族地区乡村振兴。对保护、发扬、传播少数民族文化，促进民族团结起到积极作用。

第一节 地理环境概况及旅游资源特征

西南旅游区包括广西、云南、贵州、四川及重庆三省一自治区一市，面积135万多平方公里。岩溶地貌景观为最主要的自然旅游资源，该区内山川秀丽，气候温和，四季如春，动植物资源十分丰富。同时，西南旅游区是我国少数民族聚居的地区，有30多个民族，各民族的风土民情和丰富多彩的传统文化娱乐活动成为其最具特色的人文旅游资源。

一、自然地理环境

(一)地形以高原、盆地为主，岩溶地貌特别发育

西南旅游区由西向东分为四大地貌单元，即横断山区、云贵高原、四川盆地和广西丘陵盆地。该区地势起伏大，山高水深，形成许多峡谷，在高山峡谷地区内植物资源十分丰富。

横断山区河流众多，水系密集，植物群落丰富。尤其高山雪峰是登山旅游的好场所，如贡嘎山、梅里雪山、玉龙雪山等。云贵高原由云南高原和贵州高原组成。云贵高原因石灰岩分布广泛，经过漫长的岁月，石灰岩经水的侵蚀，形成了山奇水秀、妩媚多姿的喀斯特地貌。四川盆地位于四川省中东部及重庆市西部，约以广元、雅安、叙永、奉节的连线为界，面积20万平方公里。盆地堆积了厚达数公里的红层，故有"红色盆地"之称。长江横贯四川盆地中部，先后接纳岷江、沱江、嘉陵江和乌江四大支流。广西盆地内山岭起伏，石灰岩广布，岩溶地貌十分发育，南部濒临北部湾，有1600多公里的海岸线，是良好

的海滨浴场和理想的避寒疗养地。广西的合浦还是世界珍珠之王——南珠的故乡。

(二)气候类型复杂，地域差异显著

西南大部分地区属于热带、亚热带气候。距海较近，因此气候普遍温暖湿润，一年四季皆宜旅游。但因地域辽阔，地势高低悬殊，使得气候复杂多样，各地区之间差异明显。横断山脉气候受地形影响，垂直变化明显，低地为热带、亚热带气候，随着地势的升高，气温随之降低，一些高山上常年积雪。云贵高原气候冬暖夏凉，四季如春。由于青藏高原的屏障作用，冬季很少直接受北方冷空气侵袭，空气湿润，多云雾，日照时数较少，"天无三日晴"是对贵州天气的描述，而云南天气则有"无云四季春，云遮天变冷，一雨寒气生"的特点。四川盆地属亚热带湿润季风气候，其特点是冬暖、春早、夏热、无霜期长，盆地内湿度大，云雾多，日照少。广西北部属于亚热带季风气候，温暖湿润。南部为湿热的热带气候，没有真正的冬季，夏季炎热，但下雨就凉，因此有"四季皆为夏，一雨便成秋"之说。

(三)奇丽的江河湖泊，水体旅游资源价值高

该区河流众多，纵横交错，河川径流发育，河网密度大，地表水资源十分丰富。广西河流分为珠江、长江、独流河三大水系。流泉、飞瀑点缀其间，景色奇丽壮美。广西的海岸具有海景景观，如北海银滩、东兴金滩等。云南有怒江、澜沧江、金沙江、红河、南盘江和伊洛瓦底江六大水系和以著名的滇池、洱海、抚仙湖、泸沽湖为代表的天然湖泊构成的云南河湖体系。金沙江、澜沧江、怒江靠近并平行南下，形成"三江并流"的奇观。贵州全省河流分为乌江和南、北盘江两大水系：苗岭以北的乌江属长江水系，苗岭以南的南、北盘江属珠江水系。长江与嘉陵江在四川、重庆形成了与长江三峡并立的峡谷旅游资源；岷江、沱江、青衣江孕育了成都平原，并提供了水利灌溉之便。

二、人文地理环境

(一)历史悠久

西南旅游区是我国古人类的起源地之一，距今170万年前的云南元谋人就在这里生息繁衍。在旧石器至新石器时代文化遗址还发现了云南丽江人、昆明人、广西柳江人、四川资阳人生活的足迹。距今2万～1万年前，广西"麒麟山人"已学会制造和使用简单石器。这里自古就是我国与东南亚各国经济文化交往的陆路通道，我国的丝绸和手工艺品通过这里运往印度、缅甸等国，被称为"西南丝路"，这条古道上沿途形成了许多历史遗迹和历史名城，如昆明、桂林、柳州、遵义、丽江古城、大理等历史文化古城，以及古代防御工事，如南方长城、古代茶马古道等历史遗迹。

(二)自然保护区众多

由于该区地形复杂多样、气候湿润、垂直变化明显，且有多处人类活动干扰比较少的地区，保存有原始的自然生态环境、种类众多的野生动植物，因此，建有多处自然保护

区。截至2018年5月，该区共有91处国家级自然保护区，分别为四川30个、贵州11个、云南21个、广西22个、重庆7个。截至2018年7月，中国已有34个自然保护地成功申报为世界生物圈保护区，其中西南旅游区有10个，分别为卧龙自然保护区、梵净山自然保护区、西双版纳自然保护区、茂兰自然保护区、九寨沟自然保护区、山口自然保护区、黄龙自然保护区、高黎贡山自然保护区、亚丁自然保护区、广西猫儿山自然保护区。截至2019年4月，该区共拥有7处世界地质公园。

三、旅游资源特征

(一)岩溶地貌荟萃

西南旅游区是我国岩溶地貌发育最完美、分布最广的区域，岩溶地貌奇观堪称该区宝贵的自然旅游资源。最具观赏价值的岩溶地貌主要有石芽、峰林、峰丛、溶蚀盆地、溶洞等，其中溶洞奇异多姿，并具神秘色彩，最能吸引游客。云南石林、云南玉溪溶洞、建水燕子洞、贵州织金洞、龙山仙人洞、黄果树瀑布附近的龙宫洞、广西桂林的七星岩、芦笛岩、柳州都乐岩、龙州紫霞洞、兴安乳洞等均为区内的岩溶地貌风景区。

(二)天然动植物王国

西南旅游区因地形复杂，地势高低悬殊，加之南北跨度大，气候垂直和水平分异显著，环境千差万别，为多种动植物的生存提供了适宜的条件，区内动植物资源十分丰富，各热量带的植物几乎都有，其中，云南的植物种类几乎占全国植物种数的一半，居全国第一，被誉为"植物王国"。广西是闻名全国的"水果之乡"，有许多热带、亚热带水果，如枇杷、荔枝、龙眼、菠萝、香蕉、芒果等。该区的动物种类亦冠于全国，其中不乏珍稀品种，如大小灵猫、云豹、小熊猫、树鼩、大鲵、金丝猴等。在野生生物繁多的地区建有许多自然保护区，如梵净山、西双版纳等。

(三)独特的少数民族风情

西南旅游区是我国少数民族人口聚居最多的地区，其文化和民俗风情各有特点，他们的服饰、礼仪、习惯、建筑，以及喜庆活动对旅游者都具有极大的兴趣和吸引力。例如，苗族的芦笙节、龙舟节，白族的三月街，傣族的泼水节，彝族的火把节，傈僳族的刀杆节，水族的端节，壮族的山歌会等。

第二节 广西壮族自治区

一、概况

广西壮族自治区简称"桂"，首府为南宁市。广西位于中国南部，总面积为23.76万平方公里，世代居住着壮、汉、瑶、苗、侗、仫佬、毛南、回、彝、京、水、亿佬12个民族。

广西地处低纬，北回归线横贯中部，属云贵高原向东南沿海丘陵的过渡地带，具有周高中低、形似盆地、山地多、平原少的地形特点。广西是中国西部地区唯一沿海、沿江、沿边的省区；广西位于中国西南经济圈、华南经济圈与东盟经济圈，处于横贯中国东部、南部、西部的泛珠江三角区域与东盟自由贸易区两大市场的结合部和中心位置，是中国与东南亚国家唯一有陆地和大海相连的省区，是中国西南最便捷的出海通道。2004年起，由中国与东盟10国共同主办的中国—东盟博览会每年在广西南宁举办，更使广西成为双向连接中国与东盟市场的重要枢纽，成为双向沟通中国与东盟最便捷的国际大通道，成为中外客商兼顾中国与东盟两大市场的理想投资场所。

专栏12-1　中国—东盟博览会

中国—东盟博览会，简称东博会，由中国和东盟10国经贸主管部门及东盟秘书处共同主办，广西壮族自治区人民政府承办的国家级、国际性经贸交流盛会，每年在广西壮族自治区南宁举办。

东盟10个成员国为：文莱、柬埔寨、印度尼西亚、老挝、马来西亚、菲律宾、新加坡、泰国、缅甸、越南。

中国—东盟博览会是中国境内由多国政府共办且长期在一地举办的展会之一。以展览为中心，同时开展多领域多层次的交流活动，搭建了中国与东盟交流合作的平台。

2023年9月16日至9月19日，第20届中国—东盟博览会在广西南宁举办。

据统计，东博会和峰会举办20年来，共有196位中外领导人、4100多位部长级贵宾和国际组织负责人出席，举办了超300场部长级高层会议论坛，建立了40多个领域"10+1"合作机制。

第21届东博会和峰会初步定于2024年9月23日至27日举办，郑州市将担任第21届东博会中国"魅力之城"。

(资料来源：百度百科—中国—东盟博览会，2023-09-21)

二、国家5A级旅游景区

截至2023年9月，广西拥有9个国家5A级景区，即桂林市漓江景区(2007)、桂林市乐满地度假世界(2007)、桂林市独秀峰—王城景区(2012)、南宁市青秀山旅游区(2014)、桂林市两江四湖·象山景区(2017)、崇左市德天跨国瀑布景区(2018)、百色市百色起义纪念园景区(2019)、北海市涠洲岛南湾鳄鱼山景区(2020)、贺州市黄姚古镇景区(2022)。

(一)漓江景区

桂林漓江风景区(见图12-1)以桂林市为中心，北起兴安灵渠，南至阳朔，是世界上规模最大、风景最美的岩溶山水游览区。漓江属珠江水系的桂江上游河段，发源于海拔1732米的越城岭老山界南侧。早在南宋时期，王正功就有"桂林山水甲天下"的诗句。桂林山水有山青、水秀、洞奇、石美"四绝"之誉，令人有"船在水中游，人在画中游"之感。

2007年被评定为国家5A级旅游景区。

图12-1　漓江景区(浪石风光)

(二)乐满地度假世界

桂林乐满地度假世界位于广西桂林市兴安县,主要包括乐满地度假酒店、丽庄园森林别墅区和乐满地主题乐园等,占地60公顷,2007年被国家旅游局评为5A级景区,是中国自驾车旅游品牌十大景区之一。作为一个高档次、大规模、风格多样、内容丰富的大型综合性旅游度假场所,桂林乐满地度假世界填补了桂林市人文景观和高科技游乐园的空白,并成为大桂林旅游圈的新地标。

案例12-1

(三)独秀峰—王城景区

独秀峰—王城景区位于桂林市中心,是以桂林"众山之王"独秀峰为中心,明代靖江藩王府地为范围的旅游景区。景区内自然山水风光与历史人文景观交相辉映,"桂林山水甲天下"这千古名句的真迹题刻就出于此处。景区涵盖了桂林三大历史文化体系,是桂林历史文化的典型代表,走进景区就走进了桂林历史文化之门。自古以来,王城景区被奉为桂林的风水宝地,更是整个桂林城市的发祥地。世间传颂"北有北京故宫,南有桂林王城"。1996年,景区被列为全国重点文物保护单位,现为国家5A级景区。

三、风物特产

(一)桂林三花酒

"桂林三宝"之一的三花酒,是中国米香型白酒的代表。三花酒无色透明,米香清雅，入口绵柔，落口爽洌、回甜，饮后留香。适量饮用，可提神、活血，有益健康。三花酒之所以优质，除了与采用清澈澄碧、无怪味杂质的漓江水、优质大米、精选的酒曲有关外，还因桂林冬暖夏凉的岩洞所构成的特有的储存条件，才使酒质愈加醇和芳香。

(二)金田淮山

淮山，又称山药，味甘性平，入脾、肺、肾经，是药疗、食疗的常用品。金田淮山以洁白、味道香甜、粉质高、营养好、外观圆长直条而闻名。在选择使用时，有生用与炒用的不同，概括地说，养阴生津宜生用，健脾止泻宜炒用。2010年，我国农业部批准对"金田淮山"实施农产品地理标志登记保护。

(三)沙田柚

沙田柚因原产于容县沙田村而得名，生产历史悠久，为我国最主要的柚类品种，主产于平乐、阳朔、贺州市、容县、恭城等地。沙田柚果大皮薄，汁多肉脆，味清甜，有消食、化痰、止咳、醒酒等作用。柚皮可制豉油柚皮、辣椒柚皮、柚皮糖和柚皮菜等，柚核可做中药，并可提炼工业用油。

(四)广西罗汉果

广西罗汉果(见图12-2)，有"宝果"之誉。以首用该果为药物的瑶族医生罗汉的名字为名，味甘、性凉，具清热解暑、清肝润肺、化痰止咳、消食健胃、润肠通便、降低血压之功效，治胃炎、百日咳、急慢性气管炎、扁桃腺炎等症。罗汉果产地主要分布于永福、临桂、桂平、金秀等地，以形圆、个大、坚实、摇无响声、果色黄褐者为佳。

图12-2 罗汉果

第三节 云 南 省

一、概况

云南简称"滇"或"云"，省会是昆明。云南地处中国西南边陲，北回归线横贯南部,总面积39.41万平方公里。2020年人口普查,全省常住总人口为4720.9万人。全省大部分地区冬暖夏凉,四季如春。复杂的地理环境、特殊的立体气候条件、悠久的历史文化和众多的少数民族聚居,造就了其神秘丰富的旅游资源,成为国内外闻名遐迩的旅游胜地。

云南是全国植物种类最多的省份,被誉为"植物王国"。云南树种繁多,类型多样,优良、速生、珍贵树种多,药用植物、香料植物、观赏植物等品种在全省范围内均有分布,故云南还有"药物宝库""香料之乡""天然花园"之称。云南动物种类数为全国之冠,素有"动物王国"之称。云南珍稀保护动物较多,珍禽异兽,如蜂猴、滇金丝猴、野象、野牛、长臂猿等46种动物均属国家一类保护动物。

案例12-2

二、国家5A级旅游景区

截至2023年9月,云南拥有9个国家5A级景区,即昆明市石林风景区(2007)、丽江市玉龙雪山景区(2007)、大理市崇圣寺三塔文化旅游区(2011)、中国科学院西双版纳热带植物园(2011)、丽江市丽江古城景区(2011)、迪庆州香格里拉普达措景区(2012)、昆明市昆明世博园景区(2016)、保山市腾冲火山热海旅游区(2016)、文山州普者黑旅游景区(2020)。

(一)丽江古城景区

丽江古城位于云南省的丽江市,始建于宋末元初(13世纪后期)。古城现有居民25000余人,其中纳西族占总人口的70%以上,有30%的居民仍在从事以铜银器制作、皮毛皮革、纺织、酿造业为主的传统手工业和商业活动。街道依山势而建,顺水流而设,以红色角砾岩(五花石)铺就,雨季不泥泞、旱季不飞灰,石上花纹图案自然雅致,质感细腻,与整个城市环境相得益彰。四方街是丽江古街的代表,为一个梯形小广场,五花石铺地,街道两旁的店铺鳞次栉比。西有西河,东为中河。西河上设有活动闸门,可利用西河与中河的高差冲洗街面。2011年丽江古城景区被评定为国家5A级旅游景区。

(二)石林风景区

石林坐落在昆明南边的石林彝族自治县境内,素有"天下第一奇观"之称。石林的形态类型主要有剑状、塔状、蘑菇状及不规则柱状等。特别是连片出现的石柱群,远望如树林,人们称之为"石林"。石林地貌造型优美,似人似物,在美学上达到极高的境界,具有很高的旅游价值。2004年石林成为全球首批世界地质公园之一。2007年被评为国家5A级旅游景区,同年,石林被联合国教科文组织评定为世界自然遗产,成为云南省继丽江古城、三江并流之后的第三个世界遗产,与北京故宫、西安秦始皇陵兵马俑、桂林山水齐名,成为中国四大旅游胜地之一。

(三)崇圣寺三塔文化旅游区

崇圣寺三塔文化旅游区位于云南省大理州境内大理古城北,是集苍洱风光、文物古迹、佛教文化、休闲度假于一体的国家5A级旅游景区,是大理的标志和象征。崇圣寺始建于唐开元年间,鼎盛于宋代,清咸丰、同治年间,崇圣寺毁于兵燹和自然灾害,仅存三塔。目前恢复重建的崇圣寺是全国最大的佛教寺院之一，集历代建筑之精华，汇佛教雕塑、彩绘之经典。599尊(件)铜铸贴金佛像、法器庄严宏伟，白族木雕"张胜温画梵像卷"堪称珍品，苍松翠柏与亭台楼阁相互映衬，旅游精品与佛教文化完美结合，大气磅礴、金碧辉煌。重现了"灵鹫山圣地，妙香国佛都"的胜境。

三、风物特产

(一)普洱茶

普洱茶因原运销集散地在云南普洱，故名普洱茶。普洱茶在古今中外享有盛名，清雍正年间，云南即以普洱茶做岁贡给清皇朝。普洱茶属重发酵茶，散茶外形条索粗壮肥大，色泽乌润或褐红，其品性温和，不像绿茶那么清寒，也不像红茶那么浓烈，滋味醇厚回甘，具有独特的陈香气，耐储藏，越久越醇，碱度越高，品质越好，适用于烹用泡饮，具有解酒、清食、去油解腻、化痰、减肥等功效。

(二)宣威火腿

宣威火腿驰名中外，早在1915年的国际巴拿马博览会上就荣获金奖，成为云南省最早进入国际市场的名特食品之一。1923年在广州举办的全国各地食品比赛会上，获得各界人士的好评，在这次会上，孙中山先生品尝了宣威火腿，觉得其色鲜肉嫩，味香回甜，食而不腻，倍加赞赏，留下了"饮和食德"的题词。从此宣威火腿声名大振，远销东南亚和港澳地区，现在还出口日本和欧美一些国家。

> **专栏12-2　滇菜**
>
> 　　滇菜即云南菜，是中国菜体系中民族特色最为突出的一个地方性菜系。滇菜发源于春秋战国至两汉时期的古滇国，唐宋时期(南诏、大理国时期)初具雏形，经历了元明时期的大变动、大发展，形成于清代中叶，是中国菜体系中一个具有鲜明民族菜系特色、又具有突出地方菜系特点的菜种。
> 　　滇菜具有云南25个少数民族烹饪文化的独特个性，又有汉民族烹饪文化的显著特征，是云南少数民族饮食文化与汉民族饮食文化相互融合的产物。
> 　　滇菜较有特色的是沾益辣子鸡、三七汽锅鸡、虫草汽锅鸡、曲靖羊肉火锅、菠萝饭、辣炒野生菌、金钱云腿等。其他有云南风味茶丝、椰香泡椒煎牛柳、红烧鸡棕菌、芫爆松茸菌、傣味香茅草烤鱼、原汁原味的傣味菠萝饭、怒江金沙虾、高黎贡山烩双宝、大理夹沙乳扇、滇味凉米线、云南春卷、曲靖蒸饵丝等。
>
> (资料来源：百度百科—滇菜，2023-09-21)

(三)大理扎染布

扎染布是大理周边城镇白族人民生产的传统染织品。它以当地土靛为染料，把原色白布经过人工扎成"八卦图""蝴蝶""三塔倒影""梅花"等各种花样，放到染液中冷染

11次，展开即得蓝底白花图案。其特色是花色朴素大方，不易变色。大理扎染布可以制作服装、门帘、台布、壁挂等装饰用料，还可制作纪念袋、纪念巾等多种旅游纪念品，深受游客的欢迎。

(四)云南田七

田七，又叫三七，因与人参同属五加科，故又名人参三七。田七主要产于云南省文山州，是云南省出产的传统名贵药材，生用有止血强心、散瘀生新、消肿定痛的显著功能，熟用有活血、补血、强壮补虚之功效。明代著名药学家李时珍在《本草纲目》中即有记载，并誉之"金不换"。清朝的药学著作《本草纲目拾遗》中道："人参补气第一，三七补血第一，味同而功亦等，故称人参三七，为中药中之最珍贵者。"

第四节　贵　州　省

一、概况

贵州省简称"贵"或"黔"，是中国西南地区的一个省份，位于云贵高原东部，省会是贵阳。全省面积近17.62万平方公里，2020年人口普查，全省常住人口3856万人。贵州是一个多民族共居的省份，千百年来，各民族和睦相处，共同创造了多姿多彩的贵州文化。

贵州是一个高原山区省份，地貌雄峻，地势西高东低，平均海拔1100米。地貌的显著特征是山地多，山地和丘陵占全省总面积的92.5%，其中喀斯特地貌面积达61.9%，是世界上岩溶地貌发育最典型的地区之一。贵州的气候温和湿润，年降水量1200毫米左右，中部一带多云雾阴天，属亚热带湿润季风气候，气温变化小，冬暖夏凉。

贵州秀丽古朴，风景如画，气候宜人，物产丰富。省内有"中国避暑之都"贵阳，"江南煤海"六盘水，"中国酒都"仁怀，"世界遗产"赤水丹霞、荔波喀斯特、侗族大歌，有亚洲最大、最美的瀑布和溶洞。

案例12-3

二、国家5A级旅游景区

截至2023年9月，贵州拥有9个国家5A级景区，即安顺市黄果树大瀑布景区(2007)、安顺市龙宫景区(2007)、百里杜鹃景区(2013)、荔波樟江风景名胜区(2015)、贵阳市花溪青岩古镇景区(2017)、铜仁市梵净山旅游区(2018)、黔东南州镇远古城旅游景区(2019)、遵义市赤水丹霞旅游区(2020)、毕节市织金洞景区(2022)。

(一)龙宫景区

龙宫景区与举世闻名的黄果树大瀑布毗邻，步入龙宫，就是步入"喀斯特景观博物馆"，翻开了一幅"喀斯特的清明上河图"。其地上景与地下景、洞内景与洞外景交替展现，令游客目不暇接、乐不思归。除以"水旱溶洞最多、最为集中和天然辐射剂量率最低"获两项世界纪录外,还有着许多神奇秀丽的喀斯特景观,其中备受游客推崇的有被游客誉为"中国第一水溶洞"的地下暗河溶洞,"全国最大的洞中寺院——龙宫观音洞""全国最大的洞中瀑布——龙宫龙门飞瀑""山不转水转的旋水奇观——龙宫漩塘"。龙宫景区于2007年被评为国家5A级旅游景区。

(二)荔波樟江风景名胜区

荔波樟江风景名胜区位于贵州省南部的黔南布依族苗族自治州境内,2007年作为"中国南方喀斯特"的一员被联合国教科文组织批准列入《世界遗产》,是中国第六个、贵州省第一个世界自然遗产地。景区总面积约118.8平方公里,由小七孔景区、大七孔景区、水春河景区和樟江风光带组成。樟江景区内有丰富多样的喀斯特地貌、秀丽奇特的樟江水景、繁盛茂密的原始森林和各类珍稀动植物,景区集奇特的山水自然风光与当地布依族、水族、瑶族、苗族等民族特色于一身。2015年樟江景区被评为国家5A级旅游景区。

(三)梵净山旅游区

梵净山得名于"梵天净土",位于贵州省东北部的铜仁市,海拔2572米,系武陵山脉主峰、国家级自然保护区、联合国"人与生物圈"保护网成员、世界自然遗产、国家5A级旅游景区,总面积567平方公里。原始洪荒是梵净山的景观特征,全境山势雄伟、层峦叠嶂,溪流纵横、飞瀑悬泻。其标志性景点有红云金顶、月镜山、万米睡佛、蘑菇石、万卷经书、九龙池、凤凰山等。梵净山自古就被佛家辟为"弥勒道场",被誉为我国第五大佛教名山。以红云金顶日月升天为中心,以四大皇寺四十八座觉庵群星满地作接引。红云金顶与月镜山之间,正殿承恩寺与四、五卫星殿堂形成掎角之势,拥拱绝顶二佛。

三、风物特产

(一)贵州茅台酒

茅台酒产于遵义市西面的赤水河畔茅台镇。茅台酒素以色清透明、醇香馥郁、入口绵柔、清冽甘爽、回香持久等特点而名闻天下,被称为中国的"国酒"。它以优质高粱为料,利用茅台镇特有的气候、优良的水质和适宜的土壤,采用与众不同的工艺,再经过两次投料、九次蒸馏、八次发酵、七次取酒、长期窖藏而成。茅台酒是中国酱香型白酒的典范,同英国苏格兰威士忌和法国科涅克白兰地并称"世界三大名酒"。

(二)威宁火腿

威宁火腿是贵州的传统特产。威宁海拔2000多米,属高寒的乌蒙山区,漫山遍野生长着丰富的牧草,历史上畜牧业就十分发达。当地的彝族同胞有赶山放牧的习俗,猪牛羊同群为伍,运动量大,猪腿非常发达,肌肉结实饱满,肥瘦肉交错;本地的可乐猪和法地猪等优良品种又有耐粗养、耐寒的特点,瘦肉率高。从明洪武年间起,这里的彝族百姓就喜欢用火熏腌制腊肉,贮存食用,为制作威宁火腿创造了条件。威宁火腿肉色棕红,色泽鲜艳,骨小皮薄,肉质细嫩,清香味美,多食不腻。

(三)都匀毛尖

都匀毛尖茶产于贵州南部的都匀市。它以优美的外形、独特的风格被列为中国名茶珍品之一。贵州地处高原，都匀毛尖茶产区更是峰峰叠落，崖崖高矗，雾锁云，云缠雾，土壤深厚、疏松而潮湿，加上降雨量、常年温度及日照等自然条件适宜茶树生长，因此都匀毛尖茶独树一帜。都匀毛尖于1982年被评为中国十大名茶之一。1982年6月，在中国名绿茶评比会上，毛尖茶名列中国第二，仅次于南京雨花茶。

(四)思州石砚

思州石砚简称思砚或思州砚，又名金星石砚，古时即驰名神州，备受文人的青睐。有文人赞曰："水石殊质，云滋露液，浑金璞玉，惜墨惜笔。"如今的思砚保持了精湛的传统工艺，糅合当代艺术，造型奇巧而精细，结构复杂而严谨。思州石砚自古以来被文人墨客视为珍奇，是我国"八大名砚"之一，是当地历代官府进奉朝廷的珍贵贡品。北宋大文豪苏东坡誉之为"珙璧"，清康熙皇帝将其作为御砚。

第五节 四 川 省

一、概况

四川简称"川"或"蜀"，省会是成都。四川地处中国西南腹地、长江上游，是承接华南华中、连接西南西北、沟通中亚、南亚、东南亚的重要交会点和交通走廊。辖区陆地面积48.6万平方公里，次于新疆、西藏、内蒙古和青海，居全国第五位，是我国的资源大省、人口大省、经济大省。2020年人口普查，全省常住人口为8367.5万人。

全省可分为四川盆地、川西北高原和川西南山地三大部分。其中四川盆地是我国四大盆地之一，面积16.5万平方公里；川西北高原属于青藏高原东南一隅；西南部为横断山脉北段，山高谷深，山河相间，山河呈南北走向，自东向西依次为岷山、邛崃山、大渡河、大雪山、雅砻江、沙鲁里山和金沙江。

四川是我国拥有世界自然文化遗产和国家重点风景名胜区最多的省份之一。九寨沟、黄龙、乐山大佛、峨眉山、都江堰、青城山、卧龙、四姑娘山被联合国教科文组织纳入《世界自然文化遗产名录》和"人与生物圈计划"保护网络。此外，四川的著名景区还有剑门蜀道、蜀南竹海、贡嘎山、杜甫草堂、武侯祠、三星堆遗址等。

微课12-1 峨眉山

二、国家5A级旅游景区

截至2023年9月，四川拥有16个国家5A级景区，即成都市青城山—都江堰旅游景区(2007)、乐山市峨眉山景区(2007)、阿坝藏族羌族自治州九寨沟旅游景区(2007)、乐山市乐山大佛景区(2011)、四川省阿坝州黄龙景区(2012)、汶川特别旅游区(2013)、绵阳市羌城旅游区(2013)、邓小平故里景区(2013)、阆中古城旅游区(2013)、广元市剑门蜀道剑门关旅游区(2015)、南充市仪陇朱德故里景区(2016)、甘孜州海螺沟景区(2017)、雅安市碧峰峡旅游景区(2019)、巴中市光雾山旅游景区(2020)、甘孜州稻城亚丁旅游景区(2020)、成都市安仁古镇景区(2022)。

(一)九寨沟旅游景区

九寨沟风景名胜区位于四川省阿坝藏族羌族自治州九寨沟县境内，因周围有9个藏族村寨而得名，大约有52%的面积被茂密的原始森林覆盖。林中夹生的箭竹和各种奇花异草，使举世闻名的大熊猫、金丝猴、白唇鹿等珍稀动物乐于栖息在此。自然景色兼有湖泊、瀑布、雪山、森林之美。沟中地僻人稀，景物特异，富有原始自然风貌，有"童话世界"之誉。景区内有长海、剑岩、诺日朗、树正、扎如、黑海六大景区，以翠海、叠瀑、彩林、雪峰、藏情这五绝而驰名中外。九寨沟旅游景区于2007年被评为国家5A级旅游景区，并被列入世界遗产。

(二)乐山大佛景区

乐山大佛景区(见图12-3)位于乐山市郊，岷江与大渡河交汇处，与乐山城隔江相望，依凌云山栖霞峰临江峭壁凿造而成，又名凌云大佛。佛像高71米，是世界最高的大佛，素有"佛是一座山，山是一尊佛"之称。大佛为弥勒坐像，造型庄严，设计巧妙，排水设施隐而不见，具有很高的艺术价值和丰富的文化内涵。景区内还有九曲栈道、巨型卧佛、石窟式山门、凌云山、乌尤山、凌云栈道、凌云禅院等景观，是一个闻名遐迩的旅游胜地。

图12-3　乐山大佛景区——乐山大佛

(三)黄龙景区

黄龙名胜风景区位于四川省阿坝藏族羌族自治州松潘县境内，总面积4万公顷，主要因佛门名刹黄龙寺而得名，以彩池、雪山、峡谷、森林"四绝"著称于世，是中国唯一的保护完好的高原湿地。风景区由黄龙本部和牟尼沟两部分组成。这一地区还生存着许多濒临灭绝的动物，包括大熊猫和四川疣鼻金丝猴。1992年，四川黄龙国家级风景名胜区被列入《世界自然遗产名录》，还获得世界生物圈保护区和"绿色环球21"认证、国家地质公园、国家5A级旅游景区等殊荣。

三、风物特产

(一)五粮液酒

五粮液酒产自四川宜宾，这里水质纯净，适宜酿酒，素有"名酒之乡"的美名。五粮液酒以"香气悠久、味醇厚、入口甘美、入喉净爽、各味协调、恰到好处、酒味全面"的独特风格闻名于世，以其独有的自然生态环境、六百多年的明代古窖、五种粮食配方、传统的酿造工艺、中庸和谐的品质、"十里酒城"的六大优势，成为当今酒类产品中出类拔萃的珍品。

(二)郫县豆瓣

郫县豆瓣是成都市郫都区(旧称郫县)特产，中国地理标志产品，中国顶尖调味料之一。它在选材与工艺上独树一帜，与众不同。香味醇厚却未加一点香料，色泽油润却未加任何油脂，全靠精细的加工技术和原料的优良而达到色、香、味俱佳的标准，是川味食谱中常用的调味佳品，有"川菜之魂"之称。其制作技艺入选第二批国家级非物质文化遗产。

(三)四川绵竹年画

绵竹年画为民间工艺美术品，中国四大年画之一。因多以木版印出轮廓而后填色，故又称绵竹木版年画。绵竹年画有门画、画条、斗方等品种。年画技法细腻，造型质朴、粗犷，色彩鲜明，深受西南、西北及其他一些地区群众的喜爱，并远销东南亚、欧美等国家和地区。

(四)青城苦丁茶

青城苦丁茶是都江堰市特产之一，采用青城山区生长的大果冬青树的鲜叶制作而成。该茶已有近千年的生产历史，药用价值极高，内含丰富的蛋白质、氨基酸、维生素B、苦丁茶素、黄酮苷碱、葡萄糖醛酸、植物固醇和多种无机盐。经常饮用，具有很好的清热解暑、除烦消渴，预防和治疗头昏、目眩、高血压、急慢性肝炎、胆囊炎等疾病的效果。

第六节 重 庆 市

一、概况

重庆简称"渝"，主城区位于长江、嘉陵江交汇处，是中国西部唯一的中央直辖市。

全市辖区面积8.24万平方公里，2020年人口普查，常住人口为3205.4万人。重庆气候温和，属亚热带季风性湿润气候，雨量充沛，春夏之交夜雨尤甚，因此有"巴山夜雨"之说，并有山水园林之风光。重庆多雾，素有"雾都"之称。流经重庆的主要河流有长江、嘉陵江、乌江、涪江、綦江、大宁河等。长江干流自西向东横贯全境，横穿巫山，形成著名的瞿塘峡、巫峡、西陵峡(该峡位于湖北省境内)，即举世闻名的长江三峡。重庆拥有丰富的自然资源。被列入国家保护的野生珍稀动物近100种，珍稀植物达50多种；重庆还是中国生猪、烤烟、药材、蚕桑、柑橘、长毛兔的重要生产基地。重庆有得天独厚的人文和旅游资源。古代石刻文化、巴渝文化、三峡文化、抗战文化蜚声中外，世界文化遗产大足石刻、雄伟壮丽的长江三峡、璀璨迷人的山城夜景闻名遐迩。

案例12-4

二、国家5A级旅游景区

截至2023年9月，重庆拥有11个国家5A级景区，即重庆大足石刻景区(2007)、重庆巫山小三峡—小小三峡(2007)、武隆喀斯特旅游区(天生三桥·仙女山、芙蓉洞)(2011)、酉阳桃花源旅游景区(2012)、重庆黑山谷景区(2012)、重庆市南川金佛山(2013)、江津四面山景区(2015)、云阳龙缸景区(2017)、彭水县阿依河景区(2019)、重庆市黔江区濯水景区(2020)、重庆市奉节县白帝城·瞿塘峡景区(2022)。

(一)巫山小三峡—小小三峡

巫山小三峡(见图12-4)，是大宁河下游流经巫山境内的龙门峡、巴雾峡、滴翠峡的总称。这三段峡谷全长60公里。巫山小三峡景区内有多姿多彩的峻岭奇峰、变幻无穷的云雾缭绕、清幽秀洁的飞瀑清泉、神秘莫测的悬崖古洞、茂密繁盛的山林竹木，是一处巧夺天工的自然画廊。

图12-4　巫山小小三峡风光

巫山小小三峡在大宁河滴翠峡处的支流马渡河上,是长滩峡、秦王峡、三撑峡的总称。小小三峡是巫山小三峡的姊妹峡,因比其更小,故名"小小三峡"。巫山小小三峡全长仅5公里,因其水道更为狭窄,山势显得尤为奇峻,峡谷越发幽深。小小三峡内奇峰多姿、山水相映、风光旖旎,两岸悬崖对峙,壁立千仞,河道狭窄,天开一线,透露出遮挡不住的山野诱惑。山岩上倒垂的钟乳石,奇形怪状、形态各异,散发着原始古朴的气息。

2007年5月,巫山小三峡—小小三峡作为一个大景区被评为国家首批5A级风景区。

(二)酉阳桃花源旅游景区

酉阳桃花源位于重庆市酉阳土家族苗族自治县,是一石灰岩溶洞,高、宽约30米。洞前的桃花溪水自洞内流出,清澈见底。溪畔有一个四角木质小亭,传说是当年渔人问津之处,故名"问津亭"。洞口处是马识途先生题写的"桃花源"三个大字。逆桃花溪入洞,洞内钟乳倒挂,千姿百态,洞中滴水如珠,在石钟和石鼓上轻叩,声音清脆悦耳,此乃洞中八景之一的"石鸣钟鼓"。酉阳桃花源集桃源文化、巴人文化、民族文化、土司文化、桃源风光于一体,完全展示出隐逸古朴的田园风光,2012年初被评为国家5A级旅游景区。

(三)黑山谷景区

黑山谷景区位于重庆市黑山镇境内。这里山高林密、人迹罕至,保存着地球上同纬度为数不多的亚热带和温带完好的自然生态,森林覆盖率达97%,被专家誉为"渝黔生物基因库",是目前重庆地区最大的、原始生态保护最为完好的自然生态风景区。黑山谷风景区原始生态风景由峻岭、峰林、幽峡、峭壁、森林、竹海、飞瀑、碧水、溶洞、仿古栈道、浮桥、云海、田园、原始植被、珍稀动植物等各具特色的景观组成,被评定为国家5A级旅游区、亚洲大中华区最具魅力风景名胜区、中国最佳休闲名山。

三、风物特产

(一)涪陵榨菜

涪陵榨菜因产于重庆涪陵而得名。涪陵出产一种茎部发达、叶柄下有乳状凸起的青菜头,这是榨菜的主要原材料。涪陵榨菜具有脆、嫩、鲜、香的独特风味,且富含对人体十分有益的多种营养成分,能够增进食欲和易于消化,大受群众欢迎。目前,各式品牌的涪陵榨菜远销全国各大城市,并出口到日本、新加坡、韩国、欧美等20多个国家和地区。

(二)白市驿板鸭

白市驿板鸭是重庆的著名特产,以产于巴县白市驿而得名,已有100多年的历史。板鸭经腌渍、烘烤等多道工序精制而成,腊香可口、余味无穷,系高蛋白、低脂肪、饮酒佐餐之佳品。素以色、香、味、形俱佳而闻名于世。白市驿板鸭形呈蒲扇状,色泽金黄,清香鲜美,余味无穷。食法多种多样,蒸、煮、爆炒皆鲜美可口。

(三)梁平柚

梁平柚，果实霜降后(10月底)成熟，扁圆形至高扁圆形，果形美观、色泽金黄、皮薄光滑，果皮芳香浓郁，易剥离。果肉淡黄晶莹，香甜滋润，细嫩化渣，汁多味浓，营养丰富，具有"天然罐头"之美誉。梁平柚与广西沙田柚、福建文旦柚并称中国三大名柚。

(四)合川桃片

合川桃片始创于1840年。桃片用上等糯米、核桃仁、川白糖、蜜玫瑰等原料精制加工而成，是重庆市地方名产之一，特点为绵软，片薄，粉质细润，色洁白，味香甜，突出浓郁的桃仁、玫瑰香味。合川桃片曾于1915年在巴拿马博览会上获巴拿马金质奖。

本章小结

(1) 西南旅游区包括广西、云南、贵州、四川及重庆三省一自治区一市。西南旅游区作为我国岩溶景观荟萃、少数民族风情突出的地区，具备发展旅游业的得天独厚的条件。该区终年常绿，郁郁葱葱，有着无数奇花异木、珍禽异兽。长江、珠江、澜沧江、怒江等水系支流众多，密布全区，尤其是与高原、山地、盆地、喀斯特地貌等相结合，地表河流与地下河相呼应，形成了独具特色的山水风光。该区人文地理条件独特，既有悠久的历史文化与古迹遗址，又是我国少数民族风情独异、浓郁的地区。

(2) 该区内壮美多姿的自然旅游资源和以古朴浓郁的民族风情为主的人文旅游资源较为完美地结合，在国内乃至世界都是比较宝贵的。

(3) 西南地区物产丰富，具有地方特色，代表性的物产包括五粮液酒、郫县豆瓣、四川绵竹年画、普洱茶、云南滇红、云南田七、桂林三花酒、金田淮山、梁平柚、涪陵榨菜、贵州茅台酒等。

习 题

一、填空题

1. 西南旅游区包括_____、云南、_____、贵州四省区和_____一市；自然地理区域分为_____盆地、云贵高原、_____和_____四个地理单元。

2. 长江三峡包括_____、_____和_____。

3. 广西桂林的七星岩、芦笛岩属于_____地貌。

4. 云南省会是_____。

5. 成都被称为"_____"；重庆为"_____"，又有"_____"之称；昆明为"_____"。

二、选择题

1. 云南的路南石林属山地景观旅游资源中的（　　）。
   A. 花岗岩地貌景观　　　　B. 丹霞地貌景观
   C. 流纹岩地貌景观　　　　D. 喀斯特地貌景观

2. 下列旅游胜地位于西双版纳的是（　　）。
   A. 石林　　B. 野象谷　　C. 九寨沟　　D. 虎跳峡

3. 被誉为我国第一大瀑布，又有"世界上最壮观、最优美的喀斯特瀑布"之称的瀑布是（　　）。
   A. 花果山瀑布　　　　　　B. 黄果树瀑布
   C. 壶口瀑布　　　　　　　D. 龙潭瀑布

4. （　　）酒产自中国四川宜宾，为当今酒类产品中出类拔萃的珍品。
   A. 茅台　　B. 五粮液　　C. 汾酒　　D. 洋河

5. 被誉为"童话世界"的是（　　）。
   A. 雁荡山　　B. 武陵源　　C. 九寨沟　　D. 黄龙

三、简答题

1. 简述西南旅游区的地貌特征。
2. 简述西南地区的主要动植物旅游资源。
3. 四川的主要旅游风景区及特点。
4. 简述巫山小小三峡的概况。
5. 比较西南旅游区和东南沿海旅游区旅游资源有何异同。

习题答案

第十三章

青藏旅游区

学习目标

通过学习，熟悉青藏旅游区的地理环境特征及旅游资源特征；了解该区内各省区的概况及风物特产；掌握主要的旅游景区景点的概况。

关键词

青藏高原　世界屋脊　藏传佛教

案例导入

9月1日，《青藏高原生态保护法》施行！

从2021年正式启动立法以来，《青藏高原生态保护法》经历了起草、三次草案审议、表决通过等环节，于2023年9月1日施行。

这部从国家层面立法规范的特殊地域生态环境保护的专门法律，让青藏高原生态保护法治化从设想走向现实。

立法：为青藏高原生态环境保护和恢复提供法律保障

"在西藏这几天，沿途都是天蓝水清的风景，真是太美了，不虚此行！"来自上海的王女士在朋友圈发布的西藏"美图"，引来一众好友点赞。

近年来，青藏高原生态保护取得了较大进展，生态修复持续推进、生物多样性持续改善，青藏高原国家公园群已具雏形。与此同时，青藏高原生态脆弱的问题也不容忽视，草地退化、冰川融化、水土流失等威胁依旧不减。

青藏高原是世界屋脊、亚洲水塔、地球第三极，是关系中华民族生存和长远发展的重要生态屏障，保护青藏高原生态环境是"国之大者"。"通过立法保护青藏高原的生态环境，关乎我国和世界的生态安全，也将对保护我国乃至世界生态安全产生积极、不可替代的推动作用。"天津大学法学院讲席教授、国家生态环境保护专家委员会委员孙佑海说。

近年来，我国进一步加强生态环境立法，生态环境法律体系更加健全。

"'十四五'期间，我国将生态环境立法重心向重点领域立法倾斜。《黑土地保护法》《黄河保护法》相继出台并实施，即将实施的《青藏高原生态保护法》，加之此前已实施的《长江保护法》，形成了'1+N+4'（'1'是发挥基础性、综合性作用的环境保护法；'N'是环境保护领域专门法律，包括针对传统环境领域大气、水、固体废物、土壤、噪声等方面的污染防治法律，针对生态环境领域海洋、湿地、草原、森林、沙漠等方面的保护治理法律等；'4'是针对特殊地理、特定区域或流域的生态环境保护所进行的立法）生态环境法律体系。"武汉大学环境法研究所所长秦天宝说。

这四部特殊区域法律的制定，为长江流域生态环境保护和修复、黄河流域生态保护和高质量发展、青藏高原生态保护和恢复，以及黑土地基础地力、实现黑土地资源的可持续利用提供了"定制化"的法律保障。

（资料来源：澎湃新闻，2023-09-01）

青藏高原是我国重要的生态安全屏障。青藏高原生态保护法的制定实施，对加强青藏高原生态保护，建设国家生态文明高地，促进经济社会可持续发展，实现人与自然和谐共生，具有重要意义。

第一节　地理环境概况及旅游资源特征

青藏旅游区位于我国西南部，西部和南部以国界线与印度、尼泊尔、不丹、缅甸等国毗连。行政区包括青海和西藏两省区。该区面积195万平方公里，人口约957万，地广人稀，是我国人口密度最小的一个区域。藏族是该区的主要民族，其他民族有汉、回、土、蒙古、撒拉、哈萨克、门巴、珞巴、纳西等，是一个多民族的地区。该区自然环境复杂，宗教色彩浓厚，是一个很有潜力、风格独特的旅游区。

一、自然地理环境

(一)世界屋脊

青藏地区位于我国第一级阶梯，地形以高原为主体，平均海拔超过4000米，有"世界屋脊"之称。其中，喜马拉雅山位于青藏高原最南部，是世界上最大的山脉。珠穆朗玛峰是世界最高峰，海拔8848.86米，被称为"世界第三极"。青藏高原上的山脉多为东西走向，主要有8条：自北向南有阿尔金山、祁连山、昆仑山、喀喇昆仑山、唐古拉山、冈底斯山、念青唐古拉山，以及喜马拉雅山脉。许多高山终年积雪，冰川广布，约占我国冰川面积的80%，故有"冰雪高山"之誉。

青藏高原内部被山脉分隔成许多盆地、宽谷。柴达木盆地地处青藏高原北部，是我国四大盆地之中地势最高的盆地。柴达木不仅是盐的世界，而且还有丰富的石油、煤，以及多种金属矿藏，故有"聚宝盆"的美称。高原内部湖泊众多，青海湖、纳木错等都是内陆咸水湖，盛产食盐、硼砂、芒硝等。青藏高原还是亚洲大陆地区许多大河的发源地，长江、黄河、澜沧江、怒江、雅鲁藏布江，以及塔里木河等都发源于此，水力资源丰富。

(二)高原气候

青藏高原平均高度在4000米以上，面积很大，高原气候的气压低、气温低、空气稀薄的特征表现得最为突出。高原的海拔高度大，大气层厚度、空气密度、水汽含量和大气气溶胶含量相应减少，因此，光照充足，太阳直接辐射强度大，其中紫外线辐射强度尤为显著；气温年较差小，温度日较差显著，可比同纬度的平原地区高出1~2倍，故有"一年无四季，一日有寒暑"之说；降水明显地受地形影响。一般迎湿润气流的高原边缘是一个多雨带，而背湿润气流一侧和高原内部雨量较少；多大风、雷暴和冰雹等天气。

(三)地热奇观

青藏高原构造运动强烈，岩浆活动频繁，是我国地热资源最丰富的地区。雅鲁藏布江中上游河谷地带为印度板块与亚欧板块相互碰撞的缝合线位置，地热活动最为强烈。这里的地热类型众多，有温泉、热泉和沸泉，有热水湖、热水池和热水沼泽，还有不断冒出热气的喷气孔、硫黄气孔，以及间歇喷泉、水热爆炸穴等。地球上已经发现的20多种地热类型，这里应有尽有。

二、人文地理环境

(一)古老的宗教文化

青藏高原聚居的民族主要以藏族为主，藏族普遍信仰喇嘛教，青藏地区的文化实质上是宗教文化。公元7世纪初，松赞干布统一西藏，建立吐蕃奴隶制王朝，随着文成公主的远嫁，佛教开始传入西藏，并与当地的原始宗教相融合形成了具有浓郁西藏特色的佛教，即所谓的"藏传佛教"，俗称"喇嘛教"。藏传佛教形成了多个教派，其中黄教(格鲁派)的势力和影响最大，其奉行的活佛转世制度颇具神秘色彩和民族特色。由于宗教盛行，作为宗教活动场所的寺庙建设技术在当地极为发达，著名的有拉萨的布达拉宫、大昭寺、小昭寺，日喀则的扎什伦布寺等。红楼白壁、金顶飞檐的庙宇不仅是宗教活动的场所，也是政治、经济、文化、艺术、教育的集中地，可以说寺庙是高原历史、文化的浓缩和凝聚点。

(二)多彩多姿的民俗风情

特殊的地理环境和悠久的发展历史形成了藏族多彩多姿的民俗风情。藏族喜欢穿肥大、长袖、宽腰、右襟的藏袍，配上毛皮和丝绸绲边，脚穿牛皮长靴，极具民族特色。藏族喜食糌粑，同时拌上浓茶或奶茶、酥油、奶渣、糖等一起食用。藏族非常重礼仪，他们用哈达、酥油茶、青稞酒向客人表示敬意。丧葬方式流行天葬，另外还有水葬、塔葬、火葬、土葬等。藏族的节日众多，其中望果节和雪顿节最具代表性，草原上一年一度的盛大赛马会和赶集会深深地吸引着中外游客。此外，藏族民歌、舞蹈，以及藏戏都体现了这块土地深厚的文化积淀。而藏医、藏药和天文历法、建筑艺术等则丰富了藏乡文化。

(三)丰富的土特产品

青藏旅游区地域辽阔，地理环境复杂，野生动植物资源较为丰富。该区是藏族聚居区，民族工艺品生产历史悠久，技艺精湛，具有浓厚的地方特色。该区名特产品首推名贵中药材，西藏麝香为我国特产，驰名中外。熊胆、当归、鹿茸、天麻、冬虫夏草、藏红花等也很著名。该区的苹果个大色鲜，肉质细嫩，含糖量高，以青海湟水和西藏易贡为最佳，其品质可与美国的蛇果媲美。传统工艺品以金银器、地毯闻名国内外。青藏地毯做工精细、质地优良、花色鲜艳、手感柔软，为中外旅游者所青睐。长垫、氆氇、围裙、木碗等也为游客所喜爱。

三、旅游资源特征

青藏旅游区一向以其独特的人文和自然景观闻名于世，是科学探险、考察和生态旅游的胜地。而位于青藏高原地区形形色色的自然保护区，又是世界屋脊上生态环境最奇特、生物资源最丰富的自然资源宝库，具有极高的科学价值。

(一)丰富的冰雪探险

青藏高原地区海拔在7000米以上的高峰有60多座，被称为除南极、北极以外的"世界第三极"。山峰高而小，险峻峭拔，风速极大，气候恶劣多变，因此登山可以磨炼意志和锻炼身体；并且高山地带还有丰富多彩的冰川地貌，景色壮观，因人迹罕至，保存了大量的原始的自然景观，成为人们高山滑雪、冰雪探险、科考的理想去处。珠穆朗玛峰是世界上所有的登山家、探险家、科考家梦想征服的高峰。

(二)奇特的地热景观

青藏旅游区是我国地热资源最丰富的地区，其中以位于拉萨西北90公里的羊八井地热田最负盛名。在当地平均气温只有2℃的时候，湖面温度竟达40℃以上。羊八井建有我国第一座湿蒸汽型地热发电站。青藏高原的地热资源不仅为当地提供了重要的能源，而且是我国其他地方难得一见的自然奇观。地热田热气蒸腾，与雪山、冰川映衬构成一幅绝妙的高原自然景观，成为该区独具特色的旅游资源。

(三)独特的历史文化景观

藏民的婚丧嫁娶、天文历算、医学文学、歌舞绘画、出行选宅、选择吉日、驱灾除邪、卜算占卦，以及许多独特的祈福方式，如转神山、拜神湖、撒风马旗、悬挂五彩经幡、刻石头经文、放置玛尼堆、打卦、供奉朵玛盘、酥油花甚至使用转经筒等，都具有浓厚的宗教色彩。藏传佛教的发展在该地区留下了大量的宗教寺庙，形成了独特的建筑风格和宗教艺术，布达拉宫是其典型代表。它们成为青藏旅游区重要的旅游资源。

第二节 西藏自治区

一、概况

西藏自治区简称"藏"，首府是拉萨。西藏地处世界上海拔最高的青藏高原，平均海拔4000米以上，素有"世界屋脊"之称。面积122.84万平方公里。2020年人口普查，全区常住人口为364.81万人。

西藏全区为喜马拉雅山脉、喀喇昆仑山脉、唐古拉山脉和横断山脉所环抱。地形地貌复杂多样，可分为四个地带：一是藏北高原，位于昆仑山脉、唐古拉山脉和冈底斯—念青唐古拉山脉之间，是西藏主要的牧业区；二是藏南谷地，是雅鲁藏布江及其支流流经地区，地形平坦，土质肥沃，是西藏主要的农业区；三是藏东高山峡谷，即藏东南横断山脉、三江流域地区，为一系列由东西走向逐渐转为南北走向的高山深谷；四是喜马拉雅山地，分布在我国与印度、尼泊尔、不丹等接壤的地区，由几条大致东西走向的山脉构成，平均海拔6000米左右，是世界上最高的山脉。

西藏由于海拔高，空气稀薄，水汽、尘埃含量少，纬度又低，是我国太阳辐射总量最多的地方，日照时数也是全国的高值中心。西藏经济以农业和牧业为主，其中农业以青稞、小麦为主，牲畜主要是牦牛和藏绵羊。土特产丰富，有麝香、鹿茸、贝母、天麻、冬虫夏草、胡黄连、党参等名贵中药材；有猴、豹、熊、野牛、野马、野驴、野羊等珍贵野生动物；有藏刀、藏靴、藏毯、金银器等工艺品。西藏具有丰富而独特的旅游资源。原始的高原风光、灿烂的宗教文化、浓厚的民俗风情，使这片充满神奇的土地为中外游客所向往。

二、国家5A级旅游景区

截至2023年9月，西藏拥有5个国家5A级景区，即拉萨布达拉宫景区(2013)、拉萨市大昭寺(2013)、林芝市巴松措景区(2017)、日喀则扎什伦布寺景区(2017)、林芝市雅鲁藏布大峡谷旅游景区(2020)。

(一)布达拉宫景区

布达拉宫位于拉萨市区玛布日山上，始建于公元7世纪，相传是松赞干布为迎娶文成公主而建。原建筑毁于战火，于17世纪重建。布达拉宫高115.7米共13层，全部为石木结构，包括宫殿、灵塔殿、佛殿、经堂、僧舍等建筑。布达拉宫依山垒砌，群楼重叠，殿宇嵯峨，金碧辉煌。其建筑风格体现了藏式建筑的鲜明特色和汉藏融合的特点。宫内藏有大量壁画雕塑、诏敕、印鉴、金册、玉册、经文、匾额典籍等文物，是西藏最珍贵的历史、宗教、文化、艺术的宝库。布达拉宫是世界上海拔最高、规模最大的宫堡式建筑群，1994年被列入《世界文化遗产名录》，2013年被评为国家5A级景区。

(二)大昭寺

大昭寺位于拉萨老城区的中心，始建于647年，是藏王松赞干布为纪念尺尊公主入藏而建，后经历代修缮增建，形成庞大的建筑群。大昭寺建有20多个殿堂，主殿高4层，镏金铜瓦顶，辉煌壮观，具有唐代建筑风格，也吸取了尼泊尔和印度建筑的艺术特色。大殿正中供奉着文成公主从长安带来的释迦牟尼12岁时等身镀金铜像。两侧配殿供奉松赞干布、文成公主、尼泊尔尺尊公主等塑像。在大昭寺的正门入口处前面有三根石柱，其中的一根石柱上用汉藏两种文字刻着公元823年签订的唐蕃会盟书。

(三)扎什伦布寺景区

扎什伦布寺的藏语意为"吉祥须弥山"，是格鲁派(黄教)六大寺院之一，也是藏传佛教格鲁派在后藏地区最大的寺院。公元1447年由格鲁派祖师宗喀巴大师的弟子一世达赖根敦珠巴主持创建，历时12年方才建成。自四世班禅之后，扎什伦布寺成为历代班禅驻锡之地。措钦大殿是扎什伦布寺的主殿，殿门外是由回廊围成的院落，是寺院的讲经场。大殿前部是大经堂，经堂的中央是班禅的宝座，经堂后面的三间佛殿，释迦牟尼殿居中，西侧是弥勒殿，东侧为度母殿。寺内最宏伟的建筑是大弥勒殿，藏语称"强巴康"，中间供奉着1914年九世班禅曲吉尼玛主持铸造的镏金青铜强巴佛，即弥勒佛的坐像。寺院东部，有7座灵塔殿，内有历代班禅的舍利塔。展佛台位于扎什伦布寺的东北部，每年藏历5月15日前后三天，都会举行隆重的展佛活动。

三、风物特产

(一)唐卡

西藏唐卡是用彩缎装裱的一种卷轴画,是在松赞干布时期兴起的一种新的绘画艺术,具有鲜明的民族特点、浓郁的宗教色彩和独特的艺术风格,历来被人们视为珍宝。大体来说,西藏的唐卡构图严谨,笔力精细,尤擅肖像,善于刻画人物的内心世界,着色浓艳,属于笔彩的画法。唐卡表现题材广泛,除宗教外还包括大量的历史和民俗内容,因此唐卡又被称作了解西藏的"百科全书"。

(二)藏刀

藏刀是西藏久负盛名的传统工艺品,历史悠久,风格独特,深受游客喜爱。在藏民的生活中,藏刀是随身必备之物,它既可用来防身,又可作为食肉的餐具,并且还可以作为一种特殊的装饰品。一般来说,男式藏刀都比较粗犷、锋利,女式藏刀则较秀气。佩带藏刀不仅会从内心给人一种安全感,还能从外表给人一种威武感。

(三)雪莲

雪莲(见图13-1)通常生长在高山雪线以下,绝大部分产于我国青藏高原及其毗邻地区。这些地区气候多变,冷热无常,雨雪交替,条件恶劣。雪莲在这种严酷条件下生长缓慢,至少4~5年后才能开花结果。雪莲种类繁多,分为水母雪莲、绵头雪莲、毛头雪莲、西藏雪莲等。各地民间将雪莲花全草入药,主治雪盲、牙痛、风湿性关节炎等症。印度民间还用雪莲花来治疗许多慢性病患者,如胃溃疡、支气管炎、心脏病、鼻出血和蛇咬伤等症。

图13-1 雪莲

(四)麝香

麝香为鹿科动物林麝、马麝、原麝等成熟雄体香囊中的分泌物干燥而成,不仅芳香宜人，而且香味持久，是配制高级香精的重要原料。麝香系世界名贵药材之一，其性辛、温、无毒、味苦。入心、脾、肝经，有开窍、辟秽、通络、散瘀之功能。主治中风、痰厥、惊痫、心腹暴痛、跌打损伤、痈疽肿毒。

第三节 青 海 省

一、概况

青海省简称"青"，省会是西宁。青海省位于中国西部，雄踞世界屋脊青藏高原的东北部，因其境内有国内最大的内陆咸水湖——青海湖而得名。青海是长江、黄河、澜沧江的发源地，故被称为"江河源头"，又称"三江源"，素有"中华水塔"之美誉。总面积72.23万平方公里，排在新疆、西藏、内蒙古之后，列全国第四位。2020年人口普查，全省常住人口592.39万人。

青海省全省均属青藏高原范围之内，东部地区为青藏高原向黄土高原过渡地带，地形复杂，地貌多样。西部海拔高峻，向东倾斜，呈梯形下降。全省平均海拔3000米以上，最高点昆仑山的布喀达坂峰为6860米。

青海旅游资源丰富，类型繁多。自然风光雄奇壮美，旖旎迷人，具有青藏高原的特色，以古墓群、古寺庙、古岩画、古城堡为特征的人文景观和名胜古迹众多。汉、藏、回、土、蒙古、撒拉等民族都有着悠久的历史和优秀的文化传统，保持着独特的、丰富多彩的民族风情和习俗。

二、国家5A级旅游景区

截至2023年9月，青海拥有4个国家5A级景区，即青海省青海湖景区(2011)、西宁市塔尔寺景区(2012)、海东市互助土族故土园旅游区(2017)、海北州阿咪东索景区(2020)。

(一)青海湖景区

青海湖位于青海省东北部，是我国最大的内陆湖泊和最大的咸水湖。湖水晶莹透彻，湖畔绿树成荫，景色秀丽，是天然的旅游胜地，2011年被评为国家5A级旅游景区。

青海湖具有高原大陆性气候，冬寒夏凉，光照充足，日照强烈。青海湖湖区的自然景观主要有青海湖、鸟岛、海心山等；湖滨山水草原区主要有日月山、倒淌河、小北湖、布哈河等。游客到此不仅可以观赏高原牧区风光，还可以骑马、骑牦牛，漫游草原，攀登沙丘，或到牧民家里做客，品尝奶茶、酥油、炒面和青稞美酒，领略藏族牧民风情。

(二)塔尔寺景区

塔尔寺位于距西宁市西南25公里的湟中区鲁沙尔镇，始建于明嘉靖三十九年(1560年)，由于它先建塔后建寺，故名塔尔寺。整个寺院依山而建，殿宇层叠，雄伟壮观。主要建筑有大金瓦殿、小金瓦寺、小花寺、八宝如意塔等。酥油花(用酥油塑成人物、鸟兽、花卉等各种塑像)、绘画、堆绣(绸缎塞以羊毛、棉花等充实物而绣成的丝绸美术工艺品)是塔尔寺的三绝。它是我国喇嘛教格鲁派(黄教)创始人宗喀巴的诞生地,著名的藏传佛教寺院,黄教六大寺院之首(其他五寺是西藏的扎什伦布寺、哲蚌寺、色拉寺、甘丹寺和甘肃的拉卜楞寺)。塔尔寺是我国珍贵的文化遗产之一,2012年被评为国家5A级旅游景区。

专栏13-1　高原反应

高原反应,亦称高原病、高山病,严格说是高原病的一种分型。是人体急速进入海拔3000米以上高原暴露于低压低氧环境后产生的各种不适,是高原地区独有的常见病。常见的症状有头痛,失眠,食欲减退,疲倦,呼吸困难等。头痛是最常见的症状,常为前额和双颞部跳痛,夜间或早晨起床时疼痛加重。肺通气增加,如用口呼吸,轻度活动等可使头痛减轻。

一、诊断

(1) 急性高原反应。进入海拔3000米以上时,第1~2日症状最明显,后渐减轻,大多6~7日基本消失,少数可持续存在。主要表现为头痛、记忆与思维能力减退及失眠、多梦等。

(2) 慢性高原反应。持续3个月以上症状仍然持续存在,可有心悸、气短、食欲减退、消化不良、手足麻木、颜面水肿,有时发生心律失常或短暂性昏厥。

二、治疗

1) 急性高原反应

(1) 休息。一旦考虑急性高原反应,症状未改善前,应终止攀登,卧床休息和补充液体。轻症者可不予处理,一般适应1~2周症状自行消失。

(2) 氧疗。经鼻管或面罩吸氧(1~2L/min)后,几乎全部病例症状缓解。

(3) 药物治疗。

(4) 宜地治疗。症状不缓解甚至恶化者,应尽快将患者转送到海拔较低的地区,即使海拔高度下降300米,症状也会明显改善。

2) 慢性高原反应

(1) 宜地治疗。在可能情况下,应转送到海平面地区居住。

(2) 氧疗。重症者夜间给予低流量吸氧(1~2L/min)能缓解症状。可予间断或持续吸氧,不主张长时间吸氧,因有碍机体对低氧环境习服。

(3) 药物。服用针对性药物,能改善氧饱和度。

(4) 静脉放血。静脉放血可作为临时治疗措施。

治疗基本原则是早期诊断,避免发展为严重高原病。轻型患者无特殊治疗,多数人在12~36小时内获得充分适应后,症状自然减轻或消失。

三、预防

进入高山前应对心理和体质进行适应性锻炼,如有条件最好在低压舱内进行间断性低氧刺激与习服锻炼，使机体能够对于由平原转到高原缺氧环境有某种程度的生理调整。目前认为除了对低氧特别易感者外，阶梯式上山是预防急性高原病的最稳妥、最安全的方法。专家建议，初入高山者如需进4000米以上高原时，一般应在2500～3000米处停留2～3天，然后每天上升的速度不宜超过600～900米。到达高原后，头两天避免饮酒和服用镇静催眠药，避免重体力活动，轻度活动可促使习服。避免寒冷防冻，注意保温，主张多用高碳水化合物饮食。避免烟酒和服用镇静催眠药，保证供给充分液体。有器质性疾病、严重神经衰弱或呼吸道感染患者，不宜进入高原地区。

（资料来源：百度百科—高原反应，2023-09-22）

(三)互助土族故土园旅游区

景区位于青海省海东市互助土族自治县威远镇境内，距青海省会西宁市31公里。景区包括天佑德中国青稞酒之源、彩虹部落土族园、纳顿庄园、西部土族民俗文化村和小庄土族民俗文化村5个核心景点，分别展现了土族绚丽多彩的民俗文化、源远流长的青稞酒文化、弥久沉香的酩馏酒文化、古老纯真的建筑文化、别具一格的民居文化、古朴神秘的宗教文化。本景区是以"土族文化"为主题，集游览观光、休闲度假、民俗体验、宗教朝觐于一体的综合性旅游景区。同时，以"二月二擂台会""六月六花儿会""丹麻会"等民间传统节庆活动和观经会、庙会等吸引着大量游客。

三、风物特产

(一)青稞酒

青稞酒，藏语叫作"羌"，是用青藏高原出产的一种主要粮食——青稞作为原料。观其色，晶莹剔透；闻其香，窖香浓郁，清香纯正，幽香绵绵；品其味，醇厚协调，绵甜净爽，回味悠长，余香不断。饮后不头痛，不口干，醒酒快，具有独特的风格。青海地处高寒，人们习惯以酒为伴，青稞酒是藏民最喜欢喝的酒，逢年过节、结婚、生孩子、迎送亲友，必不可少。

(二)野生藏茵陈

藏茵陈是一年生的龙胆科矮小草本药用植物，是藏药中最具特色的治疗热症、肝胆病及血病的一大类药，是藏药中的上品，与藏红花、冬虫夏草并称"藏药三绝"。近年来，藏茵陈的价值不断被挖掘，除了药用，在观赏、美容、保健方面的价值也被应用。

(三)肉苁蓉

肉苁蓉是一种寄生在沙漠树木梭梭、红柳根部的寄生植物，对土壤、水分的要求不高，分布于内蒙古、宁夏、甘肃、新疆，素有"沙漠人参"之美誉，是我国传统的名贵中药材。肉苁蓉干燥后的肉质茎的药用价值很高，味甜、性温，有补肾益阴、润肠通便之功能，对治疗妇女不孕、腰膝发软等症有良好的功效。

(四)冬虫夏草

冬虫夏草，又称"虫草""冬虫草"，为中华之特产，主要产于中国四川、青海境内的青藏高原上。冬虫夏草是一种真菌，是一种特殊的虫和真菌共生的生物体，入药部位为菌核和子座的复合体，味甘、性温、气香，入肺肾二经，具有益肺肾、补筋骨、止咳喘、抗衰老等作用，并对结核菌、肝炎菌等均有杀伤力。冬虫夏草传统上既作药用，又作食用，是中外闻名的滋补保健珍品。

本章小结

(1) 青藏旅游区的自然地理环境为全境平均海拔在4000米以上，是世界上面积最大、海拔最高的高原，号称"世界屋脊"。广阔的高原，奇特的冰川雪山，星罗棋布的湖泊，相映成趣的"高原气候"与"地热奇观"，种类繁多的珍稀动植物，形成了青藏旅游区独特的旅游自然风光，成为生态旅游的理想场所。该区的人文地理环境表现为古老的宗教文化、多彩多姿的民俗风情和丰富的特产。

(2) 青藏高原旅游区包括青海和西藏，是一个多民族的地区，旅游资源奇特，国家5A级景区中，西藏4个，即布达拉宫、大昭寺、巴松措、扎什伦布寺；青海3个：青海湖、塔尔寺、互助土族故土园。

(3) 青藏旅游区物产丰富，具有地方特色，代表性的物产包括唐卡、藏刀、雪莲、青稞酒、野生藏茵陈、肉苁蓉(沙漠人参)、冬虫夏草等。

习 题

一、填空题

1. ＿＿＿＿高原是世界上最高的大高原，有"世界屋脊"之称。

2. ＿＿＿＿有"日光城"之称。

3. ＿＿＿、＿＿＿、＿＿＿合称拉萨三大寺。

4. ＿＿＿＿是一种寄生植物，对土壤、水分的要求不高，分布于内蒙古、宁夏、甘肃、新疆，素有"沙漠人参"之美誉。

5. ＿＿＿＿是我国最大的盐湖，号称"盐湖之王"。

二、选择题

1. 珠穆朗玛峰是世界最高峰，被称为"世界第(　　)极"。
   A. 二　　　　B. 三　　　　C. 四　　　　D. 五

2. 我国面积最大的省份是(　　)。
   A. 新疆维吾尔自治区　　　　B. 内蒙古自治区

C. 青海省 D. 西藏自治区

3. 青海简称"青",省会是( )。

A. 西宁　　B. 南宁　　C. 银川　　D. 武汉

4. 我国最大的咸水湖是( )。

A. 青海湖　　B. 鄱阳湖　　C. 洞庭湖　　D. 镜泊湖

5. 青海是很多大江大河的发源地,故被称为"江河源头",又称"三江源",素有"中华水塔"之美誉。其中,"三江"不包括( )

A. 长江　　B. 黄河　　C. 澜沧江　　D. 怒江

三、简答题

1. 简述青藏旅游区的地理特征。
2. 青藏旅游区的旅游资源特征是什么?
3. 简述唐卡的特点。
4. 简析青藏高原的独特自然条件对该旅游区旅游业发展的影响。
5. 什么是喇嘛教?它在历史发展中给该区带来哪些影响?

习题答案

第十四章

港澳台旅游区

学习目标

通过学习,熟悉港澳台旅游区的地理环境特征及旅游资源特征;了解该区内各地的概况及风物特产;掌握主要的旅游景区景点的概况。

关键词

特别行政区　购物天堂　博彩业　会展旅游　迪士尼

> **案例导入**
>
> **上半年出境旅游大数据报告显示：出境旅游呈现有序复苏良好态势**
>
> 　　近日，中国旅游研究院发布《2023年上半年出境旅游大数据报告》(以下简称《报告》)，对出境旅游进行系统的数据统计和分析。
>
> 　　《报告》显示，今年以来，文化和旅游部试点恢复出境团队旅游和"机票＋酒店"业务，已发布两批试点名单。随着国际航班的增加，商务旅行、探亲访友、毕业旅行、暑期研学游等出境旅游需求不断释放，出境旅游呈现有序复苏的良好态势。上半年出境游目的地共计接待内地(大陆)游客4037万人次。短距离的出境游率先恢复，93.95%的游客集中在亚洲地区。
>
> 　　《报告》指出，从出境旅游目的地分布来看，东亚、东南亚地区接待出境游客最多，占比分别为83.92%、8.59%。从热门目的地来看，中国香港、中国澳门、中国台湾是出境游主要目的地，接待出境游客占比达79.89%。泰国、新加坡、马来西亚、越南等周边国家保持较高热度。欧美等发达国家的长线出境游业务恢复较快。出境游客源地分布上，经济发达省区市游客是出境游主力军。
>
> 　　　　　　　　　　　　　　　　　　　　　　　　(资料来源：中国旅游报，2023-08-01)

2023年上半年，我国出境旅游迎来"由近及远"复苏的良好态势。中国对全球主要旅行目的地国家基本已全面开放。这不仅为中国出境游市场再添一把柴，也将为全球旅游市场复苏注入更多信心与动能。

第一节 地理环境概况及旅游资源特征

"港澳台"是对我国香港特别行政区、澳门特别行政区和台湾省的统称，因此三地在政治、经济和文化体制上有诸多类似之处，有别于中国大陆(内地)，故常常将香港、澳门、台湾统称为"港澳台"。

一、自然地理环境

(一)岛屿半岛地形，地理位置优越

该区主要是以岛屿、半岛的形式存在，地势低缓，多为低山丘陵。台湾岛是我国最大的岛屿。该区背靠祖国大陆，面临浩瀚的太平洋，正处于东亚、东南亚和祖国大陆的中心位置，在远东若干国际航线之上，北有日本、韩国、朝鲜，西有祖国大陆，南有菲律宾、印度尼西亚，西南有马来西亚、泰国、新加坡。各国作环球旅行的游客前往上述国家和地区时，均可在港澳台作停留观光，这为该区拥有众多的旅游客源创造了良好条件。另外，香港通常是美国、欧洲的一些国家，以及澳大利亚等国家的游客到中国旅游的第一站。

(二)亚热带—热带过渡海洋性季风气候

台湾岛中部有北回归线穿过,属亚热带—热带过渡海洋性季风气候,气候温暖湿润,夏季长达7～10个月,受海洋影响较深,年均降水量在2000毫米以上。作物一年三熟,水果品种繁多,以香蕉、菠萝、柑橘、木瓜等为主。森林覆盖率达50%以上,植物类型复杂多样,是亚洲有名的天然植物园。花卉种类繁多,其中兰花有上百种。野生动物众多,盛产蝴蝶,有"蝴蝶王国"之称。港澳地区属亚热带海洋性季风气候,夏季炎热潮湿,冬季微冷干燥,春秋两季不明显。全年平均气温在22℃左右,港澳台夏季都有台风经过。

二、人文地理环境

(一)中西融合,多彩多姿

历史上,港澳台三地曾经被外国殖民者统治。1842—1997年间,香港被英国所殖民,1997年中国政府正式收回香港,并设为特别行政区。澳门在16世纪被葡萄牙以曝晒水浸货物为借口而占领,1999年中国政府正式收回澳门,并设为特别行政区。台湾自古为我国领土的一部分,1895年被日本侵占,1945年抗日战争胜利后归还中国。三地在被殖民帝国长期统治的过程中,本地传统文化与外来文化经历了冲突与融合,缤纷多彩;宗教信仰兼容并蓄;建筑中西合璧,风格多样。

(二)自由港及活跃的进出口贸易

狭小的地域、优越的地理位置和众多的良港,决定了该区经济以对外贸易为本。香港是自由贸易港。除少数商品征税外,一般消费品均可免税进口。因此,市场上各国产品云集,价格较低,被称为"世界商品橱窗"和"购物天堂"。澳门也是自由港,烟酒税较低,外国烟酒等比香港还便宜,高档商品则稍逊于香港。香港和台湾对外贸易发达,与160多个国家和地区都有贸易往来。澳门无深水港,对外贸易依赖香港,但贸易量也较大。活跃的贸易往来刺激了游客增加,促进了旅游业的发展。

(三)便利的交通

该区不仅是远东贸易航空航线的枢纽,同时是进出中国大陆的主要门户。台湾铁路交通大动脉是连接基隆、高雄两港的南北铁路干线。公路由环岛公路、横贯公路和南北高速公路形成主要干线公路网。其海上和空中航线繁多,可达世界各大洲。香港维多利亚港为世界上最繁忙、高效的海港之一,与100多个国家和地区有班船往来,飞行网遍及世界160多个主要城市。公路是香港地面交通的主体,此外还有地铁、电车、天桥、海底隧道、地下隧道、缆车、巴士、轮渡等交通设施,形成立体完善的交通网络。澳门交通较发达,对外联系主要依靠国际航空机场和海运,但海运对香港有一定依赖;对内交通有岛间的大桥连接,并有岐关公路与中国内地联系,途经珠海、中山、广州等城市。

三、旅游资源特征

(一)海滨及地热资源丰富

港澳台旅游区的临海位置使其具有许多优良海港和丰富的海滨旅游资源。海港有香港的维多利亚港、澳门的内外港口、台湾的高雄港、基隆港等。台湾岛海岸线长1140公里，西部海岸沙滩绵长，有许多理想的海滨浴场。香港岛的浅水湾号称"天下第一湾"，是香港最具有代表性、最美丽的海滩。澳门的黑沙湾海滩及竹湾均为著名的海滨浴场。

台湾位于亚欧板块和太平洋板块的接触带，为环太平洋火山地震带的一部分，近代火山地貌景观典型，地热资源丰富，是我国温泉密度最高的省份，其中北投、阳明山、关子岭和四重溪温泉号称台湾"四大温泉"。

(二)都市资源独具特色

香港是亚洲重要的金融、服务和航运中心，是有"东方之珠"美誉的国际大都会，被誉为购物者的天堂、观光者的乐园。位于山边水涯巍峨壮丽的豪华大厦构成了香港独具特色的建筑景观，其中比较具有代表性的有中银大厦、汇丰银行总行、会议展览中心等。香港食肆林立，名厨云集，各国佳肴美酒俱备，而中国菜尤盛，市场上有来自世界各地的水陆奇珍出售，时鲜果品也丰富多彩、琳琅满目，故香港又被誉为"饮食天堂"。

长期的中西文化交流汇聚，使澳门成为一个独特的城市。澳门既有古老的中西风格房屋、宗教建筑，又有新旧交融的公园；既有富丽堂皇的中式庙宇，又有罗马精巧别致的教堂。此外，澳门的博彩业举世闻名，吸引着全世界的旅游者。

(三)会展旅游市场繁荣

港澳台地区高度重视旅游核心吸引力的塑造，注重形象建设和宣传促销，并且拥有优越的地理位置和便利的海陆空交通。拥有世界一流的酒店等基础设施和优质的服务，拥有独特的购物环境和美食文化，拥有发达的市场经济和总部经济，再加上政府的积极扶持和引导，吸引着众多的商务人士前往，会展旅游市场异常繁荣。

第二节　香港特别行政区

一、概况

香港特别行政区简称"港"，位处中国的东南端，濒临南海，毗连深圳，面积1106平方公里，由香港岛、九龙半岛、大屿山，以及新界(包括262个离岛)组成。位于香港岛和九龙半岛之间的维多利亚港，是举世皆知的深水海港。截至2020年，香港常住人口约为747.42万人，是世界上人口最稠密的地区之一。

香港境内多低山丘陵，香港岛与九龙半岛隔海相望。香港岛上山峰海拔多为300～400米。九龙和新界的地势中高周低，以大帽山为顶点，大帽山主峰海拔957米，是香港地区最高点。香港由于山峦陡峭，平原偏少，地表径流甚缺，需要内地引水济港，东江—深圳供水工程每年向港供水11亿立方米，占香港年用水量的70%。

香港是一个举世闻名的国际大都市。由于优越的地理位置和国际资本的不断注入，香港已发展成为世界金融贸易中心，其黄金外汇市场、深水自由港、转口贸易等已成为国际商业的重要组成部分，是亚洲经济重要的增长点，被誉为"东方之珠""动感之都"。

专栏14-1　粤港澳大湾区

粤港澳大湾区，包括香港特别行政区、澳门特别行政区和广东省广州市、深圳市、珠海市、佛山市、惠州市、东莞市、中山市、江门市、肇庆市。粤港澳大湾区地理条件优越，"三面环山，三江汇聚"，具有漫长海岸线、良好港口群、广阔海域面。经济腹地广阔，泛珠三角区域拥有全国约1/5的国土面积、1/3的人口和1/3的经济总量。截至2020年12月，粤港澳大湾区常住人口达8617.19万人。

推进粤港澳大湾区建设，是以习近平同志为核心的党中央作出的重大决策，是习近平总书记亲自谋划、亲自部署、亲自推动的国家战略，也是推动"一国两制"事业发展的新实践。2019年2月18日，中共中央、国务院印发《粤港澳大湾区发展规划纲要》。按照规划纲要，粤港澳大湾区不仅要建成充满活力的世界级城市群、国际科技创新中心、"一带一路"建设的重要支撑、内地与港澳深度合作示范区，还要打造成宜居宜业宜游的优质生活圈，成为高质量发展的典范。以香港、澳门、广州、深圳四大中心城市作为区域发展的核心引擎。粤港澳大湾区已形成通信电子信息产业、新能源汽车产业、无人机产业、机器人产业以及石油化工、服装鞋帽、玩具加工、食品饮料等产业集群，是中国建设世界级城市群和参与全球竞争的重要空间载体。2022年，粤港澳大湾区经济总量超13万亿元人民币。

（资料来源：百度百科—粤港澳大湾区，2023-09-22）

二、主要旅游资源

(一)香港海洋公园

香港海洋公园位于香港岛南区，建成于1977年1月，三面环海，占地91.5公顷，是世界最大的海洋公园之一。整个公园分为三部分，分别为北面的山下花园、南面的南朗山南麓及大树湾。山下花园与南朗山以登山缆车和海洋列车连接。其中南朗山高地设有三大场馆，即海洋动物表演馆、海涛馆、海洋馆。海洋动物表演馆建有巨型水池，池上有一座可容纳3500多名观众的看台。海涛馆设有岩石海岸式的假山和水池，电动浪涛机一开动，浪潮翻滚，波涛起伏达一米高，在这里有一座水底玻璃观看室，透过玻璃可以观看海洋动物在水底里漫游的各种美姿。

(二)太平山

太平山雄踞香港岛的西部,海拔554米,是香港岛最高的山峰。当夜幕降临之际,站在太平山上放眼四望,只见在万千灯火的映照下,香港岛和九龙半岛宛如镶嵌在维多利亚港湾的两颗明珠,互相辉映。香港的心脏中环地区更是高楼林立,显示着香港的繁华兴旺,太平山也因此成为观赏香港美妙夜景的最佳去处。维多利亚港夜景与日本函馆和意大利那不勒斯的夜景并列为世界三大夜景。太平山以其得天独厚的地理环境和人文景观,吸引着成千上万的海内外游客,是人们到香港的必游景点。

(三)浅水湾

浅水湾(见图14-1)位于香港岛南部,是香港最具代表性的泳滩。浅水湾水清沙细,海滩绵长,滩床宽阔,并且波平浪静。夏季是浅水湾最热闹的时候,大批泳客蜂拥而至做日光浴或畅泳。浅水湾东端的林荫下是富有宗教色彩的镇海楼公园。园内面海矗立着两尊巨大塑像"天后娘娘"和"观音菩萨"。附近建有七色慈航灯塔,气势雄伟,吸引着众多游客在此留影。临海的茶座是欣赏日落及浪涛拍岸的好地方。浅水湾的秀丽景色使其成为香港岛著名的高档住宅区之一,区内遍布豪华住宅。这些依山傍水的建筑构成了浅水湾独特的景观。

图14-1 浅水湾

三、风物特产

(一)元朗老婆饼

香港的"元朗老婆饼"其实并非出于元朗,而是来自广州。元朗老婆饼在香港可谓一块金字招牌。元朗老婆饼凭借其精心挑选的上乘原料,以及独特的加工工艺在香港市场上独占鳌头，在铜锣湾、旺角、九龙、港岛等黄金商圈设有多家连锁店。它不仅有简洁的纸盒包装，还有精美的铁盒装，可以作为馈赠亲友的礼品。

(二)丝袜奶茶

奶茶是具香港特色的一种饮品，是香港人日常下午茶(和早餐)常见的饮品，已经成了香港文化的一种符号。所谓"丝袜奶茶"，其实就是把煮好的锡兰红茶用一个尼龙网先行过滤，然后再加入奶和糖。奶茶可以去油腻、助消化、益思提神、利尿解毒、消除疲劳，也适合于急慢性肠炎、胃炎及十二指肠溃疡等病人饮用。对酒精和麻醉药物中毒者，还能发挥一定的解毒作用。

(三)香港珠宝

珠宝是香港司空见惯的商品。闪烁生辉、耀目无比的钻饰是女士们的至爱。走在香港的街头，一定会为珠宝店橱窗内陈列的珠宝而驻足。香港的钻饰和金饰不但设计新颖、做工精细，而且价格合理，款式从传统风格到最新流行的卡通人物无所不有，可供不同年龄的人士选择和佩戴。

第三节　澳门特别行政区

一、概况

澳门特别行政区简称"澳"，地处珠江口西南岸，包括澳门半岛和氹仔岛、路环岛。澳门的陆地总面积32.9平方公里，截至2020年年底，澳门总人口为68.3万人，是世界上人口密度最大的地区之一。

澳门地势不高，但是天然平原少，而丘陵、台地广布。路环岛地势最高，全岛是一个花岗岩山体，主峰叠石塘山海拔174米。氹仔岛上，大氹山(159米)、小氹山(111米)分立于东西。澳门半岛地势最低，最高的东望洋山海拔仅91米。沿海水域水深甚浅，大部分只有1~3米，路环岛东端的大担角近岸水深5~6米，是全澳沿岸水最深之处。澳门气候属于亚热带海洋性季风气候，湿度较大，雨量充沛。夏季常受到热带气旋的影响，有时甚至是正面侵袭。

澳门以"赌城"而著称于世。原是以博彩旅游等消费行业为主体的城市，目前已形成由对外贸易、制造业、建筑业、旅游和金融业各占一定比例的多元化经济格局。工业以制衣业为主，其次是玩具业。

案例14-1

二、主要旅游资源

(一)大三巴牌坊

大三巴牌坊是最具代表性的"澳门八景"之一，位于炮台山下，为天主之母教堂的前壁遗址。牌坊由三至五层构成三角金字塔形,无论是牌坊顶端高耸的十字架,还是铜鸽下面的圣婴雕像和被天使、鲜花环绕的圣母塑像,都充满着浓郁的宗教气氛,给人以艺术美的享受。牌坊上各种雕像栩栩如生,堪称"立体的圣经"。其建筑雕刻精细,巍峨壮观,糅合了欧洲文艺复兴时期与东方建筑的风格,体现出东西方艺术的交融(见图14-2)。

图14-2 大三巴牌坊

(二)妈阁庙

妈阁庙在澳门半岛西南方,建于1488年。妈阁庙是为纪念被信众尊奉为海上保护女神的天后娘娘而建,它背山面海,沿崖建筑,古木参天,风光优美。整座庙宇包括大殿、弘仁殿、观音阁四座主要建筑,石狮镇门、飞檐凌空,是一座富有中国文化特色的古建筑。在各具特色的建筑物之间有石阶和曲径相通,四周苍郁的古树、错杂的花木、纵横的岩石把园林的幽雅和古庙的庄严巧妙地结合在一起,显得古朴典雅,雄伟壮观,极富民族特色。

(三)葡京娱乐场

澳门把赌博称为幸运博彩,把赌场称为"娱乐场",娱乐场一般附设于大酒店。澳门的赌场设备豪华,保安严密,场内设有多种博彩方式,不设入场券,可自由进出,但18岁以下未成年人及21岁以下本地人不准进入。葡京娱乐场是澳门最具规模的博彩娱乐场,位于苏亚利斯博士大马路,设在澳门葡京大酒店内,内设四间娱乐场及一间角子机娱乐场。

三、风物特产

(一)葡国葡萄酒

澳门曾经历葡萄牙殖民统治,因此这里有许多来自葡国的葡萄酒。这些葡萄酒历史悠久,味道甘醇,质量上乘。此外,那里的旅游活动中心还设有葡萄酒博物馆,在那里可以看到许多年份久远的名酒。在澳门街道上的各个商店或者是大型购物中心都能买到葡萄酒。

(二)葡式蛋挞

葡式蛋挞，又称葡式奶油塔、焦糖玛琪朵蛋挞，是澳门小吃中最著名的，最早由英国人安德鲁·史斗(Andrew Stow)制作。它是一种小型的奶油酥皮馅饼，属于蛋挞的一种，焦糖过度受热后形成焦黑的表面，蛋挞底托为香酥的蛋酥层，其上层是松软的蛋黄层，酥软兼备，香甜可口，深受食客的喜爱。

第四节 台 湾 省

一、概况

台湾省简称"台"，包括台湾岛及其周围的澎湖列岛、彭佳屿、钓鱼岛等大小岛屿，是我国大陆东南的海上屏障，也是与太平洋地区各国联系的交通枢纽。面积3.6万平方公里，其中台湾岛的面积为3.58万平方公里，截至2020年年末，台湾省人口为2356万人。

台湾本岛是一个多山的海岛，高山和丘陵面积占2/3，平原不到1/3。岛上的五大山脉——中央山脉、雪山山脉、阿里山脉、玉山山脉和台东山脉由东北向西南作带状分布。由于高山多集中在中部偏东地区，造成东部多山地，西部多平原、盆地、丘陵和台地等地形。

台湾四周沧海环绕，境内山川秀丽，到处是绿色的森林和田野，加上日照充足，四季如春，因此自古以来就有"美丽宝岛"的美誉，早在清代就有"八景十二胜"之说。作为著名的世界旅游胜地，台湾岛上的风光可概括为"山高、林密、瀑多、岸奇"等特征。

二、主要旅游资源

(一)日月潭风景区

日月潭风景区位于台湾南投县中部，由于景色优美，早以"双潭秋月"列为台湾八景之一。日月潭是全台最大的淡水湖泊，全潭以拉鲁岛(光华岛)为界，南形如月弧，北形如日轮，因此名为"日月潭"。每年中秋月圆时，高山族的青年男女扛着又长又粗的竹竿，带着彩球，来到潭边跳起古老的民间舞蹈，重演着征服恶龙的民间故事。

(二)澎湖列岛

澎湖列岛位于台湾海峡的南部，由64个岛屿组成，域内港湾交错，地势险要，是我国东海和南海的天然分界线。澎湖列岛的自然景观十分优美，著名的景点包括风柜涛声、鲸鱼洞、望安玄武岩等。渔业观光历来是台湾旅游的观赏重点，而澎湖渔港占台湾全省的1/3，居民60%以上以捕鱼为生。"澎湖渔火"被列为台湾八景之一。

(三)阿里山

阿里山为岛内著名的观光胜地,位于台湾省嘉义市境内,最高海拔2663米。阿里山自然风光优美,山上森林资源丰富,植被种类繁多。最著名的景点包括壮观云海、擎天神木、日出奇景与艳红樱花。祝山顶是阿里山上观赏日出的绝佳地点。春天的阿里山樱花尽放,色泽不一的樱花遍满山头,花繁如海,惹人心醉。

三、风物特产

(一)冻顶乌龙

冻顶茶被誉为台湾茶中之圣,产于台湾省南投县鹿谷乡。它的鲜叶采自青心乌龙品种的茶树,故又名"冻顶乌龙"。冻顶为山名,乌龙为品种名。冻顶茶品质优异,其上选品外观色泽墨绿鲜艳,并带有青蛙皮般的灰白点,条索紧结弯曲,干茶具有强烈的芳香;冲泡后,汤色略呈柳橙黄色,有明显近似桂花的清香,汤味醇厚甘润,喉韵回甘强。

(二)台湾牡蛎

牡蛎在台湾又被人们俗称为"蚵仔"。台湾省的牡蛎养殖业已有200余年的历史,全省可养殖牡蛎的海岸线长达200多公里。彰化、云林、嘉义等县是台湾牡蛎的主要产地,这里自然条件得天独厚,所产的牡蛎享誉世界。牡蛎含有较多的维生素,又含有丰富的碘质,并且肉质柔软,易于消化。中医认为牡蛎可用于治疗头晕、盗汗等病症。

(三)金门高粱酒

金门高粱酒是我国台湾省的三大名酒之一,其中白金龙酒、陈年高粱酒每年供应量都以100万瓶的速度上升。金门高粱酒香醇甘冽,风味独特,具有无色透明,清香典雅,味绵柔尚醇厚,香味协调、甘冽、净爽,余味久长,风格典型的特性。

本章小结

(1) 港澳台旅游区位于我国东南部,地形以低山丘陵为主,平原面积不大,岩溶地形突出。全区地表切割破碎,海岸线曲折,多天然良港,海域广阔,岛屿众多。该区一年四季均可旅游,春秋两季最为宜人,冬季是避寒的好地方。全区经济繁荣,商业兴盛。

(2) 港澳台旅游区包括台湾省和香港、澳门两个特别行政区。全区自然地理环境独特,构成热带与亚热带优美的自然风光,同时该区的人文旅游资源受外来文化影响明显。其中最具代表性的游览胜地有阿里山、澎湖列岛、日月潭;太平山、大屿山天坛大佛、海洋公园;大三巴牌坊、葡京娱乐场、妈阁庙、东望洋山。

(3) 港澳台地区物产丰富,具有地方特色,代表性的物产包括台湾冻顶乌龙、台湾牡蛎、金门高粱酒、元朗老婆饼、丝袜奶茶、香港珍珠、葡国葡萄酒、葡式蛋挞等。

习 题

一、填空题

1. 香港由_____、_____和_____三部分组成。
2. 澳门特区包括澳门半岛、路环岛和_____。
3. 台湾省是由_____及其附近的澎湖列岛、钓鱼岛、彭佳屿等80多个大小岛屿组成。
4. 台湾"四大温泉"分别是_____、_____、_____、_____。
5. _____是最具代表性的"澳门八景"之一，位于炮台山下，为天主之母教堂的前壁遗址。

二、选择题

1. (　　)主峰海拔957米，是香港地区最高点。
   A. 太平山　　B. 大屿山　　C. 狮子山　　D. 大帽山
2. 1842—1997年间，香港被(　　)殖民统治。
   A. 美国　　B. 德国　　C. 法国　　D. 英国
3. (　　)在台湾又被人们俗称为"蚵仔"。
   A. 牡蛎　　B. 蛏子　　C. 梭子蟹　　D. 虾蛄
4. (　　)被誉为台湾八景中的绝胜，也是台湾岛最大的淡水湖泊。
   A. 罗布泊　　B. 日月潭　　C. 艾丁湖　　D. 洞庭湖
5. 每年(　　)为澳门回归日，也是澳门回归节，都要举行纪念活动。
   A. 9月20日　　B. 10月20日　　C. 11月20日　　D. 12月20日

三、简答题

1. 简述港澳台的自然环境。
2. 简述港澳台地区的旅游资源特征。
3. 简述香港海洋公园的概况。
4. 简述阿里山景区概况。
5. 港澳台旅游与大陆旅游互动发展应该采取哪些措施？

习题答案

附录一

附录二

参 考 文 献

[1] 庞规荃. 中国旅游地理（第 4 版）[M]. 北京：旅游教育出版社，2016.

[2] 张锦华. 中国旅游地理 [M]. 北京：高等教育出版社，2015.

[3] 李娟文. 中国旅游地理（第 6 版）[M]. 大连：东北财经大学出版社，2017.

[4] 黄远水. 中国旅游地理（第 2 版）[M]. 北京：高等教育出版社，2015.

[5] 张宏，张保伟. 中国旅游地理（第 2 版）[M]. 南京：南京大学出版社，2018.

[6] 杨载田，刘天曌. 中国旅游地理（第 2 版）[M]. 北京：机械工业出版社，2015.

[7] 保继刚，楚义芳. 旅游地理学（第 3 版）[M]. 北京：高等教育出版社，2012.

[8] 赵利民. 中国旅游地理（第 3 版）[M]. 大连：东北财经大学出版社，2017.

[9] 马丽明. 中国旅游地理（第 2 版）[M]. 北京：机械工业出版社，2014.

[10] 楼庆西. 中国古建筑二十讲 [M]. 北京：三联书店，2001.

[11] 荆其敏，张丽安. 中国传统民居 [M]. 北京：中国电力出版社，2014.

[12] 胡喜红. 中国古典园林史 [M]. 北京：中国建筑工业出版社，2019.